Handballtraining
Trainieren – spielen – gewinnen

Werner Grage

Handballtraining
Trainieren – spielen – gewinnen

Meyer & Meyer Verlag

Der Autor bedankt sich bei folgenden Personen und Firmen für die freundliche Unterstützung: Silke Sommer, Janett Scheel, Kerstin Maeke, Sybille Schreiber, Sabine Lange, Andreas Maeke, Peter Sager, Horst Wowczuk, WWK-Versicherungen, Gunter Funk und Team des HC Preußen Berlin, Puma AG, Herzogenaurach. Die Handbälle stellte der Sportversand vom Niederrhein H. D. Neunstöcklin Bedburg-Hau, zur Verfügung.

Die Deutsche Bibliothek – CIP-Einheitsaufnahme

Grage, Werner:
Handballtraining: trainieren – spielen – gewinnen / Werner Grage. –
Aachen: Meyer und Meyer, 1992
ISBN 3-89124-162-3

Alle Rechte, insbesondere das Recht der Vervielfältigung und Verbreitung sowie das Recht der Übersetzungen, vorbehalten. Kein Teil des Werkes darf in irgendeiner Form – durch Fotokopie, Mikrofilm oder ein anderes Verfahren – ohne schriftliche Genehmigung des Verlages reproduziert oder unter Verwendung elektronischer Systeme verarbeitet, gespeichert, vervielfältigt oder verbreitet werden.

© 1992 by Meyer & Meyer Verlag, Aachen
Foto Titelseite: Horst Müller, Düsseldorf
Fotos Innenteil: Klaus Schlage, Zeuthen
Satz: Times New Roman, Josef Velz KG, Aachen
Druck: Freiburger Graphische Betriebe
Printed in Germany
ISBN 3-89124-162-3

Inhaltsverzeichnis

Vorwort 6

Pädagogische und methodische Hinweise für das Handballtraining . . . 7
Die Autorität des Trainers 7
Elemente der sportlichen Ausbildung 7
Methodisches Vorgehen 8
Lernschritte 9
Prinzipien und Regeln des Lernens 10
Überlegungen zur sportlichen Leistungsentwicklung 13

Torwarttaktik und -ausbildung 14
Würfe aus den Rückraumpositionen 14
Würfe vom Kreis 18
Gegenstoß 20
7-m-Würfe 23
Würfe von den Außenpositionen 25
Freiwürfe 27
Aufwärmprogramm für den Torwart 28
Torwartgymnastik 30

Trainingseinheiten 32
Zur Arbeit mit den Konspekten 32
Zeichenerklärung 33
Positionsbezeichnungen der Spieler in den verschiedenen
Formationen 34
Konspekte für die Trainingseinheiten 1 bis 94 36

Trainingsplanung 226
1. Was war? – Analyse der Vergangenheit 229
2. Was ist? – Analyse des Ist-Zustandes 230
3. Was könnte sein? – Langfristige Prognose für die Mannschaft . . 236
4. Was soll erreicht werden? – Übergreifende Zielsetzungen . . . 236
5. Wie kann das Ziel erreicht werden? – Langfristige Planung . . 237
6. Wie soll das Ziel erreicht werden? –
   Planung und Durchführung der Trainingseinheiten 242
7. Wie war die Durchführung? – Kontrolle und Nachkontrolle . . . 247

Literatur 252

Vorwort

Das Buch enthält Entwürfe für 94 Trainingseinheiten mit Erwärmungsprogrammen, technisch-taktischer Ausbildung und zahlreichen Übungen für die physische Ausbildung. Abgeleitet von Grundprinzipien des Trainings steht deren praktische Umsetzung bei der Ausbildung junger Handballer im Mittelpunkt.

Im Ergebnis praktischer Erfahrung mit Mannschaften unterschiedlichen Alters und unterschiedlicher Spielstärke ist das Buch mit mehreren Vorstufen entstanden. So sind im Eigenverlag des Autors drei Broschüren herausgegeben worden, die jetzt wesentlich erweitert, komplettiert und weiterentwickelt eine kompakte Planungshilfe für Handballtrainer und Übungsleiter darstellen.

Der systematische Trainingsaufbau reicht von der langfristigen Planung bis zur einzelnen Trainingseinheit. Die Übungen wurden zu kompletten Trainingseinheiten zusammengestellt, die vor allem für den weniger erfahrenen Übungsleiter von Nutzen sind. Er kann sicher sein, daß er seine Trainingsgruppe grundsätzlich richtig trainiert. Mit gewonnenen praktischen Erfahrungen können zunehmend eigene Vorstellungen einfließen. Veränderungen bei einzelnen Übungskomplexen dienen dann der gezielten Anpassung an die Mannschaft und an spezielle Aufgaben.

Gutes Training ist kein Zufall, auch nicht durch gedankenloses Übernehmen von „Rezepten" zu erreichen. Diesem Anliegen dienen auch die dem praktischen Teil vorangestellten Ausführungen zur Methodik und zu den Regeln des Lernens. Die Trainingseinheiten sind nach dem Prinzip vom Einfachen zum Schwierigen geordnet. Die Übungen enthalten meistens Elemente von Angriff und Abwehr sowie Aufgaben des Torwarts. Besonderer Wert wurde auf spielnahes Training gelegt, also auf die enge Verbindung von technischer und taktischer Ausbildung. Für das Torwarttraining sind zudem spezielle Vorschläge zur physischen Vorbereitung eingeflossen. Es ist zudem ein spezieller Abschnitt zur Torwarttaktik aufgenommen worden. Für die Mitarbeit und die wertvollen Hinweise zu diesem Abschnitt dankt der Autor seinem Freund, dem früheren Nationalspieler Michael Dogs.

Natürlich wird der erfahrene Trainer dieses Buch in ganz anderer Weise nutzen als der am Anfang seiner Laufbahn stehende Übungsleiter. Er wird die zahlreichen Übungsangebote mit seinen Vorstellungen in Übereinstimmung bringen, um sich seine Trainingseinheiten zusammenzustellen. Auch dafür sind Möglichkeiten vorgesehen.

Für Hinweise und Meinungsäußerungen ist der Autor dankbar. Möge dem Buch Erfolg beschieden sein, der sich in der Verbesserung des Trainings und in guten Wettkampfergebnissen niederschlagen sollte.

Werner Grage

Pädagogische und methodische Hinweise für das Handballtraining

Das Wesen der Sporterziehung besteht nicht nur in der Vermittlung von Fertigkeit, sondern vor allem auch in der Vermittlung der Einstellung zum Sport. Dem Trainer fällt eine erzieherische Aufgabe zu, die gerade bei jungen Menschen besonderes pädagogisches Geschick erfordert. In diesem Zusammenhang deshalb gleich ein Wort zu einem unverzichtbaren Teil dieses pädagogischen Geschicks.

Die Autorität des Trainers

Autorität sollte eine sittliche Aufgabe sein, nicht eine durch ein Amt (Amtsautorität) oder einen Rang mitgegebene Tatsache.

Die zweifellos auch erforderliche Fachautorität des Trainers ist lediglich imstande, den äußeren Rahmen der Ausbildung zu gewährleisten. Die Ausbildung selbst aber kann der Trainer nur wirksam mit Autorität leiten, wenn er im Verhältnis zum Spieler eine vorbildliche persönliche Haltung und eine überlegene Fachbeherrschung aufweisen kann.

Diese persönlich-sachliche Autorität ist die Voraussetzung jeder ernsthaften Schulung und Ausbildung. Wo das Verhalten der Spieler anzeigt, daß die Autorität des Trainers nicht ausreichend vorhanden ist, hat der Trainer sein Wissen und Können und seine Haltung zu überprüfen und gegebenenfalls solange zu verändern, bis seine persönlich-sachliche Autorität gegenüber den Sportlern wiederhergestellt ist. Fälle, in denen der Trainer dann trotzdem zur „Vorgesetzten-Autorität" greifen muß, um den Respekt wiederherzustellen, dürften sicher vorkommen, sollten aber selten sein.

Elemente der sportlichen Ausbildung

Bereits aus dem bisher angedeuteten wird klar, daß die Sportausbildung weit mehr ist, als eine Addition von Anpassungsübungen. Sportliche Ausbildung allgemein, so auch im Handball, erfolgt nach einem System der Vermittlung von Kenntnissen, Fähigkeiten und Fertigkeiten bei gleichzeitiger Persönlichkeitserziehung. Man kann die einzelnen Teile nicht voneinander trennen. Wenn also beispielsweise eine Finte mit anschließendem Durchsetzen gegen einen Gegner geübt werden soll, dann sind

1. **Kenntnisse** über Zweck und Ausführung erforderlich, die den Spielern vermittelt werden müssen, bevor sie üben;
2. **Fähigkeiten und Fertigkeiten** erforderlich, damit die Ausführung in der notwendigen physischen und technischen Qualität erfolgt;
3. **Persönlichkeitsqualitäten** und **psychische Eigenschaften** wie Durchsetzungsvermögen, Zweikampfhärte, Willenskraft, Anpassungs- und Umstellungsfähigkeiten erforderlich, um einen aktiven Gegner zu überwinden.

Nach dem Prinzip vom Einfachen zum Schwierigen können die Anforderungen in den einzelnen Elementen unterschiedlich gestaltet werden. Dabei wird von dem Leistungsniveau der Trainingsgruppe ausgegangen. Individuelle Differenzierungen sind möglich.

Methodisches Vorgehen

Vor dem Training muß der Trainer die zu demonstrierenden Übungen in der Reihenfolge ihrer Bedeutung für den Gesamtzusammenhang auswählen. Er sollte sich eine Aufstellung anfertigen und die Reihenfolge der zu vermittelnden Tätigkeiten festlegen. Dabei gilt die Grundregel, daß vom Einfachen zum Komplizierten fortgeschritten werden soll.

Diese inhaltliche Auswahl- und Organisationsübersicht stellt die dikatische Planung der Ausbildung dar. Eine Ausbildung ohne diese Überlegungen, also die Spieler planlos üben zu lassen, geht an den Mindestanforderungen eines systematischen Trainings vorbei.

Zu Beginn des Übens gibt der Trainer das Trainingsziel bekannt und macht die Spieler mit den entsprechenden Aufgaben vertraut. Dann wird die auszuführende Übung demonstriert. Bei der Demonstration können auch visuelle Hilfsmittel (bildhafte Darstellung) verwendet werden. Sie bedürfen aber des erklärenden Wortes. Unsinnig, ja geradezu gefährlich ist es, bei dem ersten Kennenlernen der Übung Fehler vorzuführen. Das würde das Erarbeiten der richtigen Bewegungsvorstellung bei den Sportlern erschweren oder gar verhindern.

Nach der Demonstration durch den Trainer soll der Spieler die demonstrierte Übung, soweit sie zur mehrmaligen Wiederholung geeignet ist, ausführen. Dabei sollte der Trainer sich zunächst davon überzeugen, daß der Spieler seine Aufgabe richtig verstanden hat und ihm Gelegenheit geben, Fragen zu stellen. In jedem Fall sollte der Trainer aber beim ersten Üben dabei sein, um Fehler sofort zu korrigieren. Das ist notwendig, damit eine falsche Bewegungsausführung sich nicht einschleifen (festigen) kann.

Leistungskontrollen sind unerläßlich. Festgestellte Fehler sind gleichsam eine Rückmeldung (Feedback) an den Trainer über den Ausbildungserfolg und führen zu einer erneuten Demonstration mit nachfolgender Übung.

Die hier angegebenen Orientierungen für eine didaktische Planung und ein methodisches Vorgehen sind keineswegs als starres Schema zu betrachten, an dem bedingungslos festzuhalten ist. Vielmehr ist je nach Aufgabenstellung in der Ausbildung zu variieren. Vor allem ist aber zu berücksichtigen, daß jeder Spieler andere Anlagen und Interessen hat und über Unterschiede in Lernwillen und Lernfähigkeit verfügt. Die Berücksichtigung der Individualität des Spielers kann zu erheblichen Abweichungen von der inhaltlichen und zeitlichen Planung führen. Die „pädagogisch-didaktische Maschine" ist – zum Glück – noch nicht erfunden.

Lernschritte

Zeitlich gesehen ereignet sich folgendes: Der Lernende findet einen Lernstoff vor, er eignet ihn sich an und hält das Erlernte für eine spätere Verwendung bereit. Die Tatsache, daß sich in einem Vorgang Vergangenes, Gegenwärtiges und Zukünftiges treffen und zu einem Band verknüpfen, gibt diesem Vorgang die innere Bewegung. Man spricht daher von einem dynamischen Prozeß.

Lernen ist also ein dynamischer Prozeß. Der Zusammenhang könnte kurz so umrissen werden: Aus der Vergangenheit wird etwas in der Gegenwart bewältigt, um für die Zukunft als eine Möglichkeit für eine neue Leistung bereitgestellt zu werden. Oder anders ausgedrückt: Lernen heißt, das gegenwärtige Aneignen von Erfahrungen für das zukünftige Tun zu bewältigen.

Dem im Lernprozeß befindlichen Spieler ist daher nicht nur zu erklären, wie etwas geschieht, sondern vor allem warum. Eine angemessene Hilfestellung kann der Trainer dem Lernenden aber nur dann geben, wenn er weiß, an welchem Punkt innerhalb dieses Lernprozesses sich der Spieler gerade befindet. Dieser Punkt wird Lernschritt genannt. Der Lernprozeß von der ersten Berührung mit dem unbekannten Lerngegenstand bis zur ständigen Kontrolle des Erworbenen vollzieht sich in fünf Lernschritten (siehe Tabelle).

Lernen	Handeln am Lerngegenstand (mechanischer und geistiger Teil)	Erlebnisinhalt (emotionaler Teil)
1. Lernschritt	Berührung mit dem Neuen	Wagnis
2. Lernschritt	Verinnerlichen der Widerstände	Widerstand (Gefahr der Resignation)
3. Lernschritt	Beseitigen der Widerstände	Arbeit
4. Lernschritt	Inbesitznahme des Neuen	Erfolg
5. Lernschritt	Ständige Kontrolle des Neuen; Vergewissern, daß das Neue Eigenbesitz geworden ist	Sicherheit

Während der Trainer beim ersten Lernschritt die Aufgabe hat, das Wagnis weder zu groß noch zu klein darzustellen, muß er beim zweiten Lernschritt die Gefahr der Resignation durch Aufmunterung des Lernenden beseitigen.

Die pädagogische Hauptaufgabe liegt für den Trainer aber beim dritten Lernschritt. Hier muß er Hilfen geben und darf den Spieler mit dem Lerngegenstand nicht allein lassen. Beim vierten und fünften Lernschritt kommt dem Trainer eine kontrollierende Funktion zu. Es wurde dargestellt, daß die beim zweiten Lernschritt entstehenden Widerstände beseitigt werden müssen, um den Lernvorgang fortzusetzen. Dazu bedarf es innerer und äußerer Lernantriebe – auch Motivationen genannt –; schließlich geschieht Lernen nicht von allein.

Prinzipien und Regeln des Lernens

Der Lernende muß einen Widerstand (Widerspruch zwischen vorhandenem Leistungsniveau und dem angestrebten Ziel) überwinden, um den Lerngegenstand in Besitz zu nehmen. Es bedarf hierzu der „Schubkraft" der Lernmotivation. Wenn dieser Beweggrund zum Lernen, diese Lernmotivation (z. B. Reiz der Übung, natürlicher Ehrgeiz, Rivalität usw.) nicht ausreicht, um den Widerstand zu überwinden, muß entweder die Motivation verstärkt oder der Widerstand kleiner gemacht oder das Ziel anziehender ausgestattet werden (z. B. durch Bestätigung, Lob, Anerkennung, Belohnung, Mutmachen).

Daraus ergeben sich zwei Prinzipien:
Der zu vermittelnde Stoff ist in faßlichen Portionen, in faßlichen Lerneinheiten zu zerlegen,
und
je mehr Erfolgserlebnisse sich beim Lernen einstellen, um so lieber und um so besser wird gelernt.

Diese beiden Regeln sind einleuchtend, denn zu große Stoffmengen führen zu Mißerfolgserlebnissen. Sie beeinflußen Lernwillen und Lernfreude ungünstig. Ebenso ist das bei zu kleinen Stoffeinheiten, die ohne wesentliche Widerstandserlebnisse bewältigt werden können. Sie führen nicht zum Erfolgserlebnis, weil der Sportler unterfordert ist und kein lohnendes Ziel erreicht hat. Dagegen schafft die Bewältigung einer schwierigen Aufgabe Erfolgserlebnisse, die dem Lernprozeß als Ganzem zugute kommen.

Die Aufgabe des Trainers besteht darin, den Widerspruch zwischen vorhandenem und angestrebtem Leistungsniveau durch möglichst individuell abgestimmte Aufgabenstellungen optimal für jeden Sportler zu gestalten. Das führt dann auch folgerichtig zur Verstärkung der Lernmotivation für die nächsten Aufgaben.

Jeder Trainer sollte darauf achten, daß solche Lernverstärkungen geschaffen werden. Ein einfaches Mittel hierzu ist die Vergabe von weitgehend selbständig zu erledigenden Aufgaben.

Ein weiteres, besonders in der Praxisausbildung zu beachtendes Lernprinzip bezieht sich auf die bereits erwähnte Individualität des Lernens oder der Individuallage des Lernenden.

Es gibt keine zwei Menschen, die gleich lernen. Jeder Mensch hat beim Lernen sein eigenes Tempo, seinen eigenen Rhythmus. Der eine lernt überwiegend optisch, der andere überwiegend akustisch. Der eine lernt schnell, der andere langsam, der eine morgens, der andere nachmittags besonders gut. Der „Ohrenmensch" begreift eine komplizierte Aufgabe besser, wenn der Trainer die Aufgabe mit Worten erklärt. Der „Augenmensch" nimmt den gleichen Lerngegenstand eher in Besitz, wenn ihm eine Vorlage gezeigt wird.

Vieles von dem, was bisher erörtert wurde, ist sicher keine Neuigkeit, wird aber in der Praxis oftmals nicht mit der notwendigen Sorgfalt beachtet.

Die Lernziele und die Aufgaben sind klar zu formulieren.
Es sind Teillernziele, Zwischenlernziele und Hauptlernziele möglichst für die ganze Ausbildungsdauer zu planen und festzulegen. Das sollte aber so variabel erfolgen, daß für besondere Lernziele Freiräume bleiben, die

entweder noch nicht genügend beherrscht werden oder aus anderen Gründen eine Wiederholung erforderlich machen.

Dieses Zerlegen in kleine Lerneinheiten – Prinzip der Stufung der Arbeit – hat pädagogische Bedeutung. Der Lernende soll von Teilerfolgserlebnissen, die ihn ermutigen, zum Gesamterfolg geführt werden. Regelmäßige Kontrollen des erreichten Ausbildungsstandes sind einzuplanen. Das natürliche (spontane) Interesse des Spielers bei der Wahl der Aufgabe soll, wo immer möglich, berücksichtigt werden. Der Trainer soll Verständnis für die Notwendigkeit der Aufgabe wecken.

Das Einführen, Erklären, Erläutern, Vormachen, soll mit äußerster Geduld erfolgen. Frühzeitige Kritik und Ungeduld gegenüber ersten, vielleicht unbeholfenen Versuchen des Spielers gefährden den Übungserfolg. Der Spieler soll möglichst frühzeitig selbständig Vorgänge üben dürfen. Selbständige Tätigkeit schafft Erfolgserlebnisse, zudem ist das aktiv erworbene Wissen und Können stabiler, und es ist leichter auf neue Situationen zu übertragen. Das heißt, dieses Wissen hat einen höheren Transfereffekt (Übertragungseffekt). Zum Mit- und Nachdenken ist dem Spieler Zeit zu lassen. Der persönliche Stil des Spielers ist (in Grenzen) zu tolerieren. Sein Tempo, Rhythmus und seine besondere Lernweise (optisch, akustisch) sind zu beachten. Die einzelnen Aufträge sind präzis zu formulieren.

Die pädagogische Grundhaltung des Trainers soll optimistisch sein.
Der Trainer sollte realistisch bleiben, sollte keine utopischen Erwartungen hegen, sich nicht Illusionen hingeben, aber immer eine gewisse Vorgabe an Vertrauen gewähren.

Ein Spieler, der versagt, soll nicht voreilig oder automatisch getadelt, niemals aber gekränkt werden.
Versagen ist ebenso normal, wie Leistungsfähigkeit nicht selbstverständlich ist. Vor allem aber keine Bestrafung für schlechte Leistung durch zusätzliche Aufgaben. Der Trainer sollte dosiert loben, muß dosiert ermahnen und darf dosiert (individuell) tadeln. Was bei einem Spieler nur durch ausdrücklichen Tadel, kann bei einem anderen schon durch Schweigen erreicht werden. Lob schadet in wenigen Fällen, Tadel schadet aber fast immer.

Man lebt besser und leistet vor allem auch besseres, wenn man sich nicht allzuoft mit seinen Fehlern und Mängeln konfrontiert sieht.

Untersuchungen haben gezeigt: Nach Ablauf einer bestimmten Zeit wissen Lernende im Durchschnitt noch
20 % von dem, was sie gehört haben,
30 % von dem, was sie gesehen haben,

50 % von dem, was sie gehört und gesehen haben,
90 % von dem, was sie selbst ausgeführt haben.

Übung macht den Meister.

Überlegungen zur sportlichen Leistungsentwicklung

Es ist für den Trainingserfolg wichtig, daß Klarheit darüber besteht, mit welchem Gerät der Sportler übt, wie oft und wie schnell, ob zu Beginn oder am Ende der Trainingseinheit, ob er die Belastung wechselt im Zusammenhang mit dem Charakter der vorgesehenen Trainingseinheiten. Es ist auch so einleuchtend, mit welchen Schwierigkeiten der Trainer bei der Trainingsgestaltung konfrontiert wird, wenn er aus den unzähligen Möglichkeiten die Trainingsmittel auswählen soll, die mit höchster Wahrscheinlichkeit zum Erfolg führen.

Bei einer optimalen Trainingssteuerung ist von folgenden Überlegungen auszugehen:
1. Die Wirksamkeit eines Trainingsmittels, auch wenn es besonders beliebt ist, wird mit der Verbesserung des Trainingszustandes eines Sportlers geringer.
2. Das Trainingsmittel muß die Reizstärke aufweisen, die dem momentanen funktionellen Zustand des Organismus entspricht.
3. Die Auswirkungen des vorausgegangenen Trainings verändern den Trainingseffekt des jeweiligen Mittels.
4. Der Trainingseffekt wird weniger durch die Summe der Reizeinflüsse bestimmt als vielmehr durch ihre Reihenfolge und die Einteilung in Zeitintervalle.
5. Die Steuerung insgesamt muß einen Komplex von Reizen auslösen, die die Herausbildung des für die Sportart notwendigen Trainingszustandes garantieren, unter Berücksichtigung des tatsächlichen Leisungsvermögens eines Sportlers.

Torwarttaktik und -ausbildung

Würfe aus den Rückraumpositionen

Zu den taktisch am schwierigsten einzuschätzenden Würfen gehört der Wurf aus den Rückraumpositionen rechts oder links, wenn die Wurfhand zur Seitenauslinie weist und den allgemein bevorzugten Wurfpositionen entgegengerichtet ist.

Bei der taktischen Angriffsüberlegung geht der Angreifer davon aus, daß die Abwehr bei schnellem Ballweg nicht abwehrgerecht zur Wurfhand gelangen kann. Das hat die Folge, daß auf der Abwehrposition 2 rechts oder links eine große Lücke entsteht. Bild 1 stellt die Abwehrsituation aus der Sicht des Torwarts dar.

Wenn der Torwart davon ausgeht, daß die Bewegungsrichtung des Angreifers frontal sein wird, so kommen im Normalfall nur zwei Arten von Würfen in Frage:
- ein harter Schlagwurf in die kurze Ecke,
- ein Aufsetzer in die lange Ecke.

Um diese beiden Würfe erfolgreich abzuwehren, gibt es nur ein wirksames Mittel: von der Idealposition abweichend, nicht mehr auf dem Torwart-

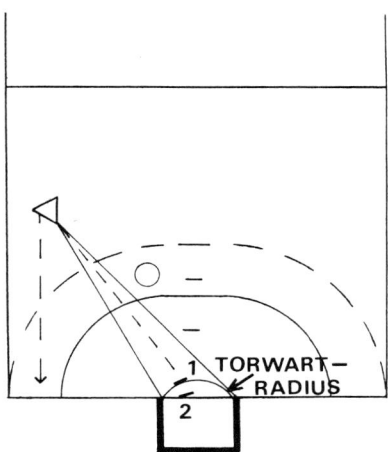

Bild 1: *Abwehrsituation bei Würfen aus dem Rückraum; 1 – normale Idealposition bei einem Linkshänder; 2 – Idealposition bei einem Rechtshänder*

Radius agierend, sondern weiterhin frontal fast auf der Torlinie stehend einen Wurf in die für den Schützen „leichtere Ecke" provozieren. Auf keinen Fall darf in die Wurferwartungsphase eine Bewegung nach vorn unternommen werden.

Die Technik der Abwehrbewegung hängt von vielen Faktoren ab:
1. Art des Wurfes
   - Schlagwurf aus dem Stand
   - Schlagwurf aus der Bewegung
   - Schlagwurf aus dem Sprung
   - Schlagwurf aus der Hüfte
2. Position und Verhalten des Abwehrspielers und seiner Nebenspieler
3. Größe und technische Fähigkeiten des Torwarts

Hier möchte ich auf meine Ausführungen zur Schulung der Torwarte hinweisen.

Für den Erfolg des Torwarts ist entscheidend, daß er die Entfernung des Angreifers zum Tor beachtet. Mit steigender Spielklasse haben sich die Wurfqualitäten verändert, und genau wie die Aufgaben und Arbeitsweisen der Abwehrspieler sich verändert haben, muß auch der Torwart sich in seinem taktischen Grundverhalten den neuen Gegebenheiten anpassen. Es ist daher angebracht von zwei Rückraumwurfbereichen (Bild 2) zu sprechen:
   - der Rückraumnahbereich: 8 bis 10 m,
   - der Rückraumfernbereich: mehr als 10 m.

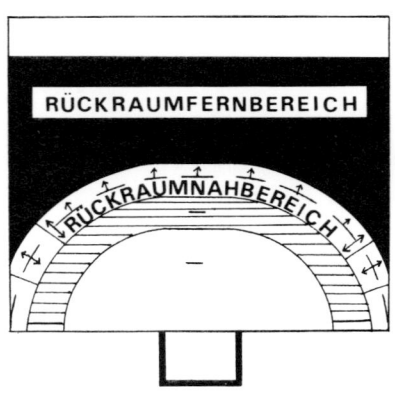

Bild 2: *Rückraumwurfbereiche*

Rückraumnahbereich
Ist durch Erfahrung oder Beobachtung bekannt, daß die allgemeine Entfernung des Werfers zum Tor im Rückraumnahbereich liegt, dann sollte der Torwart so stehen, daß in der Körperachse ein rechter Winkel zwischen dem kurzen Pfosten und dem Werfer gebildet wird. Durch diese Position wird das richtige, winkelgerechte Verhalten zum Werfer erreicht (Bild 3).

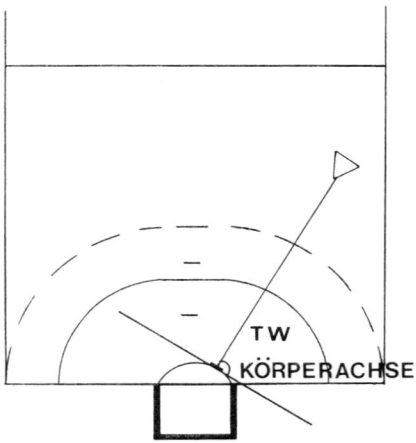

Bild 3: *Winkelgerechtes Verhalten des Torwarts zum Werfer*

Steht der Torwart im zu flachen Winkel, so ist die lange Ecke relativ offen.
    Ein ideales Trainingsgerät zur Automatisierung der Bewegung auf dieser Ideallinie ist ein kleiner Kasten, der mit seiner Längsseite parallel zur Torlinie gestellt wird (Bild 4).

Bild 4: *Finden der Ideallinie für den Schleifschritt mit Hilfe eines kleinen Kastens*

Wenn man bedenkt, daß jeder Torwart, der in Bewegung ist, leicht auszuspielen ist, so muß jede überflüssige Bewegung vermieden werden.

Dies gilt auch für das Verhalten auf der Ideallinie.

Die ballbezogene Bewegung darf nur soweit zum Außenpfosten mitgehen, bis mit gestrecktem Arm der Pfosten berührt wird. Nur wenn erkennbar ist, daß der Außenangriffsspieler mit einem Torwurf abschließen könnte, geht die Bewegung bis zum Pfosten mit.

Anfangs sollte dieser Bewegungsablauf mit dem Kasten, später auf einer Linie trainiert werden. Schließlich wird ohne Linie geübt.

Der Trainer deutet mit einem Ball eventuelle Würfe an und korrigiert dabei; anschließend trainiert er mit Würfen von 10 m, zuerst ohne, dann mit Abwehr.

Rückraumfernbereich
Im Gegensatz zu den bisher behandelten Situationen gelten für die Würfe aus dem Rückraumfernbereich andere Regeln. Bei dieser Entfernung zum 6-m-Kreis ist es dem Abwehrspieler nicht immer möglich, rechtzeitig und auch abwehrgerecht am Angriffsspieler zu sein. Daraus ergibt sich für den Torwart, daß es keine Aufgabenteilung mehr zwischen Abwehrspieler und Torwart geben kann und er somit für das gesamte Tor verantwortlich ist. Dadurch wird der Zeitfaktor von entscheidender Bedeutung für das taktische Torwart-Verhalten. Um die Zeit vom Verlassen des Balles von der Wurfhand bis zur Abwehr durch den Torwart zu verlängern, muß der Torwart auf der Torlinie arbeiten.

Den Beweis für dieses Verhalten liefern sehr gute Torwarte in jedem Spiel. Gleichzeitig zeigen sie auch noch, daß es dabei unerheblich ist, ob der Wurf aus den halben Positionen, aus der Mitte oder ob er seitenverkehrt erfolgt.

Es ergeben sich für die beiden Rückraumbereiche für den Torwart zwei taktische Regeln:
- Rückraumnahbereich – Bewegung des Torwartes auf der Ideallinie.
- Rückraumfernbereich – Bewegung des Torwartes auf der Torlinie.

Würfe vom Kreis

Wie bei den Würfen aus den Rückraumpositionen ist die Torwart-Ideallinie Ausgangspunkt des taktischen Verhaltens des Torwartes bei Würfen vom Kreis.

Die Abwehr der Würfe vom Kreis, wenn der Kreisspieler den Ball mit dem Rücken zum Tor angenommen hat, setzt sich aus mehreren Phasen zusammen:
1. Phase: Auswertung von Spielbeobachtungen,
2. Phase: Abhängigkeit der Bewegungsmöglichkeit des Kreisspielers vom Abwehrspieler weg,
3. Phase: Ausführung des Wurfes.

Die Phasen 1 und 2 setzen eine intensive Beschäftigung mit dem Gegner und den Eigenarten der jeweiligen Kreisspieler voraus. Diese Vorbereitung beginnt mit eventuell schon gesammelten Erfahrungen aus früheren Spielen bzw. während des Spieles. Der Torwart kennt also den Lieblingsbewegungsablauf des Kreisspielers in bestimmten Spielsituationen. Diese Kenntnisse muß der Torwart ausnutzen, um so schnell wie möglich offensiv, frontal und so nah wie möglich auf die Wurfhand zu kommen.

Der bevorzugte Bewegungsablauf des Kreisspielers kann natürlich vom Abwehrverhalten des Abwehrspielers beeinflußt werden. Deshalb kann der Torwart nicht sofort herausstürmen, sondern die Kenntnis über das Abwehrverhalten und die daraus resultierende Absprache mit der Abwehr bestimmen letztlich den Zeitpunkt und die Richtung der Bewegung. Bei der Ausführung des Wurfes (Phase 3) ist zu beachten, daß es bei guter Abwehrarbeit nahezu unmöglich ist, daß der Werfer die Wurfhand über Schulterhöhe bringen kann. Das bedeutet, daß nur ein gerader Unterhand- oder Trickwurf erfolgen kann. Dadurch kann der Torwart sein Hauptaugenmerk auf den Bereich zwischen Hüfte und Schulter legen.

Setzt sich der Kreisspieler dagegen in flacher Körperhaltung durch, kann der Torwart einen Wurf im Fußbereich erwarten.

Wenn der Kreisspieler den Ball seitlich zum Tor annehmen kann, so ist fast immer eine parallele Bewegung zum Kreis vorausgegangen. Dabei gibt es die Bewegung zur Wurfhand oder gegen die Wurfhand.

Bewegung des Kreisspielers zur Wurfhand
Bei dieser Situation gibt es genau die gleichen Voraussetzungen wie bei einem seitenverkehrten Wurf aus dem Rückraum (Bild 5). Der Torwart sollte defensiv agieren, denn der Kernwurf (Schlagwurf) ist aus dem Sprung technisch nicht einfach und auch aufgrund der Fliehkraft, die durch den Abwehrspieler noch verstärkt werden kann, im Endeffekt sehr unsicher. Es ist für den Kreisspieler einfacher, die Fliehkraft und auch die Beeinflussung/Beeinträchtigung durch den Abwehrspieler so auszunutzen, daß es ein relativ schwacher Wurf ist und somit der Torwart zum Reagieren genügend Zeit hat.

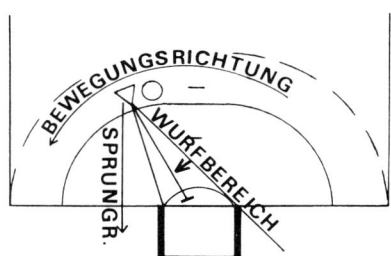

Bild 5: *Abwehrsituation bei Würfen vom Kreis*

Bewegung des Kreisspielers gegen die Wurfhand
Aus dieser Darstellung geht hervor, daß der Torwart auf keinen Fall eine offensive Position einnehmen darf (Bild 6). Er sollte auf der Ideallinie bleiben und die dem Kreisspieler technisch einfachere Wurfmöglichkeit anbieten. Sowie der Torwart bei einer solchen Situation in Bewegung ist, öffnet er den „Trickwurfbereich", für den man nicht mehr von Torwarttaktik sprechen kann.

Bei diesem Abschluß ist meistens eine mehr oder weniger starke Behinderung durch einen Abwehrspieler auf der Wurfhandseite zu erwarten.

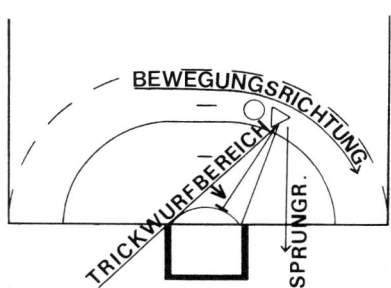

Bild 6: *Trickwurfbereich beachten*

Ballannahme frontal zum Kreis

Die dritte Wurfmöglichkeit, Ballannahme frontal zum Kreis, ist mit dem Verhalten bei frei durchlaufenden Gegenstoßspielern gleichzusetzen. Die Abwehr eines solchen Wurfes beginnt schon wesentlich früher. Sie beginnt bei einer Erwartungshaltung des Trainers und der Mannschaft.

Niemand verlangt die Verhinderung eines in der Wahrscheinlichkeit hoch einzuschätzenden erfolgreichen Torwurfes, sondern alle erhoffen es. Somit ist der Torwart frei von allen taktischen Zwängen. Er sollte bei seinem individuellem Verhalten zwei Typen von Angreifern berücksichtigen.

- Der Werfer neigt dazu, ganz weit in den 6 m-Kreis hineinzuspringen und wartet die Reaktion des Torwartes ab. Dieser Werfer gibt dem Torwart zwei Vorteile, denn er begibt sich in einen Zeitzwang und verkürzt sich selbst den Wurfwinkel. Der Torwart kann sich direkt auf die Wurfhand konzentrieren.

  Der Torwart sollte unter Berücksichtigung der Wurfhaltung – Wurfhand seitlich oder über Schulterhöhe – ganz angespannt ruhig auf der Wurfhandseite stehen und auf keinen Fall die erste Bewegung machen. Wichtig ist auch, daß der Torwart keine Angst vor irgendwelchen körperlichen Kontakten hat.

- Der Werfer neigt dazu, mehr aus der Höhe abzuschließen und ist in seinem technischen Wurfverhalten sehr variabel. Da nicht jede mögliche Situation nachvollzogen werden kann, sollte der Torwart versuchen, dem Werfer den für ihn technisch einfachsten Wurf zu ermöglichen. Diese Wurfmöglichkeit sollte dann möglichst groß abgedeckt werden.

Gegenstoß

Da im letzten Abschnitt der Gegenstoß schon angesprochen wurde, soll mit dem Verhalten bei einem Gegenstoß bei mitlaufendem Abwehrspieler fortgesetzt werden. Dabei gibt es wieder die Unterteilung seitenverkehrt und nicht seitenverkehrt. Bei nicht seitenverkehrtem Gegenstoß und parallel laufendem Abwehrspieler zeigen sich gewisse Gemeinsamkeiten zu einem Wurf aus dem Rückraum.

Die Wurf- und Abwehrsituation sind ähnlich, und wenn der Abwehrspieler richtig arbeitet, so ergibt sich noch ein ähnlicher Effekt wie bei einem Wurf vom Kreis mit seitlicher Ballannahme. Der einzige Unterschied besteht in der zu erwartenden Wurfkraft. Dem Angreifer ist der kraftvolle Schlagwurf erleichtert, und zwar in die kurze Ecke. Das bedeutet, daß der Torwart den Wurf auf der Torwart-Ideallinie erwarten sollte.

Falls der Abwehrspieler den Angreifer abdrängen kann, sollte der Torwart mit kleinen Schleifschritten versuchen, die frontale Stellung unter Beibehaltung des rechten Winkels einzunehmen.

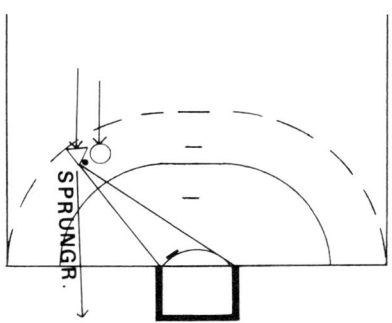

Bild 7: *Wurferwartung beim Gegenstoß auf der Ideallinie*

Ein wesentlich anderes Verhalten gilt bei einem Gegenstoß auf der seitenverkehrten Seite. Bei richtigem Verhalten des Abwehrspielers gibt es nur begrenzte Wurfmöglichkeiten für den Angreifer: den Trickwurf, die Bogenlampe, den Aufsetzer in die lange Ecke.

Beide Würfe sind nur dann möglich, wenn der Torwart eine Bewegung nach vorn macht. Deshalb muß gelten: Der Torwart darf auf keinen Fall nach vorn gehen.

Der Torwart deckt die kurze Ecke ab und bewegt sich dabei auf der Torwart-Ideallinie in die Richtung, in die der Abwehrspieler den Angreifer abdrängt (Bild 8). Der Angreifer muß einen Wurf aus starker Bedrängnis ausführen undd richtet sich daher stark nach dem Bild, das der Torwart bietet. Das sollte der Torwart bewußt ausnutzen und den Angreifer entsprechend beeinflussen.

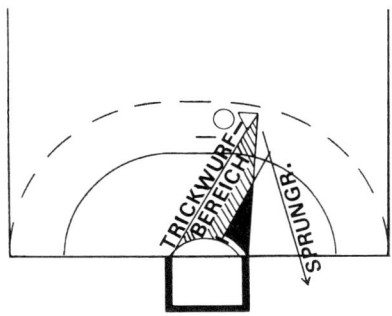

Bild 8: *Trickwurfbereich beim Gegenstoß*

Viel entscheidender als das Verhalten beim Gegenstoß ist allerdings die Verhinderung des Gegenstoßes. Das wird deutlich, wenn man davon ausgeht, daß die Erfolgsquote bei der Abwehr von Gegenstößen selbst bei einem guten Torwart nur etwa 20 % beträgt. Wie kann aber der Torwart die 80 % beeinflussen? Da eine erfolgreiche Abwehr nicht zu erwarten ist, ist es jedem Torwart selbst überlassen, wie er den Gegenstoß abwehrt.

Ein Gegenstoß wird im allgemeinen so gespielt, daß der Ball nur bis fünf Meter hinter der Mittellinie angenommen wird. Der Angreifer läuft von der 6- bzw. 9-m-Linie ab und muß sich etwa von der Mittellinie an auf die Ballannahme konzentrieren. Das bedeutet, daß er sich im Laufen umdrehen und den Ball fangen muß.

Der Ball muß aber schon gespielt werden, wenn sich der Angreifer etwa vier bis fünf Meter vor der Mittellinie befindet.

Wenn der Torwart sich bei einem Angriff bei etwa 8 m aufhält, so teilt sich der hier interessierende Abstand zu dem Punkt, wo der Ball gefangen werden soll, wie in Bild 9 dargestellt, auf.

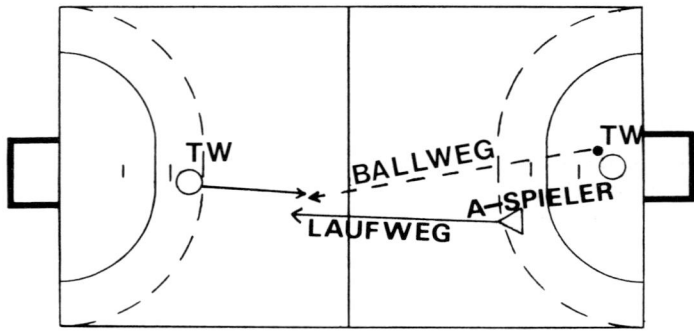

Bild 9: *Verhinderung des Gegenstoßes durch richtiges Torwartverhalten*

Torwart und Angreifer haben also vom Zuspielzeitpunkt die gleiche Strecke zurückzulegen. Der Vorteil, daß der Angreifer schon in der Bewegung ist, wird dadurch aufgehoben, daß sich der Torwart frontal zum Ball befindet. Der Torwart kann den Gegenstoß bei der Ballannahme – vor der Ballannahme – schon abwehren und einen eigenen Gegenstoß einleiten.

Wenn ein Torwart auf diese Weise agiert, kann er bewirken, daß der Gegner den Gegenstoß überhaupt nicht oder nur verzögert einleitet.

Der allgemeine Einwand, daß der Torwart überspielt wird oder den Ball verpaßt, sollte nicht überbewertet werden. Einem guten und erfahrenen Torwart passiert das sehr selten.

Es ist letztlich eine Sache des Selbstvertrauens, in dieser Weise zu verfahren; denn nicht jeder Versuch des Überspielens von der gegnerischen 9-m-Linie gelingt.

Als letztes Argument gegen diese Art der Abwehr eines Gegenstoßes spricht noch eventuell der mögliche Zusammenstoß mit dem Angreifer. Nach der Regel bedeutet im allgemeinen „sperren", daß der Spieler, der auf den stehenden Spieler aufläuft, einen Regelverstoß begeht. Die tatsächliche Regelauslegung ist im Spiel zwar meistens nicht so, da ein Zusammenprall sehr spektakulär ist. Um die Gefahr eines Zusammenpralls zu verringern, sollte der Torwart für den Moment des Ballverlustes der eigenen Mannschaft für den Ballspielenden schwer erkennbar sein, indem er sich bis zum Moment des Abspiels an den laufenden Spieler in leicht gebückter Haltung bei etwa 8 m aufhält. Wenn erkennbar ist, daß der Ball vor oder nur kurz hinter der Mittellinie angenommen wird, sollte der Torwart sich so, wie schon erwähnt, verhalten.

7-m-Würfe

Bei der Abwehr von 7-m-Würfen ist die Erwartung der Mannschaftskameraden und des Trainers die gleiche wie bei der Abwehr von freidurchlaufenden Angriffsspielern. Im Unterschied dazu steht dabei aber die mentale Vorbereitung mehr im Vordergund. Die durch Beobachtung und Erfahrung ermittelten Wurfeigenschaften und Wurfeigenarten der 7-m-Schützen sind die wichtigsten taktischen Grundbedingungen für einen Torwart.

Diese Komponenten können auch dazu führen, daß der Torwart auf der Linie arbeitet, was im allgemeinen nicht üblich ist, sondern der Torwart nimmt etwa 3 bis 4 m vor der Torlinie seine individuelle Abwehrhaltung ein. Diese Abwehrhaltung sollte unter Berücksichtigung der technischen Möglichkeiten bei der Ausführung des 7-m-Wurfes erstellt werden.

Wie schon mehrfach erwähnt, geht es darum, die durch Reaktion abzudeckende Fläche durch vorherige Maßnahmen zu reduzieren. Zusätzlich sollte der Torwart alles versuchen, um die Konzentration des Werfers vor dem Wurf zu beeinträchtigen. Dazu sollte der Torwart versuchen, den Ball möglichst unter Kontrolle zu bringen und ihn so lange zu behalten, bis der Werfer zu erkennen ist. Diesem Angreifer spielt er den Ball dann möglichst so zu, daß dieser ihn nur unter großen Schwierigkeiten annehmen kann.

Danach nimmt der Torwart seine Position so ein, daß er aufgrund seiner Körperform und Haltung dem Angreifer einen Wurf über Schulterhöhe schon nicht sehr erfolgversprechend erscheinen läßt. Vielmehr erleichtert er dem Werfer den Wurf auf Flächen, die vom Bewegungsablauf her für den Torwart sehr schnell erreichbar und günstig sind. Damit hat sich der Prozentsatz der abzuwehrenden Fläche etwas verringert.

Danach muß sich der Torwart auf die Wurfhand und die daraus sich ergebenden geometrischen Möglichkeiten des Angreifers (Bild 10) konzentrieren.

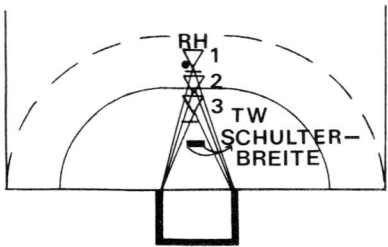

Bild 10: *Drei Phasen beim Fallwurf*

Wenn ein Fallwurf erfolgt und der Torwart ruhig bleibt, so zeigt die Darstellung, daß der Werfer selbst den Wurfraum immer mehr einengt und somit dem Torwart seine Aufgabe leichter macht. Die Reaktion kann vorbereitet erfolgen. Aber auf keinen Fall so, daß das Standbein frühzeitig zu erkennen ist und der Torwart dadurch mit einem verzögerten Wurf überwunden werden kann. Der Wurf ist allerdings für den Angreifer technisch nicht leicht und besonders dann, wann der Angreifer mit einem Fuß an der 7-m-Marke steht. Erfahrungswerte lassen folgende Schlußfolgerung zu:

75 % aller 7-m-Werfer, die sich mit einem Fuß an die 7-m-Marke stellen, werfen, auf die Wurfhand bezogen, gerade auf das Tor.

Das gilt für den Fallwurf oder auch für jede andere Art der Ausführung. Wenn sich jedoch der 7-m-Werfer mit beiden Füßen an die 7-m-Marke stellt, gibt es sehr viele Wurfmöglichkeiten, so daß der Torwart sein Augenmerk mehr auf die Grundhaltung der Schulterpartie des Werfers richten sollte. Sie gibt einen Hinweis auf die zu erwartende Seite des Wurfes. Es ist allerdings mit hoher Wahrscheinlichkeit zu erwarten, daß der Werfer einen Fallwurf ausführt, um Zeit zur Beobachtung der Torwart-Reaktion zu gewinnen. Also gilt für den Torwart: In der individuellen Abwehrhaltung warten, bis der Ball die Hand tatsächlich verläßt. Eine Unterteilung der Werfer nach ihrem allgemeinen Wurfverhalten kann grob in drei Typen vorgenommen werden:
1. die sogenannten „Kunstschützen", die gerne nicht nur ein Tor, sondern ein besonderes Tor werfen wollen,
2. die „Beobachtungswerfer", die versuchen, eine eventuell zu frühe Reaktion des Torwartes ausnutzen,
3. die „Kraftwerfer" nehmen sich eine bestimmte Ecke vor und werfen dann kraftvoll.

Wann und wie man als Torwart den jeweiligen Werfertyp zu einem bestimmten Wurf provozieren kann, sollte jeder Torwart für sich entscheiden.

Würfe von den Außenpositionen

Standbein ist das Außenbein des Torwarts. Der linke Arm schützt das Gesicht. Der Werfer ist in der Abwärtsbewegung.

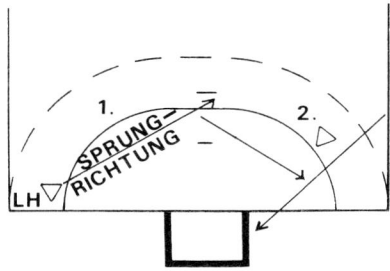

Bild 11: *Situation bei Würfen von der Außenposition*

Zum taktischen Verhalten bei Würfen von den Außenpositionen bestehen sehr unterschiedliche Meinungen. Unabhängig davon sollte Ausgangspunkt sämtlicher Überlegungen das Wurfverhalten des Angreifers sein. Dabei gibt es nur zwei Wurfarten.
1. Der Angreifer springt tief aus der Spielfeldecke heraus in Richtung auf die 7-m-Markierung, egal ob der Wurf über Kopf oder anders ausgeführt wird.
2. Der Angreifer springt nach einem Parallelstoß mit seitenverkehrtem Wurfarm in Richtung auf den kurzen Pfosten. In dem Beispiel (Bild 12) will ein Linkshänder von rechtsaußen ein Tor erzielen.
   Jeder Werfer versucht, einen möglichst großen Wurfwinkel zu erreichen. Er springt also mit weit vorgestrecktem Wurfarm in Richtung 7-m-Markierung.
   Dieser Ablauf erfordert einen gewissen Zeitaufwand an Vorbereitung. Und diesen Zeitraum sollte der Torwart ausnutzen. Der exakte Zeitpunkt ist der, wenn der Außenspieler den Ball fängt. Der Torwart bewegt sich dann auf der Torwart-Ideallinie zum Pfosten.
   Die Haltung ist wie folgt:
   Die Pfostenhand ist über der Schulter, der Oberarm deckt den kurzen Winkel ab, und der Unterarm führt an der Stirn vorbei zur pfostenfernen Hand und berührt dort fast die Fingerspitzen des angewinkelten rechten Armes.
   Das ist die Grundhaltung!
   Wenn der Werfer jetzt zur Sprungvorbereitung ansetzt, beginnt die eigentliche Abwehr des Wurfes.

In der Zeit, in der der Angreifer darauf achtet, den Wurfkreis nicht zu betreten, er sich gegen den Abwehrspieler durchsetzen, den Ball sichern und letztlich zum Wurf ausholen muß, sollte der Torwart seine Abwehrposition erreichen. An diesen Positionen muß er dann seine Abwehrhaltung eingenommen haben, denn der Werfer hat nach seiner Vorbereitungszeit nur wenig Zeit zum Abschluß, und er wird seinen Abschluß nach dem Erscheinungsbild richten. Damit ist wiederum der Torwart aus der Rolle des nur Reagierenden heraus.

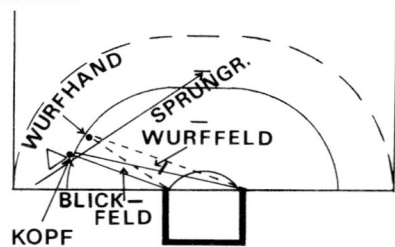

Bild 12: *Verhalten des Torwarts beim Wurfversuch eines Linkshänders von rechtsaußen*

Der Torwart muß diesen Unterschied ausnutzen. Er muß sich so postieren, daß dem Werfer optisch die kurze Ecke frei erscheint, er aber aufgrund der frontalen Stellung des Torwartes den Ball nicht an ihm vorbeibringen kann. Dieses Erscheinungsbild ergibt sich jetzt wiederum aus einer geometrischen Überlegung (Bild 12).

Das bedeutet, bei dieser Art der Abwehr von Würfen muß das pfostenferne Bein fest stehenbleiben, und das pfostennahe Bein reagiert im Verbund mit dem pfostennahen Arm.

Die vorher erwähnte Armhaltung dient gleichzeitig als Gesichtsschutz für den Torwart; denn im ersten Moment erscheint dem Werfer der Kopfbereich als geschlossen. Falls der Werfer den Torwart überwerfen will, so ist durch einfaches Strecken der Arme auch dieser Wurf abzuwehren.

Beim Training zum Finden des richtigen Standortes sollte sich der Torwart in Zusammenarbeit mit dem Trainer und den Außenspielern den Mittelwert der vermeintlichen Wurfpositionen erarbeiten. Danach wird der Schleifschritt auf der Ideallinie zum Pfosten fortgesetzt. Die Erfahrung hat gezeigt, daß nur ein Schleifschritt ausreicht, um den richtigen Abstand vom Pfosten zu erreichen. Wenn also der linke Fuß am Pfosten ist, führt der nächste Schritt mit dem rechten Fuß nach vorn, und der linke Fuß wird nachgezogen. Der Torwart steht somit schon auf dem pfostenfernen Bein. Welche Bedeutung ein sicherer Torwart bei Würfen von den Außenpositionen, für die Abwehr und den abzudeckenden Abwehrraum hat, braucht sicher nicht näher erläutert zu werden.

Im zweiten Fall springt der Angreifer nach einem Parallelstoß mit seitenverkehrtem Wurfarm in Richtung auf den kurzen Pfosten. Hier gibt es Parallelen zu einem Wurf vom Kreis. Der Torwart macht in diesem Fall auf der Ideallinie den Weg zum Pfosten mit und verursacht dabei, etwa eine Fußlänge vor dem Pfosten, frontal zum Angreifer seine Haltung einzunehmen. Auf keinen Fall am Pfosten bleiben! Die Armhaltung ist der Haltung bei dem Wurf von außen ähnlich. Im Unterschied dazu übernimmt der pfostenferne Arm die Aufgabe zur Kopfdeckung, denn ein möglicher Wurf ist nur in die kurze Ecke zu erwarten.

Die Fußhaltung ist auf keinen Fall geschlossen. Es muß zwischen den Füßen ein Zwischenraum sein. Allerdings nicht so breit, daß ein Ball hindurchpaßt. Als Hilfsmittel zum Üben kann der Knieschoner mit der Polsterung zur Innenseite der Beine über dem Knöchel angelegt werden.

Freiwürfe

Freiwürfe sind in jedem Spiel eine der häufigsten Spielsituationen. Sie stellen daher an die gesamte Abwehr besondere taktische Anforderungen. Dabei gelten zwei Grundregeln.
1. Die Anweisungen im Spiel kommen nur vom Torwart.
2. Die Anzahl der Spieler im Abwehrblock entspricht der Anzahl der Spieler im Angriffsblock.

Diese Anweisungen sind nur Korrekturen, denn die Grundstellung (Bild 13) des Abwehrblocks wird im Training erarbeitet. Wie im Bild zu erkennen ist, steht der äußere Abwehrspieler hinter dem Mittelmann des Angriffsblocks.

Diese Formation gilt aber nur bei Freiwürfen von den halben Positionen. Der äußere Abwehrspieler sollte sich so postieren, daß der linke Fuß etwa 10 cm entfernt vom 6-m-Kreis steht. Der Körper des Abwehrspielers ist frontal zum Freiwurfpunkt gerichtet.

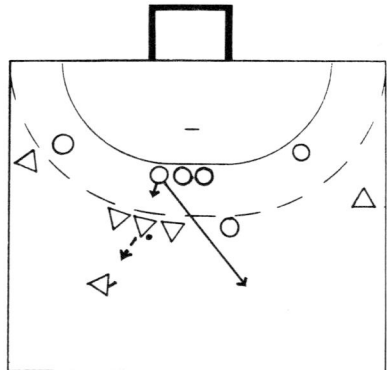

Bild 13: *Grundstellung bei Freiwürfen*

Die eigentliche Torwart-Abwehrsituation ist eine bereits taktisch bekannte Situation. Die Abwehr übernimmt die gerade, auf die Wurfhand gerichtete Seite des Tors, und der Torwart die gezogene, kurze Seite des Tors. Dabei wird vom Körper des Torwarts ein rechter Winkel vom kurzen Pfosten zur Wurfposition des Angreifers gebildet.

Jedes weitere Verhalten des Torwarts ist dann von dem vorher beobachteten bzw. bekannten taktischen Verhalten des Gegners abhängig und kann daher nicht festgelegt werden.

Aufwärmprogramm für den Torwart

Aufwärmprogramme für Torwarte gibt es viele. Wichtig ist, daß jeder Torwart seinen eigenen Vorbereitungslauf findet. Dieser Ablauf sollte bestimmte Elemente enthalten:
1. allgemeine Erwärmung – ohne Ball
2. Ballgewöhnung – Einzel- bzw. Partnerarbeit
3. allgemeine Gymnastik
4. Torwartgymnastik

5. Erholung
6. Ballgewöhnung auf den Gegner
7. Konzentration auf den Gegner

Für den folgenden, praxiserprobten Ablauf werden etwa 40 Minuten benötigt:
1. Teilnahme am Erwärmungstraining der gesamten Mannschaft
2. – Wenn die Feldspieler die Ballgewöhnung in Einzel- und Partnerarbeit aufnehmen, stellt sich der Torwart im Abstand von 3 bis 4 m frontal vor eine Wand und spielt den Ball ständig dagegen;
   – dann aus der gleichen Position als Gymnastik den Ball mit gestrecktem Arm kreisen und gegen die Wand spielen; Armwechsel nach etwa 10 Wiederholungen;
   – etwa 1 m vor der Wand den Ball mit durchgestrecktem Arm in Seitenhalte ständig gegen die Wand spielen – Sicherheit für die Abwehrbewegung zum Ball;
   – Fußball aus der gleiche Position.
3. + 4. Gymnastik von oben nach unten mit Schwerpunkt auf die Drehung der Beine:
   – seitliches Abspreizen der angewinkelten und gestreckten Beine mit Berührung der Ellbogen/Knie bzw. Fuß/Hand im ständigen Wechsel;
   – aus der Hocke frontale Körperhaltung seitliches Abspreizen eines Beines mit Hand/Fuß-Berührung, aus dieser Haltung abwechselnd mit dem Gesäß auf die Ferse des gebeugten Beines setzen;
   – Spagatübungen mit Handhilfe.
5. Erholung durch Stretching für die Bein-, Bauch- und Rückenmuskulatur
6. – Schleifschrittgewöhnung mit dem zweiten Torwart als Partner und mit Ball
   – Wurfgewöhnung durch die Mannschaft vor der Spielfeldmitte
     a) hoch
     b) halbhoch
     c) flach (schnelle Wurffolge, aber auf jeden Fall für den Torwart haltbar)
     d) das ganze Tor – von den halben Positionen (Stellungsspiel prüfen)
     e) von den Außenpositionen (Stellungsspiel)
7. Die restliche Zeit leichte Gymnastik unter gleichzeitiger Beobachtung des Gegners und Vergleich des Wurfverhaltens mit dem in der Besprechung erwähnten.

Wird dieser Ablauf gewährleistet, kann der Torwart optimal vorbereitet und eingestellt in das Spiel gehen.

Torwartgymnastik

Ziel der Torwartgymnastik sollte sein, durch bewußt antrainiertes Verhalten den Teil des abzudeckenden Torbereiches zu verkleinern und wenn möglich die Angreifer zu Würfen in bestimmte Bereiche zu verleiten. Dadurch wird aus dem Torwart ein nicht nur reagierender, sondern auch ein agierender Torwart.

Außerdem wird ein taktisch gut agierender Torwart zu einem Faktor für den Gegner, der sich etwas Besonderes einfallen lassen bzw. sehr genau werfen muß. Das birgt wiederum die Gefahr von Fehlern im Abschluß, und diese könnten in einigen Spielen von entscheidender Bedeutung sein. Nur ein selbstbewußter Torwart erbringt gleichmäßig starke Leistungen und wird somit ein kalkulierbarer Faktor innerhalb der Mannschaft. Deshalb sollte ein Trainer bei der Torwart-Ausbildung nie die persönlichen Eigenarten des Torwartes „wegtrainieren". Bei einem eventuellen Torwart-Wechsel in einem Spiel entsteht für den Gegner keine neue Situation.

Der Torwart sollte auf jeden Fall einer der konditionsstärksten Spieler der Mannschaft sein.

Da aber kein Spieler die ganzen 60 Minuten eines Spieles unter ständiger Belastung stehen kann, so stellt sich die Frage nach den Erholungsphasen des Torwartes.

Bei ständigem und taktisch richtigem Training ergibt sich eine gewisse Automatisierung der Bewegungsabläufe.

Innerhalb dieser Bewegungsabläufe, besonders während der Umschaltphase von Abwehr und Angriff, wird jeder Torwart individuell dann seine eigene Erholungsphase finden.

Es ist falsch, die Eigenarten eines Torwartes wegzutrainieren. Ein wichtiges taktisches Hilfsmittel ist die Spielbeobachtung der eigenen Mannschaft aus den vorherigen Spielen durch den Trainer. Ein ebenfalls effektives Hilfsmittel ist die gegnerische Mannschaft; genauer gesagt, die spielbestimmenden Teile des Gegners. Das sind bei einer taktisch gut eingearbeiteten Mannschaft der Trainer oder der Mannschaftsführer.

Ein Beispiel dafür: Ein gegnerischer Angreifer hat eine klare Wurfsituation nicht erfolgreich abgeschlossen – der Torwart hat den Ball abgewehrt. Es ist normal, daß dieser Angreifer sich an jemanden wendet, um von diesem eine Erklärung für die vorausgegangene Fehlleistung bzw. eine Hilfe für den nächsten Wurf zu bekommen. Und die bestimmende Person wird in den meisten Fällen ihm eine mehr oder weniger lautstarke und optische Anweisung für den nächsten Wurf geben.

Das bedeutet für den Torwart: Auch wenn es noch so schön ist, sich an dem momentanen Erfolg zu erfreuen, so sollte doch nach jeder erfolgreichen Abwehraktion der Torwart die Blickrichtung des letzten Werfers verfolgen; denn von dort kommt die Information für die nächste ähnliche Situation. Ein weiteres Hilfsmittel ist die Art und Weise, wie ein Ball abgewehrt wird. Wenn der Torwart durch gute Vorarbeit und Zusammenarbeit mit der Abwehr einen Ball in der zu erwartenden Ecke abzuwehren hat, so sollte dies nicht spektakulär, sondern so rationell wie möglich erfolgen. Der Grund ergibt sich aus dem Eindruck, den eine spektakuläre Abwehr auf den Werfer (bzw. die Angreifer) macht. Jeder Werfer versucht mit dem momentan größtmöglichen Aufwand ein Tor zu erzielen. Verhindert der Torwart das scheinbar nur unter Schwierigkeiten, wird er aus einer ähnlichen Situation wieder auf das Tor werfen.

Arbeitet der Torwart aber sehr rationell, und scheinbar mühelos, kann dies für den Werfer sehr deprimierend sein.

Trainingseinheiten

Zur Arbeit mit den Konspekten

Jeweils auf einer Doppelseite sind in den Konspekten alle Informationen für die Planung, Durchführung und Kontrolle der Trainingseinheiten enthalten. Die wesentlichen Trainingsinhalte sind übersichtlich in Wort und Bild dargestellt. Die Vorbereitung und Durchführung des Trainings wird dadurch wesentlich erleichtert.

Die Trainingskonspekte können aber auch für die Planung und die Nachkontrolle genutzt werden. Dafür ist es zweckmäßig, Kopien anzufertigen, um diese als Arbeitsblätter zu verwenden.

So kann die Trainingseinheit in die längerfristige Planung eingeordnet werden (Datum/Trainingsperiode/Trainingsziele). Außerdem kann die Teilnahme der Spieler durch Unterstreichen oder Ankreuzen gekennzeichnet werden. Die Trainingsziele sollten möglichst genau und auf die spezielle Situation in der Gruppe zugeschnitten sein. Wenn beispielsweise die Spieler RL und RR im Angriff überwiegend aus dem Stand spielen (mangelnde Stoßbewegungen aus dem Rückraum), dann lautet das Trainingsziel: Verbesserung der Stoßbewegung und des individuellen Verhaltens von RL (Spielername) und RR (Spielername). Übungen für dieses Trainingsziel sind zum Beispiel in den Trainingseinheiten 13, 17, 18, 21, 25, 26, 27, 55, 59, 68, 76, 80 und 81 zu finden.

Das Protokoll dient der Auswertung der Komplexübungen und, in Abhängigkeit davon, ob das Trainingsziel erreicht wurde, der weiteren Planung.

Zur physischen Vorbereitung gehören grundsätzlich Einlaufen sowie leichte Lockerungs- und Dehnungsgymnastik. Auf die Beschreibung wurde verzichtet. Danach kann mit dem Programm der physischen Vorbereitung begonnen werden.

Sind die Hauptteile absolviert, schließt die Trainingseinheit wiederum mit einem lockeren Lauf und Entspannungsübungen ab. Darauf ist nicht zu verzichten, auch, wenn als Ausklang ein Spiel durchgeführt wird.

Wichtig: Die Trainingseinheiten 28 bis 48 befassen sich mit der Torwart- und Spieler-Technik-Taktik.

Zeichenerklärung

△	= Angriffsspieler	◁·······▷	= Blickverbindung
○	= Abwehrspieler	○	= Abwehrspieler/ Seitwärtsschritte
△•	= Angriffsspieler mit Ball	○ ○	= Abwehrspieler/ übernehmen/übergeben
T	= Trainer	✆	= Blockieren des Balles
○	= Torwart	•	= Ball
△→	= Laufweg des Angriffsspielers	– – – →	= Ballweg
△•⇢	= Angriffsspieler mit Ball	←– – →	= hin u. zurück
△•∿	= Prellen	⇒	= Torwurf
△•⌇	= Sprungwurf	⇒	= vorgetäuscht
△→⌐	= Sperren	– –⌐→	= Paß vorgetäuscht
△ ○	= Sperren	– –⌣–→	= Ballweg mit Tippen
△•⌢→	= Einfaches Täuschen mit Ball	S	= Schiedsrichter
△⌢→	= Einfaches Täuschen ohne Ball	Ⓥ	= Variation
△⌇→	= Doppeltes Täuschen ohne Ball	⇾	= Hinweis

Positionsbezeichnungen der Spieler in der

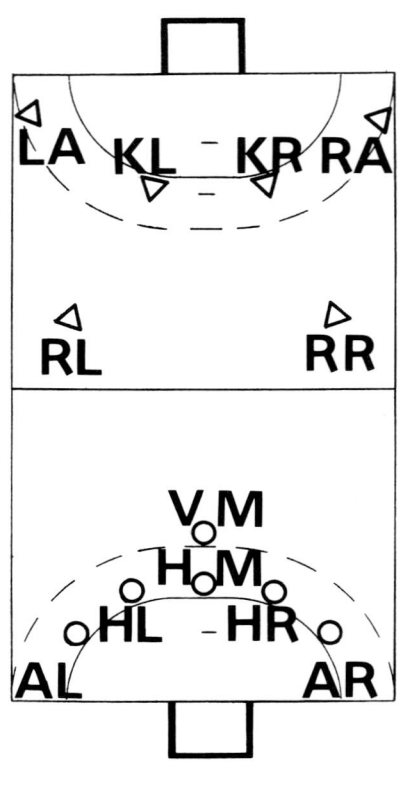

2:4-Angriffsformation

LA – Linksaußen

RA – Rechtsaußen

KL – Kreis-links

KR – Kreis-rechts

RL – Rückraum-links

RR – Rückraum-rechts

5:1-Abwehrformation

AR – Außen rechts

AL – Außen links

HR – Halbrechts

HL – Halblinks

HM – Hinten-Mitte

VM – Vorne-Mitte

Positionsbezeichnungen der Spieler in der

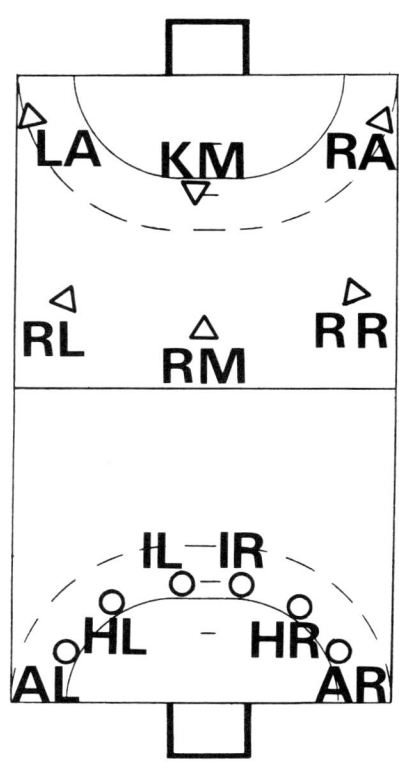

3:3-Angriffsformation

LA – Linksaußen

RA – Rechtsaußen

KM – Kreis-Mitte

RL – Rückraum-links

RR – Rückraum-rechts

RM – Rückraum-Mitte

6:0-Abwehrformation

AL – Außen-links

AR – Außen-rechts

IL – Innen-links

IR – Innen-rechts

HL – Halblinks

HR – Halbrechts

TRAININGSEINHEIT 1

Physische Ausbildung in der Vorbereitungsperiode

Übungsvorschläge zur Auswahl

Spiel zum Aufwärmen: Parteiballspiel mit Torwart als neutralem Spieler

1. Lockerer Lauf auf Rasen a) 1000 m, b) 1500 m, c) 2000 m
2. Waldlauf a) 1500 m, b) 2000 m, c) 3000 m, d) 4000 m, e) 5000 m, f) 6000 m
3. Schwimmen a) 1000 m, b) 1500 m, c) 2000 m
4. Radfahren 20 km Zeitfahren
5. Radfahren auf der Bahn (oder Strecke) gegeneinander mit starkem Wettkampfcharakter
6. Gymnastik
7. Dehnungsübungen
8. Lockerer Lauf
9. In leichter Laufbewegung im Torraum – mit einem Partner – Pässe in verschiedenen Höhen zuspielen, wechselnd fangen, stoppen, weiterleiten zum Partner
10. Sprint über 5 bis 20 m nach optischem Signal – aus Sitz-, Rücken- oder Bauchlage (Serien à 5 mit Pausen)
11. Läufe über 5 bis 10 m, Vorwärtslauf, Rückwärtslauf, Drehung, Vorwärtslauf usw. (Serien à 5 mit Pausen nach Bedarf)
12. Kurzsprints, $1 = X1 = m$, danach 1 bis 2 Minuten Pause und eine erneute Serie
13. Läufe mit Aufnahme des rollenden/springenden Balles; z. B.: 10mal Zuspiel vom Partner, nach einer individuell festzulegenden Pause eine erneute Serie

TRAININGSEINHEIT 1

14. 10mal Sprintbewegung auf der Stelle (Skipping), nach jeder Serie 1 min Pause

15. Lockerer, leichter Dauerlauf auf Rasen, etwa 1000 m

16. Dehnungsübungen

17. Dehnungsübungen

18. Steigerungsläufe
    a) 2mal 10 m   b) 1mal 100 m   c) 1mal 50 m
    d) 1mal 10 m   e) 1mal   6 m   f) 1mal 100 m
    g) 3mal 6 m   h) 1mal 100 m

19. Tempoläufe 8mal 100 m in jeweils 18 sec, nach jedem Lauf langsam an den Start zurückgehen, am Start angekommen, genau 2 min Pause, usw.

20. Seilsprünge 3mal 200 Sprünge, dazwischen 5 min Pause

21. Schnelles Aufspringen aus Sitz, Bauch- und Rückenlage

22. Schnelles Hampelmannklatschen, einmal hinter dem Rücken, einmal über dem Kopf (1 min)

23. Seilspringen einbeinig und beidbeinig (Serien)

24. Hopserlauf, Schrittwechselsprünge, hohe Beinschwünge „Let-Kiss-Schritt"

25. Dehnungsübungen im Schritt, im Grätschsitz, im Hürdensitz, im Spagat

26. Grätschwinkelsprünge, Finger berühren die Fußspitzen

27. Korkenzieher, Rumpfbeugen

28. Klappmesserübung

29. Windmühlkreisen, Schattenboxen, Schulterrollen, Armkreisen, Armgegenkreisen

30. Aus der Rückenlage mit dem Medizinball den Oberkörper schnell aufrichten

TRAININGSEINHEIT 2

Trainingsperiode: ÜP VPI VPII WP   Datum:
Teilnehmer: 1 2 3 4 5 6 7 8 9 10 11 12 13 14 15 16 17 18
Trainingsziele: _____
_____
_____

Physische Vorbereitung

Lauf in einem abgegrenzten Feld (Abwehrbewegungen)

3 m diagonal vorwärts	4 m Steppschritte seitwärts
4 m diagonal seitwärts	6 m Steppschritte seitwärts
3 m diagonal rückwärts	3 x 3 m im Dreieck steppen
4 m diagonal vorwärts	4 x 4 m im Quadrat steppen

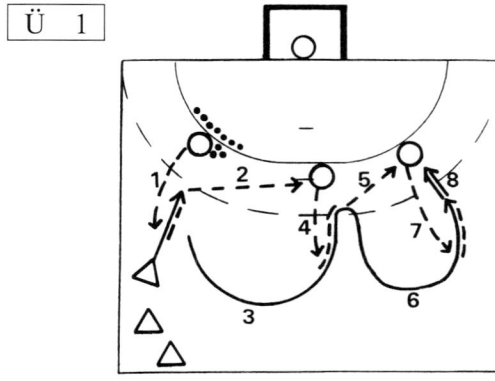

Ü 1

Kontrolle		Wiederholung
Dauer	min	
verkürzt	min	nein ja
verläng.	min	wann?
Pausen		**Trainingsziel**
nach	min	erreicht
Dauer	min	zum Teil
		nicht erreicht

Technische und taktische Ausbildung

Schulung der Rückraumspieler (Ballannahme und Torwurf)

Der erste Spieler der Übungsgruppe wird vom gegenüberstehenden Abwehrspieler angespielt (1), paßt zum Abwehrspieler in der Mitte (2) und startet im Bogenlauf (3), stößt frontal und erhält den Ball zurück (4), paßt zum Abwehrspieler auf der linken Angriffsseite (5), wieder Bogenlauf (6) und frontale Stoßbewegung, Rückpaß (7), Ballannahme und Torwurf (8).

Übungen 1 2

Abwehrbewegungen – Gegenstoß – Zuspiel – Torwurf

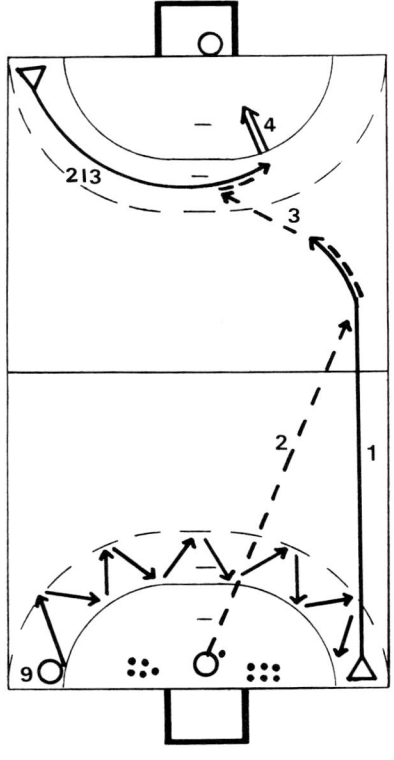

Ü 2

Spieler 9 beginnt mit Abwehrbewegungen vom Wurfkreis zur Freiwurflinie. Dann wird Abwehrspieler 9 zum Angriffsspieler. Start zum Gegenspieler (1) und Anspiel durch den Torwart (2) in den Lauf von 9. Ballannahme und Zuspiel (3) – hier z. B. an den einlaufenden LA –, der mit Torwurf abschließt (4).
Aufgabenwechsel der Spieler.

Ⓥ

Der einlaufende LA muß sich gegen einen Abwehrspieler durchsetzen, der defensiv am Kreis arbeitet.
Gut ist es auch, einen Abwehrspieler von der Mittellinie aus zum „Paßabfangen" einzusetzen.

Kontrolle			
Dauer	min	**Wiederholung**	
verkürzt	min	nein	ja
verläng.	min	wann?	
Pausen		**Trainingsziel**	
nach	min	erreicht	
Dauer	min	zum Teil	
		nicht erreicht	

TRAININGSEINHEIT 3

Trainingsperiode: ÜP, VPI VPII WP   Datum:
Teilnehmer: 1 2 3 4 5 6 7 8 9 10 11 12 13 14 15 16 17 18
Trainingsziele: _____

Physische Vorbereitung

Schulung der Schnelligkeitsausdauer – Skippings

Die Spieler sprinten 20 sec auf der Stelle – auf Startzeichen des Trainers (nach 20 sec) Sprint zum gegenüberliegenden 9-m-Kreis.

4 Wiederholungen, dazwischen 30 sec Pause

Entfernungen variieren

Ü 3

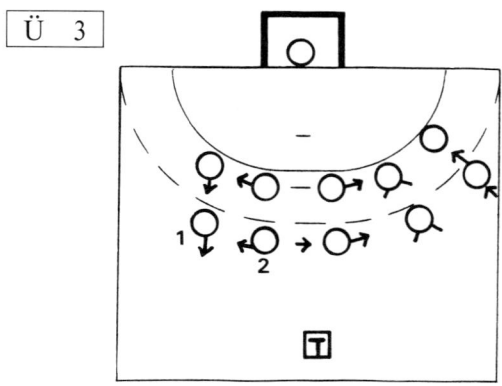

Technische und taktische Ausbildung

Abwehrschulung

Der Trainer demonstriert die Übungen/Bewegungsrichtungen; Abwehr nach vorn, nach hinten-seitwärts, nach links-seitwärts, nach rechts offensiv – Block, defensiv – Block – Ballaufnahme flach – Sprung zum Block aus dem Stand – Ballabwehr auf der linken/rechten Seite.

Kontrolle			
Dauer	min	**Wiederholung**	
verkürzt	min	nein	ja
verläng.	min	wann?	
Pausen		**Trainingsziel**	
nach	min	erreicht	
Dauer	min	zum Teil	
		nicht erreicht	

Übungen 3 4

Gegenstoßübung

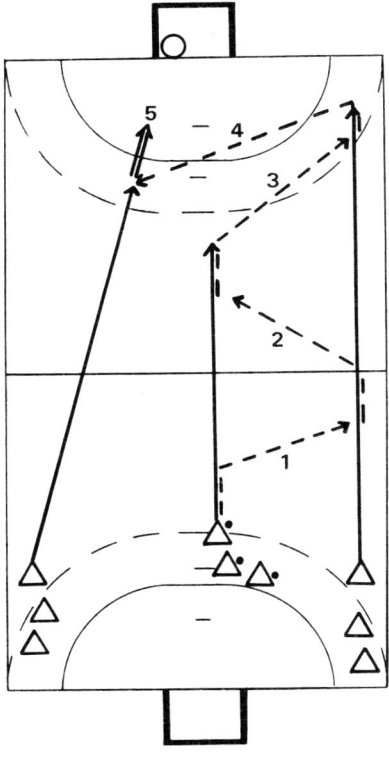

RM mit Ball paßt aus dem Lauf (1) zum ersten Spieler der rechten Übungsgruppe; dieser paßt zur Mitte – RM – aus dem Lauf zurück (2) und wird wieder von RM angespielt (3); jetzt paßt der Spieler der rechten Übungsgruppe zum mitgelaufenen ersten Spieler der linken Übungsgruppe (4), der auf das Tor wirft (5).

Ü 4

Ⓥ
Einen oder mehrere Abwehrspieler defensiv oder offensiv einsetzen, um das Paßspiel zu stören bzw. einen Torerfolg zu verhinden. Nach Abschluß der ersten Übungsgruppe, die außen zurückläuft, beginnt die nächste Gruppe sofort mit dem Üben.

Kontrolle			
Dauer	min	**Wiederholung**	
verkürzt	min	nein	ja
verläng.	min	wann?	
Pausen		**Trainingsziel**	
nach	min	erreicht	
Dauer	min	zum Teil	
		nicht erreicht	

TRAININGSEINHEIT 4

Trainingsperiode: ÜP   VPI   VPII   WP   Datum:
Teilnehmer: 1 2 3 4 5 6 7 8 9 10 11 12 13 14 15 16 17 18
Trainingsziele: _____

_____

_____

Physische Vorbereitung

Viele Spieler laufen im Feld und weichen sich dabei schnell aus. Lauf vorwärts und rückwärts. Tempo steigern, schnelle kurze Wendungen und Richtungsänderungen vornehmen lassen. Trainer steht auf der Mittellinie und wirft einen Ball beliebig weit. Zwei neben ihm stehende Spieler versuchen, gleichzeitig in Ballbesitz zu kommen und auf das Tor zu werfen.

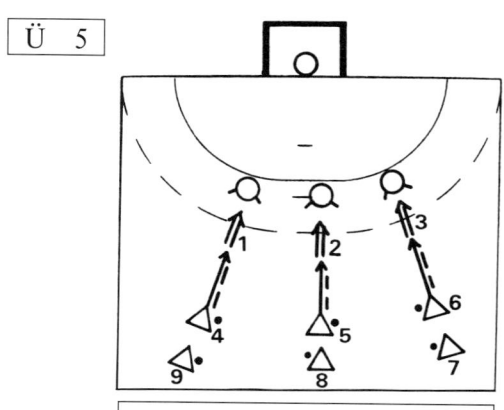

Technische und taktische Ausbildung

Spiel Eins gegen Eins, Abwehr/Angriff

Angriffsspieler 4, 5 und 6 versuchen sich jeweils gegen ihren Abwehrspieler durchzusetzen.
1. Wurf aus dem Stand
2. Wurf aus dem Sprung
3. Durchbruch

Spieler 4 beginnt, dann zeitversetzt 5 usw.
Die Abwehrspieler arbeiten erst defensiv, dann offensiv.

Kontrolle			
Dauer	min	Wiederholung	
verkürzt	min	nein	ja
verläng.	min	wann?	
Pausen		Trainingsziel	
nach	min	erreicht	
Dauer	min	zum Teil	
		nicht erreicht	

Übungen 5 6

Gegenstoßübung

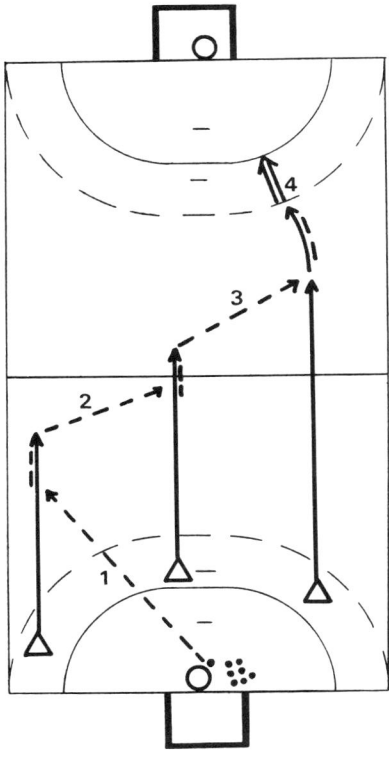

Der Torwart paßt in den Lauf des Spielers auf der linken Spielfeldseite (1), dieser paßt wieder zum mitlaufenden Spieler in der Mitte (2), der paßt zum Spieler auf der rechten Seite, der auf das Tor wirft (4).

Ü 6

Die Übungsgruppen laufen nach der Durchführung an der Seitenauslinie entlang zum Tor zurück und stellen sich wieder auf.

Ⓥ

Günstig ist es, wenn sich die erste Übungsgruppe beim gegenüberliegenden Tor sofort wieder aufstellt und nochmals startet.

Günstig ist es auch, wenn sich die Übungsgruppen hinter der Torauslinie des gegenüberliegenden Tores sammeln und dort erneut beginnen.

Kontrolle		
Dauer	min	**Wiederholung**
verkürzt	min	nein ja
verläng.	min	wann?
Pausen		**Trainingsziel**
nach	min	erreicht
Dauer	min	zum Teil
		nicht erreicht

TRAININGSEINHEIT 5

Trainingsperiode: ÜP VPI VPII WP   Datum:
Teilnehmer: 1 2 3 4 5 6 7 8 9 10 11 12 13 14 15 16 17 18
Trainingsziele: _____
_____
_____

Physische Vorbereitung

Schulung von Raumgefühl und Wahrnehmungsvermögen

Die Spieler laufen frei durch die Halle, auf Pfiff sammelt sich an jeder Ecke des Spielfeldes die gleiche Anzahl von Spielern.
Steigerung: Anstatt Pfiff Armheben, und es finden sich 2-, 3-, 4-, 5-, 6er-Gruppen zusammen.
Zusammenlaufen ist verboten.

Technische und taktische Ausbildung

Parallelstoß als Vorübung für das Angriffsspiel

Mit Parallelstoß versuchen die Angriffsspieler die Abwehrspieler so zu binden, daß der RA bzw. der LA zum Wurf gelangt.

⇨ Immer aus der Bewegung den Paß zum nächsten Spieler spielen.

Später mit einem weiteren Angriffsspieler in der Überzahl üben. Dieser Angriffsspieler kann im Rückraum, aber auch am Kreis wirken.

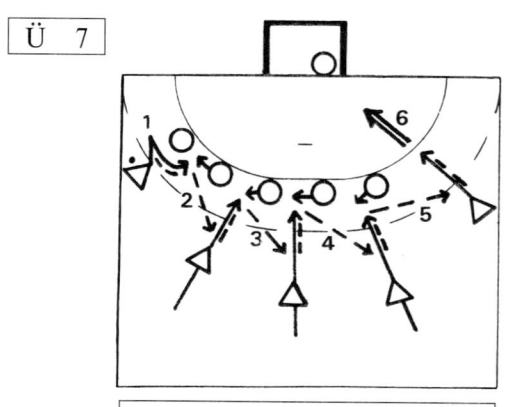

Kontrolle			
Dauer	min	**Wiederholung**	
verkürzt	min	nein	ja
verläng.	min	wann?	
Pausen		**Trainingsziel**	
nach	min	erreicht	
Dauer	min	zum Teil	
		nicht erreicht	

Übungen 7 8

Wettkampfübung mit hoher Intensität und Motivation

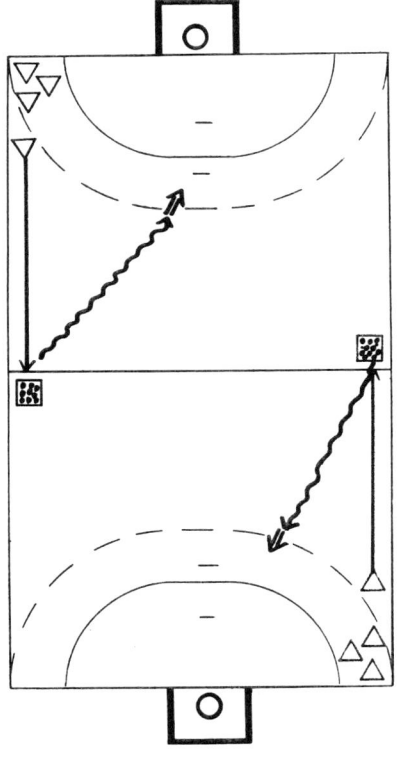

Die Handbälle liegen in Kastenteilen an der Mittellinie. Zwei Spielergruppen werden gewählt oder bestimmt (z. B. Kreis gegen Rückraumspieler, Stamm- gegen Auswechsel- und Reservespieler). Auf Zeichen starten die ersten jeder Übungsgruppe zum Kasten, nehmen einen Ball heraus, prellen in Richtung Tor und werfen auf das Tor. Abwurfpunkt festlegen!
War der Werfer erfolgreich, darf er wieder hinter seiner Gruppe anschließen. Bei Erfolglosigkeit des Torwurfes muß er solange jeweils zum Kasten zurücklaufen, einen Ball holen und auf das Tor werfen, bis er Erfolg hat. Erst dann darf der nächste Spieler seiner Gruppe starten.

Ü 8

Ⓥ
Die Übungsgruppe sollte nicht zu groß sein, und einige Spieler sollten die Bälle wieder zurücklegen.

Kontrolle			
Dauer	min	Wiederholung	
verkürzt	min	nein	ja
verläng.	min	wann?	
Pausen		**Trainingsziel**	
nach	min	erreicht	
Dauer	min	zum Teil	
		nicht erreicht	

TRAININGSEINHEIT 6

Trainingsperiode: ÜP VPI VPII WP   Datum:

Teilnehmer: 1 2 3 4 5 6 7 8 9 10 11 12 13 14 15 16 17 18

Trainingsziele: _____

_____

_____

Physische Vorbereitung

- Lockeres Laufen mit Sprung- und Hüpfeinlagen
- Hüpfen aus dem Stand mit angelegten Armen in Grätschstellung, wobei die Arme über dem Kopf zusammengeschlagen werden; und wieder zurück in die Grundstellung (Hampelmann)
- Kniebeugen in vier verschiedenen Körperhaltungen (Tiefe der Kniebeuge), Trainer benennt die Stellung 1 bis 4 und gibt die Zahlen dann in wechselnder Reihenfolge an
- Lockeres Hüpfen auf den Zehenspitzen, in Abständen Streck- oder Hocksprung

Ü 9

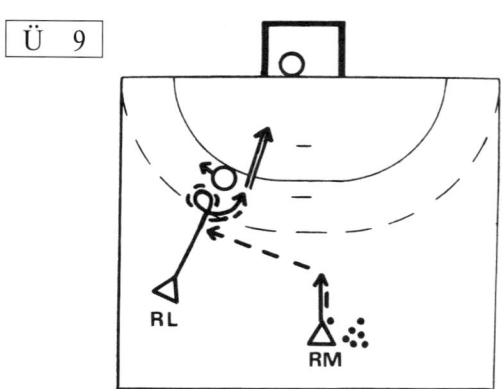

Technische und taktische Ausbildung

Schulung von Täuschungsbewegungen Mann gegen Mann

Ein Angriffsspieler paßt nacheinander den Ball auf die RL-, dann auf die RR-Position. RL fängt in der Bewegung, frontal, den Ball und versucht, sich mit einer einfachen oder doppelten Täuschungsbewegung durchzusetzen. Wenn RL auf das Tor geworfen hat, beginnt RR.

⇨ Der Abwehrspieler muß regelgerecht agieren.

Kontrolle			
Dauer	min	Wiederholung	
verkürzt	min	nein	ja
verläng.	min	wann?	
Pausen		Trainingsziel	
nach	min	erreicht	
Dauer	min	zum Teil	
		nicht erreicht	

Übungen 9 10

Abwehr- und Angriffsbewegungen

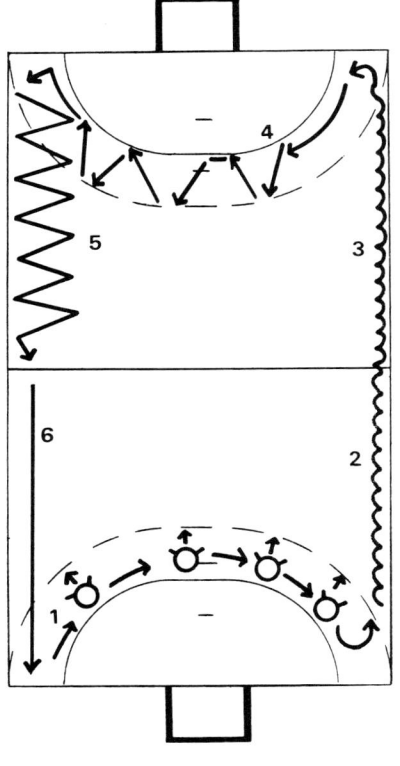

Die Spieler beginnen am Torkreis mit Seitwärtsbewegungen, wobei sie zwischendurch immer wieder einen Sprung-Block bilden (1). Jetzt Seitwärtsschritte bis zur Mittellinie (2). Dann Drehung und mit dem Rücken zum Spielfeld wieder Seitwärtsschritte ausführen (3). Am gegenüberliegenden Torkreis angekommen, werden Heraustreten/Zurücktreten usw. den Kreis entlang geübt (4). Rückwärts/Seitwärts Abwehrbewegungen – dann nach schneller Drehung mal links mal rechts herum (5). Sprint in die Spielfeldecke (6).

Ü 10

Ⓥ
Von 1 bis 6 auch mit Ball durchführen.

Kontrolle		
Dauer	min	**Wiederholung**
verkürzt	min	nein ja
verläng.	min	wann?
Pausen		**Trainingsziel**
nach	min	erreicht
Dauer	min	zum Teil
		nicht erreicht

TRAININGSEINHEIT 7

Trainingsperiode: ÜP   VPI   VPII   WP   Datum:
Teilnehmer: 1 2 3 4 5 6 7 8 9 10 11 12 13 14 15 16 17 18
Trainingsziele: _____
_____
_____

Physische Vorbereitung

Je zwei Spieler laufen im Abstand von 5 bis 7 m in zügigem Tempo durch die Halle und passen sich den Ball zu (direktes, indirektes Abspiel). Wurfschärfe variieren, Anspiel hoch, halbhoch, tief. Die gleiche Übung mit zwei Handbällen durchführen.

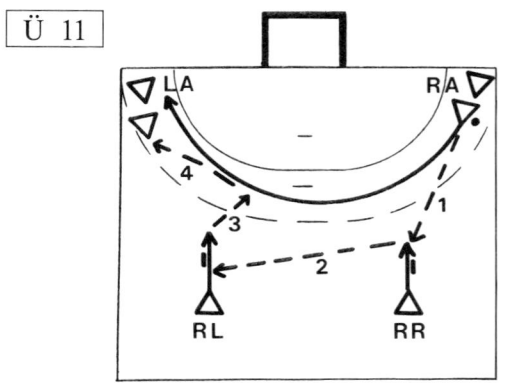

Ü 11

Kontrolle			
Dauer	min	Wiederholung	
verkürzt	min	nein	ja
verläng.	min	wann?	
Pausen		Trainingsziel	
nach	min	erreicht	
Dauer	min	zum Teil	
		nicht erreicht	

Technische und taktische Ausbildung

Laufspiel

RA paßt zu RR (1) und läuft am Kreis entlang ein. RR paßt zum RL (2), RL paßt an den Kreis zum RA (3). RA paßt zum ersten Spieler auf der LA-Position (4) und schließt hinter Gruppe LA an.

Mit Abwehrspielern und Torwurf vom Kreis durch den einlaufenden Spieler trainieren.

Übungen 11 12

Prellen im Sprint – Ballführung

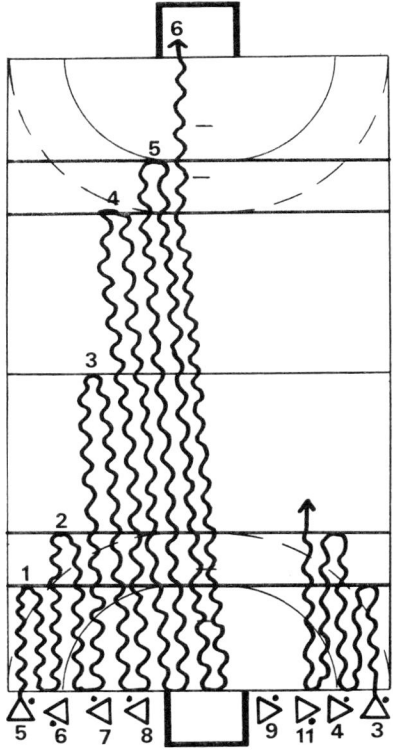

Es werden zwei Übungsgruppen gebildet. Die ersten Spieler der Gruppen starten auf Zeichen des Trainers, in der nebenstehenden Zeichnung die Spieler 5 links und die Spieler 3 rechts. Es wird im Sprint geprellt:
- bis Höhe 6-m-Kreis und zurück,
- bis Höhe 9-m-Linie und zurück,
- bis zur Mittellinie und zurück,
- bis zur gegenüberliegenden 9-m-Linie und zurück,
- bis zur gegenüberliegenden 6-m-Linie und zurück,
- in das gegenüberliegende Tor.

Welche Mannschaft hat zuerst alle Spieler im Tor?

Ü 12

Kontrolle			
Dauer	min	**Wiederholung**	
verkürzt	min	nein	ja
verläng.	min	wann?	
Pausen		**Trainingsziel**	
nach	min	erreicht	
Dauer	min	zum Teil	
		nicht erreicht	

TRAININGSEINHEIT 8

Trainingsperiode: ÜP   VPI   VPII   WP   Datum:
Teilnehmer: 1 2 3 4 5 6 7 8 9 10 11 12 13 14 15 16 17 18
Trainingsziele: _____
_____
_____

Physische Vorbereitung

- Laufen und strecken – laufen und bücken
- Laufen und Füße nach vorne strecken
- Laufen und die Knie hochziehen
- Laufen und Armkreisen
- Laufen und Hacken ans Gesäß, laufen und greifen mit den Händen

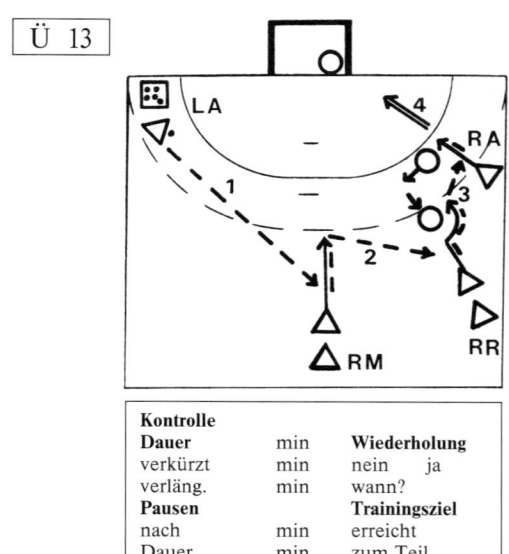

Ü 13

Kontrolle			
Dauer	min	**Wiederholung**	
verkürzt	min	nein	ja
verläng.	min	wann?	
Pausen		**Trainingsziel**	
nach	min	erreicht	
Dauer	min	zum Teil	
		nicht erreicht	

Technische und taktische Ausbildung

Schulung der Halb- und Außenspieler im Angriff

Paßfolge: LA – RM – RR. Spieler RR versucht, seinen Abwehrspieler zu umspielen und den Abwehrspieler AL zu fordern. Paß von RR zu RA (3), RA wirft auf das Tor (4), oder RR versucht einen Durchbruch.

Ⓥ

In die Bewegung des RR läuft RA ein, und RR nutzt den Raum zum Durchbruch auf Außen.

Übungen 13 14

Gegenstoßübung, Transportpässe

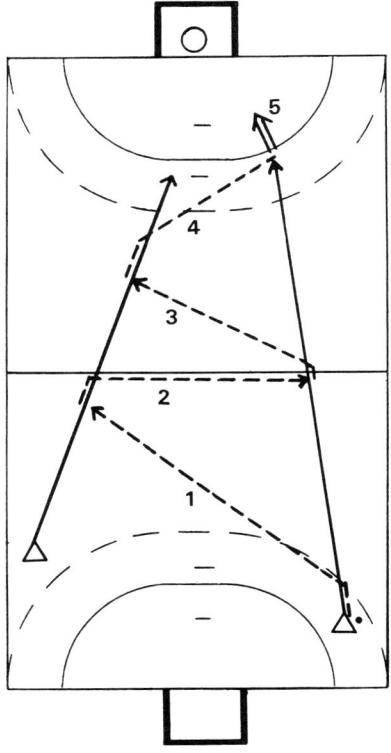

Zwei Spieler passen sich den Ball im Lauf auf das gegnerische Tor zu; Torwurf.

1. Laufwege verengen sich
2. Laufwege erweitern sich
3. Pässe auch indirekt
4. Ein Abwehrspieler läuft in der Mitte mit und versucht, den Ball abzufangen bzw. das Paßspiel zu stören.

Kontrolle			
Dauer	min	**Wiederholung**	
verkürzt	min	nein	ja
verläng.	min	wann?	
Pausen		**Trainingsziel**	
nach	min	erreicht	
Dauer	min	zum Teil	
		nicht erreicht	

TRAININGSEINHEIT 9

Trainingsperiode: ÜP   VPI   VPII   WP   Datum:
Teilnehmer: 1 2 3 4 5 6 7 8 9 10 11 12 13 14 15 16 17 18
Trainingsziele: _____
_____
_____

Physische Vorbereitung

Übungen im Gehen

Arme hochstrecken und greifen, Armrückfedern, Ausfallschritt mit Nachfedern, Hocke und Hüpfen, Rumpfbeuge

Verbesserung des Wahrnehmungs- und Reaktionsvermögens

Die Spieler laufen zu zweit hintereinander, dabei gibt der führende Tempo und Richtung an. Der Trainer fordert durch Handzeichen bestimmte Übungen: Strecksprung, Hocke, Bocksprung, Liegestütz, kurzer Antritt zum Sprint usw.

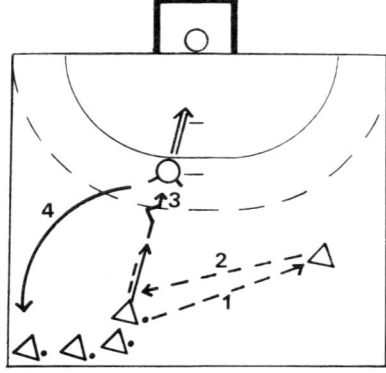

Technische und taktische Ausbildung

Schulung der Rückraumspieler, Wurftraining

Nacheinander starten die Spieler der Übungsgruppe, passen zum Anspieler (1), erhalten den Ball in den Anlauf zurückgespielt (2) und versuchen, mit Sprungwurf gegen den Abwehrspieler auf das Tor zu werfen (3).

↪ Hohe Intensität auch für den Abwehrspieler – deshalb auch rechtzeitig wechseln.

Kontrolle			
Dauer	min	**Wiederholung**	
verkürzt	min	nein ja	
verläng.	min	wann?	
Pausen		**Trainingsziel**	
nach	min	erreicht	
Dauer	min	zum Teil	
		nicht erreicht	

Übungen 15 16

Kombinationsübung mit der gesamten Mannschaft

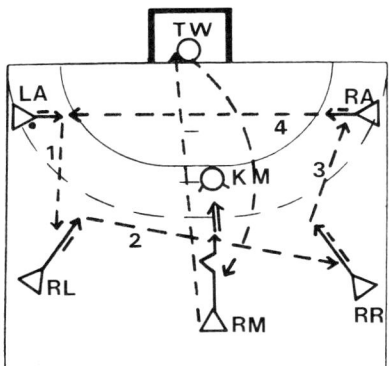

Passen in der Stoßbewegung

Erste Übungsgruppe: LA, RL, RR, RA; zweite Gruppe: Torwart, KM, RM.

Während sich die erste Gruppe den Ball schnell (in vorher festgelegter Richtung und frei) zupaßt, hat die zweite Gruppe eine andere Aufgabe. TW paßt zu KM, KM zu RM; KM wird jetzt Abwehrspieler, RM wirft auf das Tor.

Kontrolle			
Dauer	min	Wiederholung	
verkürzt	min	nein	ja
verläng.	min	wann?	
Pausen		**Trainingsziel**	
nach	min	erreicht	
Dauer	min	zum Teil nicht erreicht	

Verbesserung der allgemeinen Kondition

1. Sprint 5 x 25 m; zurück traben
2. Klappmesser mit dem Medizinball, 3 x 5 mit kleiner Pause
3. Strecksprünge aus der Hocke mit dem Medizinball, 2 x 5
4. Würfe mit dem Medizinball gegen die Wand mit anschließendem Fall, 4 x 5
5. Locker hüpfen, während des Hüpfens mit den Armen kreisen
6. Aus dem Sitzen aufstehen und in den Liegestütz fallen
7. Locker laufen, den Medizinball in den Händen
   - Medizinball hochwerfen und fangen
   - Medizinball abwechselnd mit den Füßen, links-rechts führen
8. Lauf mit ständigem Tempo- und Richtungswechsel

TRAININGSEINHEIT 10

Trainingsperiode: ÜP. VPI VPII WP   Datum:
Teilnehmer: 1 2 3 4 5 6 7 8 9 10 11 12 13 14 15 16 17 18
Trainingsziele: _____

_____

_____

Physische Vorbereitung

Lockern und Dehnen

- Hinken – hocken – steppen – Partnerlauf (Synchron)
- Armkreisen, Rumpfbeugen, Rumpfmühle
- Liegestütz beid- und einarmig
- Im Liegestütz vorgreifen, in den Liegestütz fallen, im Liegestütz Beine spreizen
- Rumpfseitschleudern im Liegestütz

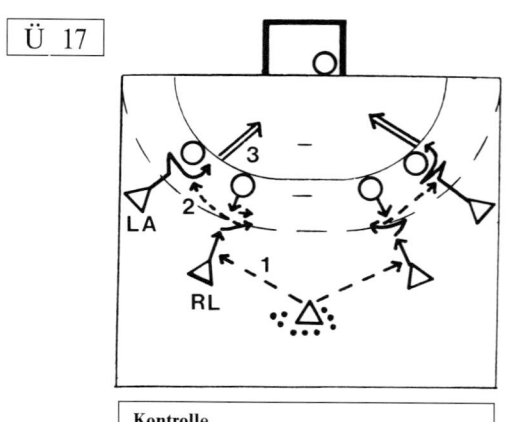

Ü 17

Kontrolle			
Dauer	min	**Wiederholung**	
verkürzt	min	nein	ja
verläng.	min	wann?	
Pausen		**Trainingsziel**	
nach	min	erreicht	
Dauer	min	zum Teil nicht erreicht	

Technische und taktische Ausbildung

Schulung der Rückraum- und Außenspieler

Der Anspieler paßt zuerst zum RL (1). RL bewegt sich leicht nach rechts und bindet seinen Abwehrspieler; jetzt erfolgt der Paß zum LA (2), der nach vorheriger Täuschungsbewegung nach innen einen Durchbruchsversuch startet und auf das Tor wirft. Anspieler paßt jetzt zu RR, und die Übung beginnt rechts.

Übungen 17 18

Abwehrtraining 3 gegen 3

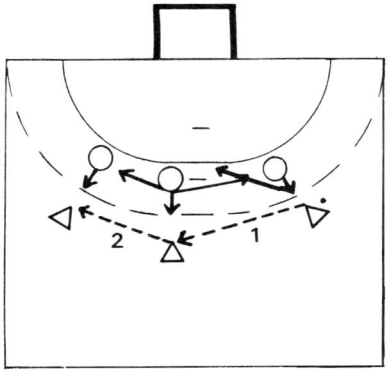

Die drei Angriffsspieler auf den Rückraumpositionen passen sich den Ball zu. Die Abwehrspieler verschieben zur Ballseite – heraustreten – sichern usw.

Ü 18

Ⓥ
Später mit einem Spieler auf der KM-Position trainieren.

Kontrolle			
Dauer	min	**Wiederholung**	
verkürzt	min	nein	ja
verläng.	min	wann?	
Pausen		**Trainingsziel**	
nach	min	erreicht	
Dauer	min	zum Teil	
		nicht erreicht	

Partnerübungen: Medizinballgymnastik

1. Gegenüberstellung, Medizinball zuwerfen, zustoßen, links, rechts, beidhändig; auch im Sitzen
2. Partner A im Stand – rollt Medizinball zu Partner B; Partner B in Bauchlage wirft den Medizinball aus der Spannbeuge zu Partner A
3. Rücken an Rücken, den Medizinball um die Hüfte zureichen, rechts, links
4. Mit Rücken zueinander, 1 m Abstand, Medizinball über den Kopf zum Partner, dieser durch die gegrätschten Beine zurück

TRAININGSEINHEIT 11

Trainingsperiode: ÜP VPI VPII WP   Datum:
Teilnehmer: 1 2 3 4 5 6 7 8 9 10 11 12 13 14 15 16 17 18
Trainingsziele: _____
_____
_____

Physische Vorbereitung

Partnerlauf in der Halle mit dem Ball

- Direktes Zuprellen des Balles im Lauf
- Indirektes Zuspiel des Balles im Lauf
- Durcheinanderlaufen der Spieler, wobei sich die jeweiligen Partner den Ball zuspielen

Gruppen: 2 Spieler 1 Ball, 3 Spieler 1 Ball

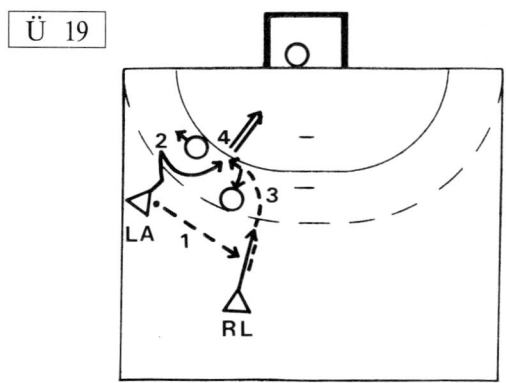

Ü 19

Kontrolle			
Dauer	min	**Wiederholung**	
verkürzt	min	nein	ja
verläng.	min	wann?	
Pausen		**Trainingsziel**	
nach	min	erreicht	
Dauer	min	zum Teil	
		nicht erreicht	

Technische und taktische Ausbildung

Zusammenspiel von Rückraum und Außen, Durchbruch

LA paßt zum RL (1), HR-Abwehrspieler tritt offensiv heraus. LA täuscht und läuft ein (2). Paß von RL (3) und Torwurf von LA (4).

Ⓥ
Bleibt Abwehrspieler HR defensiv, wirft RL auf das Tor (Sprungwurf oder Wurf aus dem Stand).

Übungen 19 20

Übung für den Gegenstoß – Passen und Ballannahme

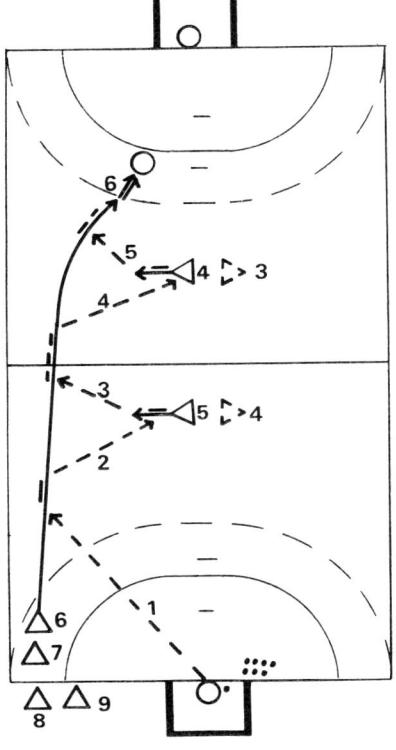

Der Spieler 6 der Übungsgruppe startet und erhält in den Lauf den Ball vom Torwart zugespielt (1), paßt nun aus dem Lauf zum Anspieler 5 (2). 5 paßt zu 6 zurück (3), 6 paßt jetzt zum Anspieler 4 (4), der paßt zu 6 zurück (5). 6 wirft auf das Tor (6).

Ü 20

Ⓥ
- Zwei Anspieler (3 + 4 auf der rechten Seite) dazu. Die Spieler laufen dann prellend einen Bogen, und der Übungsablauf beginnt auf der rechten Seite, aber jeweils ohne Torwurf.
- Wird mit Torwurf geübt, besteht wieder die Variationsmöglichkeit für den Trainer, ohne und mit Abwehrspieler zu trainieren.

Kontrolle		
Dauer	min	**Wiederholung**
verkürzt	min	nein ja
verläng.	min	wann?
Pausen		**Trainingsziel**
nach	min	erreicht
Dauer	min	zum Teil
		nicht erreicht

57

TRAININGSEINHEIT 12

Trainingsperiode: ÜP VPI VPII WP   Datum:
Teilnehmer: 1 2 3 4 5 6 7 8 9 10 11 12 13 14 15 16 17 18
Trainingsziele: _____
_____
_____

Physische Vorbereitung

Erwärmung und gleichzeitig Schulung der Abwehrtechnik

Die Trainingsgruppe steht dem Trainer gegenüber, lockere Abwehrhaltung. Der Trainer macht Übungen vor (Steppen, Katapultschritt, Nachstellschritte usw.) Die Übungen werden sogleich in die gleiche Richtung nachvollzogen.
Ausführung auch in entgegengesetzte Richtung.

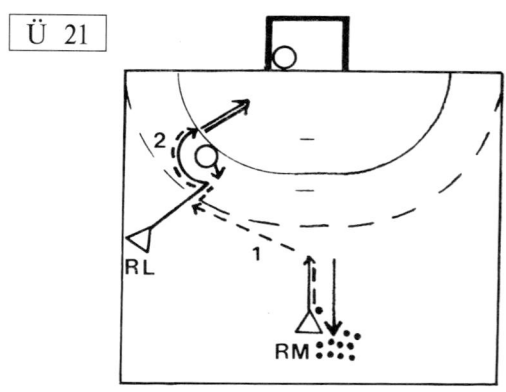

Ü 21

Kontrolle			
Dauer	min	Wiederholung	
verkürzt	min	nein	ja
verläng.	min	wann?	
Pausen		**Trainingsziel**	
nach	min	erreicht	
Dauer	min	zum Teil	
		nicht erreicht	

Technische und taktische Ausbildung

Täuschungs- und Durchsetzungsvermögen

Nach Zuspiel von der RM-Position (1) versucht sich RL (oder LA) bzw. RR (oder RA) gegen den Abwehrspieler durchzusetzen (2).

Ⓥ
Gleicher Übungsablauf mit einem Kreisspieler auf einer beliebigen Kreisposition.

⇨ Der Abwehrspieler hat sich der Regel entsprechend zu verhalten.

Übungen 21 22

Schulung der Rückraumspieler RL oder RR

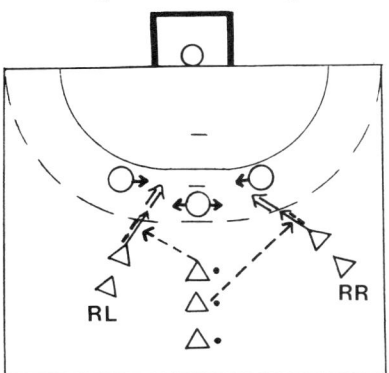

Wechselweise erfolgt das Anspiel in die Vorwärtsbewegung von RL bzw. RR. Diese versuchen eine günstige Wurfmöglichkeit zu erreichen. Die Abwehrspieler am Kreis (defensiv) versuchen, mit dem vorgezogenen VM dieses Vorhaben zu verhindern. Diese Übungsform ist auch sehr gut für das Abwehrtraining.

Ü 22

Kontrolle		Wiederholung	
Dauer	min		
verkürzt	min	nein	ja
verläng.	min	wann?	
Pausen		**Trainingsziel**	
nach	min	erreicht	
Dauer	min	zum Teil	
		nicht erreicht	

Kleines Rugbyspiel

Zwei Mannschaften versuchen, den Medizinball in einen offenen Kasten zu werfen oder zu legen. Zu Beginn wird der Medizinball über die Mittellinie eingerollt. Die Mannschaften starten von der Torlinie.

Physische Ausbildung

1. Fallwurf am Kreis mit Medizinball – 2 Serien à 30
2. Liegestütz beidarmig, die Füße liegen dabei erhöht (Kasten, Bank) – 2 Serien à 25
3. Sprungwürfe mit dem Medizinball gegen die Wand, Abstand 6 bis 8 m – 2 Serien à 25
4. Fußballspiel auf dem Handballfeld mit einem Medizinball
5. Zwei Ketten aus Spielern, die sich eingehakt haben, jede Kette ist eine Partei. Beide Ketten versuchen, gegeneinander zu drücken und zu schieben, einmal mit der Brust, einmal mit dem Rücken.

TRAININGSEINHEIT 13

Trainingsperiode: ÜP   VPI   VPII   WP   Datum:

Teilnehmer: 1 2 3 4 5 6 7 8 9 10 11 12 13 14 15 16 17 18

Trainingsziele: _____

_____

_____

Physische Vorbereitung

- Beliebig über Bänke laufen
- Immer einen Fuß auf die Bänke setzen
- Hockwenden über die Bänke
- Links oder rechts über die Bänke hinken
- Auf dem Bauch auf Bank Hand über Hand nach vorn ziehen
- Schräge Bank hinauflaufen mit anschließendem Absprung

Ü 23

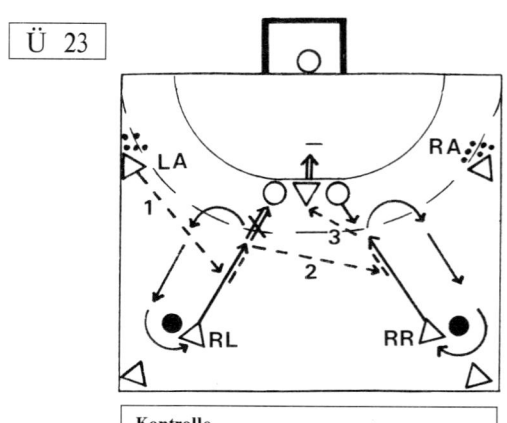

Kontrolle			
Dauer	min	Wiederholung	
verkürzt	min	nein	ja
verläng.	min	wann?	
Pausen		Trainingsziel	
nach	min	erreicht	
Dauer	min	zum Teil	
		nicht erreicht	

Technische und taktische Ausbildung

Schulung der Angriffsspieler RL und RR mit hoher Belastung

Das Zuspiel erfolgt jeweils von den Außenpositionen LA und RA (Linien-Außen) in die Stoßbewegung von RL und RR. Übungsablauf wie bei der nebenstehenden Zeichnung. Sofort nach dem Abspiel bewegen sich RL und RR mit Tempo rückwärts um die Markierung herum und gehen wieder in die Vorwärtsbewegung.

Übungen 23 24

Abwehr- und Angriffsbewegungen

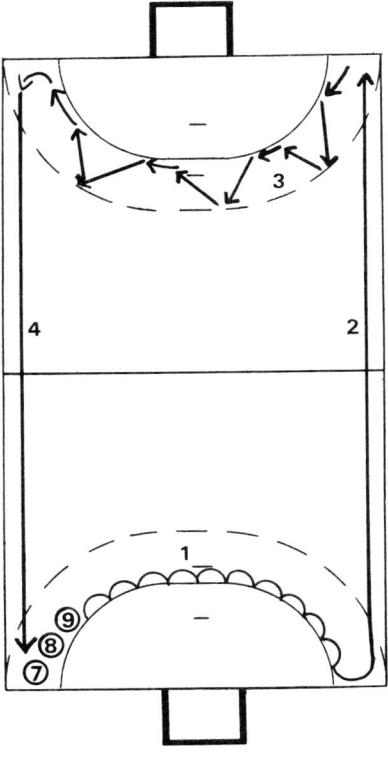

Mit unterschiedlicher, auch innerhalb der einzelnen Übungsteile wechselnder Intensität kann der nebenstehende Übungskomplex durchgeführt werden.

Ebenso mit Handball oder Medizinbällen – an den Stopps nach jeder einzelnen Übungsaufgabe können dann auch Zusatzaufgaben, z. B. Gymnastik, durchgeführt werden.

Der gesamte Übungskomplex wirkt motivationsverstärkend, wenn nicht nur individuell, sondern auch mit Partner trainiert wird.

Ü 24

Kontrolle			
Dauer	min	**Wiederholung**	
verkürzt	min	nein	ja
verläng.	min	wann?	
Pausen		**Trainingsziel**	
nach	min	erreicht	
Dauer	min	zum Teil	
		nicht erreicht	

TRAININGSEINHEIT 14

Trainingsperiode: ÜP   VPI   VPII   WP   Datum:
Teilnehmer: 1 2 3 4 5 6 7 8 9 10 11 12 13 14 15 16 17 18
Trainingsziele: _____

_____

_____

Physische Vorbereitung

Aufwärmen mit Musik

- Beine abwechselnd nach vorn schlagen
- Beidbeiniges Hüpfen, Beine und Hüfte verwringen
- Beine abwechselnd anheben (Knie zur Brust)
- Beine abwechselnd ans Gesäß schlagen
- „Hampelmann"
- Im Liegestütz Beine abwechselnd anhocken oder angrätschen
- Oberkörper im wechselnden Tempo extrem kreisen

Ü 25

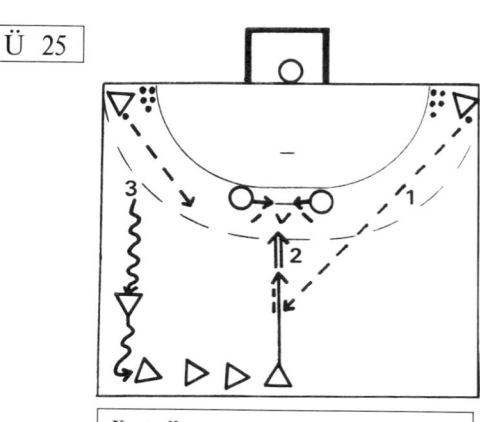

Kontrolle			
Dauer	min	Wiederholung	
verkürzt	min	nein	ja
verläng.	min	wann?	
Pausen		**Trainingsziel**	
nach	min	erreicht	
Dauer	min	zum Teil	
		nicht erreicht	

Technische und taktische Ausbildung

Abwehrschulung – Übung für den Zweier-Block

Das Anspiel erfolgt wechselweise von links und rechts in die Stoßbewegung des ersten Spielers der Übungsgruppe. Der Ablauf kann 12 bis 20 m vor dem Tor beginnen. Es kann empfohlen werden, vor dem Anlauf eine festgelegte Anzahl von gymnastischen Übungen durchzuführen.

Übungen 25 26

Zweierblock gegen Werfergruppen

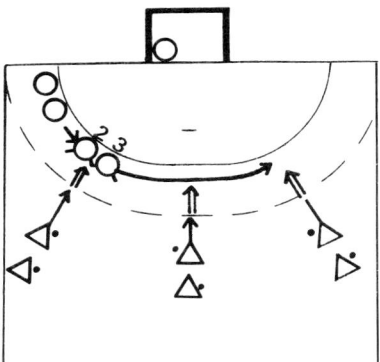

Die Spieler 2 und 3 verschieben am Kreis entlang zur jeweiligen Werfergruppe, bilden einen Block und versuchen nacheinander die Torwürfe abzublocken.
Schulung des Offensiv- und des Defensiv-Blocks sowie der Zusammenarbeit mit dem Torwart.

Ü 26

Kontrolle		
Dauer	min	Wiederholung
verkürzt	min	nein ja
verläng.	min	wann?
Pausen		Trainingsziel
nach	min	erreicht
Dauer	min	zum Teil
		nicht erreicht

Verbesserung der Wurfkraft und Konditionsfestigung mit dem Medizinball

1. Beidhändiger Überkopfwurf aus dem Sprung in schneller Folge, Partner fängt und wiederholt die Übung
2. Aus der Rückenlage mit gestreckten Armen Medizinball zum sitzenden (stehenden) Partner werfen usw.
3. Medizinball aus dem Stand zum sitzenden Partner spielen, der aufsteht und zu dem jetzt Sitzenden spielt.
4. Je ein Medizinball bei 6 m, 10 m, auf Mittellinie und gegenüberliegender Torlinie;
Start von der Torlinie nacheinander, einzeln die Bälle aufnehmen und immer hinter die Start-Torlinie legen.

Ⓥ
Wettkampfform mit zwei oder mehr Staffeln. Oder einer baut ab, einer baut auf.
Einbau von Hindernissen: Kastenteile oder Bänke.

TRAININGSEINHEIT 15

Trainingsperiode: ÜP VPI VPII WP   Datum:
Teilnehmer: 1 2 3 4 5 6 7 8 9 10 11 12 13 14 15 16 17 18
Trainingsziele: _____
_____
_____

Physische Vorbereitung

Lockeres Hüpfen auf den Zehenspitzen, dabei
- Armkreisen in verschiedenen Richtungen, Arme sind bis zu den Fingerspitzen gestreckt,
- Trockenrudern im Sitzen, Beine dürfen nicht den Boden berühren, der Oberkörper bleibt aufgerichtet,
- Spreiz-, Drück- und Pressübungen mit den Fingern,
- Grätschsprünge, Hocksprünge, Anschlagsprünge.

Ü 27

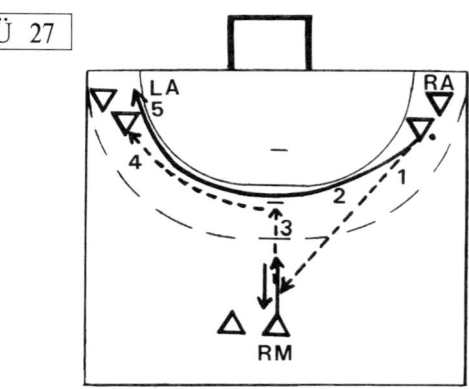

Kontrolle			
Dauer	min	**Wiederholung**	
verkürzt	min	nein	ja
verläng.	min	wann?	
Pausen		**Trainingsziel**	
nach	min	erreicht	
Dauer	min	zum Teil	
		nicht erreicht	

Technische und taktische Ausbildung

Übung für das Laufspiel
Passen und Fangen

RA paßt zum RM (1) und läuft am Kreis entlang ein (2), erhält den Ball von RM zurück (3), paßt aus dem Lauf zum ersten Spieler auf der LA-Position (4) und läuft hinter die LA-Gruppe.

⇨ RM sollte sich selbst stark belasten und rechtzeitig gewechselt werden.

Übungen 27 28

Passen und Fangen, Positionstraining

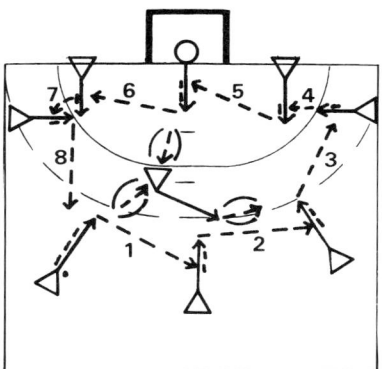

Ablauf wie bei der nebenstehenden Zeichnung; wichtig ist der Bewegungsstoß aller Spieler, die jeweils angespielt werden sollen.

Einsatz eines weiteren Handballs oder gar von drei oder vier Handbällen, wenn die Übung gut beherrscht wird.

Kontrolle			
Dauer	min	Wiederholung	
verkürzt	min	nein	ja
verläng.	min	wann?	
Pausen		Trainingsziel	
nach	min	erreicht	
Dauer	min	zum Teil	
		nicht erreicht	

Verbesserung von Kraft und Sprungkraft

1. Medizinball aus der Hocke hochstoßen, jedes Stoßen 1 Punkt. Wer schafft wieviel Stöße in einer Minute?
2. Medizinball zwischen zwei Spielern, Abstand 5 m, 25 x
3. Sprünge mit dem Medizinball über eine Kastenbahn mit dazwischen liegenden Matten
4. Spieler rollt dem stehenden Partner den Medizinball zu; Aufnehmen des Balles und beidhändiges Abspiel durch Sprung aus dem Stand zurück (je 10 x)

TRAININGSEINHEIT 16

Trainingsperiode: ÜP   VPI   VPII   WP   Datum:
Teilnehmer: 1 2 3 4 5 6 7 8 9 10 11 12 13 14 15 16 17 18
Trainingsziele: _____

Physische Vorbereitung

Individuelle Laufwege, dabei armkreisen links und rechts, hüpfen im Hockstand, hinken links und rechts, hüpfen, Startübungen mit Sprint über 10 bis 15 m (Fallstart, Rückwärtsstart, Start aus dem Liegestütz, aus der Bauchlage, aus der Rückenlage), Strecksprünge aus dem Laufen, Sprungwurf abwechselnd links und rechts.

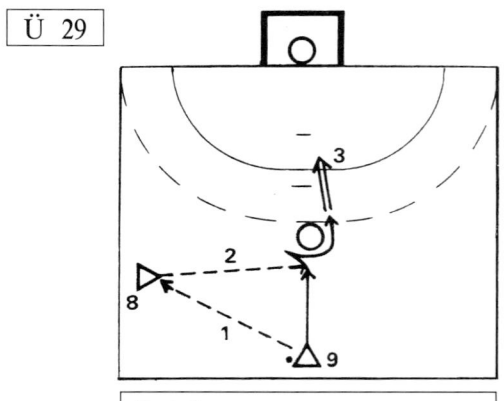

Ü 29

Kontrolle			
Dauer	min	**Wiederholung**	
verkürzt	min	nein	ja
verläng.	min	wann?	
Pausen		**Trainingsziel**	
nach	min	erreicht	
Dauer	min	zum Teil	
		nicht erreicht	

Technische und taktische Ausbildung

Schulung des Durchsetzungsvermögens und Variationsbreite der Täuschungsbewegungen

Spieler 9 paßt zu Spieler 8 und erhält den Ball in seine Vorwärtsbewegung zurück, Täuschungsbewegung, Durchbruch und Torwurf.

Verschiedene Formen der Täuschungsbewegung schulen, ebenso Sprung in die parallele Grundstellung.

Übungen 29 30

Prell- und Wurfübung mit hoher Intensität

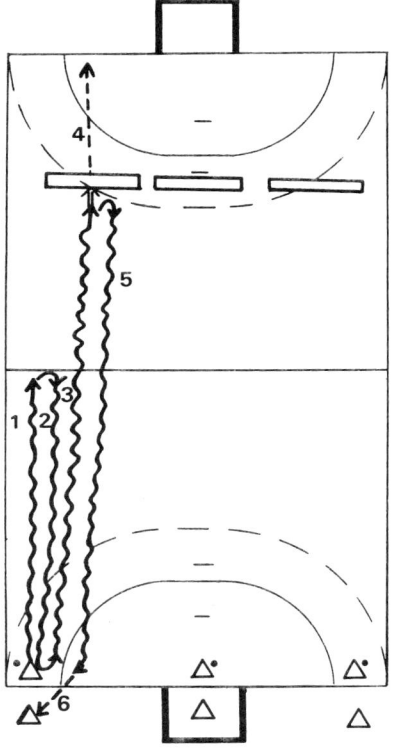

Drei Gruppen, die ersten jeder Gruppe starten gleichzeitig mit Ball, prellen bis zur Mittellinie (1 Fuß auf die Mittellinie setzen) und wieder zur Torauslinie zurück, starten erneut bis kurz vor die Bank, werfen mit voller Kraft 5- bis 10mal gegen die Wand und prellen zur Torauslinie zurück.

Wurfentfernung je nach Beschaffenheit der Wand und nach den Fähigkeiten der Spieler verringern bzw. vergrößern.

Wettkampf mit Gruppen oder durch Zeitnahme. Welcher Spieler schafft die Übung am schnellsten?

Ü 30

Ⓥ
Ein Abwehrspieler begleitet den Spieler während des Prellens und stört leicht.

Kontrolle		
Dauer	min	**Wiederholung**
verkürzt	min	nein ja
verläng.	min	wann?
Pausen		**Trainingsziel**
nach	min	erreicht
Dauer	min	zum Teil
		nicht erreicht

TRAININGSEINHEIT 17

Trainingsperiode: ÜP VPI VPII WP   Datum:
Teilnehmer: 1 2 3 4 5 6 7 8 9 10 11 12 13 14 15 16 17 18
Trainingsziele: _____
_____
_____

Physische Vorbereitung

- Bein- und Fußarbeit: Lockerungs-, Dehnungs- und Schnellkraftübungen, Hüpfen, Schrittwechsel- und Übersetzerläufe
- Individuelle Dehnungsübungen
- Schnelles Ballaufnehmen aus allen Lagen
- Fußballschule: Innenpässe gegen die Wand
- Aus dem Hang an der Sprossenwand Beinschwünge vorwärts und seitwärts
- Zwei Handbälle tippen auf, jeweils einen fangen

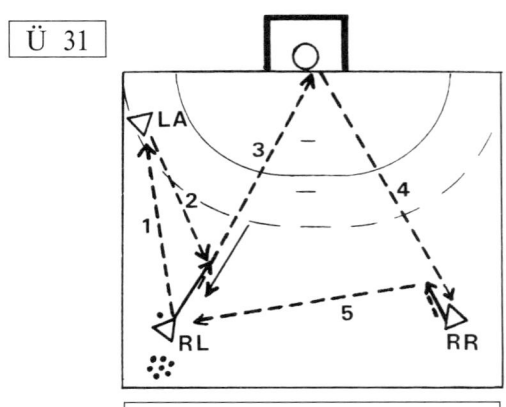

Ü 31

Technische und taktische Ausbildung

Kombinierte Übung für Torwarte und Rückraumspieler

RL paßt zu LA (1), der paßt in den Bewegungsstoß von RL (2). RL paßt zum Torwart (3) und bewegt sich rückwärts zurück. Torwart paßt zum RR (4), der paßt zu RL zurück (5).

Kontrolle			
Dauer	min	**Wiederholung**	
verkürzt	min	nein	ja
verläng.	min	wann?	
Pausen		**Trainingsziel**	
nach	min	erreicht	
Dauer	min	zum Teil nicht erreicht	

Übungen 31 32

Schulung der Offensiv-Aufgaben des Torwarts

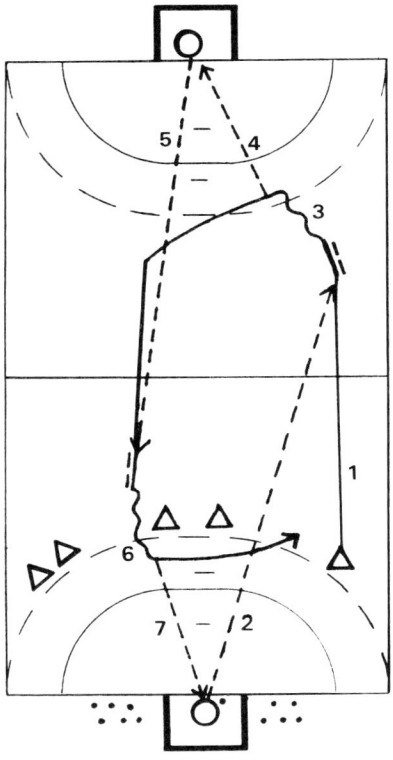

Mit hartem Wurf (kein Torwurf), den der Torwart fangen und anschließend dem zum Gegenstoß startenden Spieler zupassen soll. Dann wieder harter Wurf auf das andere Tor usw.

Die jeweils antretenden Spieler werden aufgerufen, oder die Reihenfolge wird vorher bestimmt.

Eine Übungsform zur Schulung der Offensiv-Aufgaben des Torwarts mit sehr hoher Intensität.

↬ Auf einen sauberen Bogenlauf ist besonders zu achten.

Ü 32

Kontrolle			
Dauer	min	**Wiederholung**	
verkürzt	min	nein	ja
verläng.	min	wann?	
Pausen		**Trainingsziel**	
nach	min	erreicht	
Dauer	min	zum Teil	
		nicht erreicht	

TRAININGSEINHEIT 18

Trainingsperiode: ÜP   VPI   VPII   WP   Datum:
Teilnehmer: 1 2 3 4 5 6 7 8 9 10 11 12 13 14 15 16 17 18
Trainingsziele: _____
_____
_____

Physische Vorbereitung

- Hopserlauf mit und ohne Armkreisen; zwischendurch zwei Liegestütze
- Beinkreisen vorwärts und rückwärts
- Lauf über 10 m nach Start aus der Bauchlage
- Dehnungsübungen im Hürdensitz; anschließend „radfahren" in der Rückenlage
- Rolle vorwärts, Partner spielt einen Ball zu, Rückpaß und wieder Rolle rückwärts

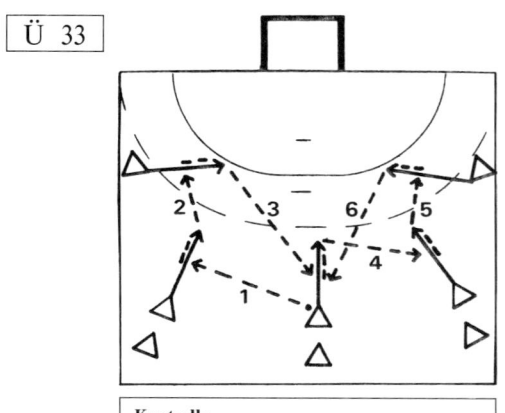

Ü 33

Kontrolle		Wiederholung	
Dauer	min		
verkürzt	min	nein	ja
verläng.	min	wann?	
Pausen		**Trainingsziel**	
nach	min	erreicht	
Dauer	min	zum Teil	
		nicht erreicht	

Technische und taktische Ausbildung

Paßspiel zwischen Rückraum und Außen

Die Spieler passen sich den Ball in der Stoßbewegung zu und belasten sich dabei sehr stark durch schnelles Zurückziehen nach dem Abspiel. Ballwege wie in Abbildung.

▷ Rückraumgruppe bzw. Außenspieler rechtzeitig wechseln.

Übungen 33 34

Schulung der Offensiv-Aufgaben des Torwarts

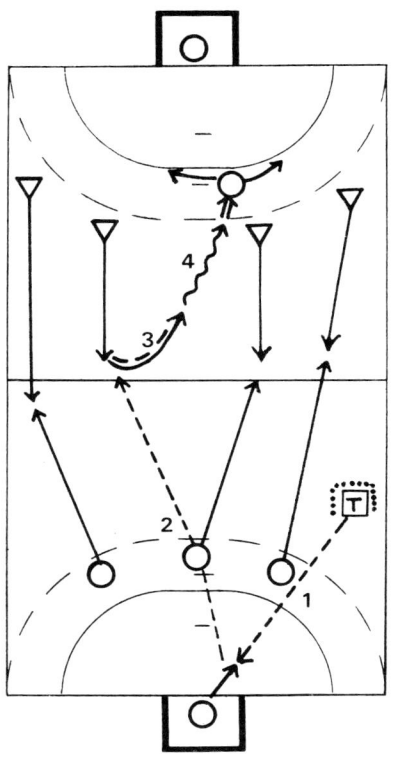

Vier Angriffsspieler stehen in unregelmäßiger Aufstellung vor dem gegnerischen Torraum (etwa 9-m-Linie); drei Abwehrspieler stellen sich in gleicher Weise vor dem anderen Torraum auf.

Nach dem Abspiel des Trainers an den Torwart laufen Angreifer und Abwehrspieler aufeinander zu und treffen sich etwa in Höhe der Mittellinie. Der Torwart spielt den Ball schnell zu einem der ungedeckten Angriffsspieler. Der angespielte Spieler bewegt sich in hohem Tempo wieder in die andere Richtung und versucht, gegen einen Abwehrspieler zum Torerfolg zu gelangen.

Ü 34

Kontrolle			
Dauer	min	**Wiederholung**	
verkürzt	min	nein	ja
verläng.	min	wann?	
Pausen		**Trainingsziel**	
nach	min	erreicht	
Dauer	min	zum Teil	
		nicht erreicht	

TRAININGSEINHEIT 19

Trainingsperiode: ÜP   VPI   VPII   WP   Datum:
Teilnehmer: 1 2 3 4 5 6 7 8 9 10 11 12 13 14 15 16 17 18
Trainingsziele: _____
_____
_____

Physische Vorbereitung

- Läufe mit Aufnahme des rollenden oder springenden Balls, Zuspiel vom Partner, zwischendurch Kurzpause
- Springen mit Kurzhanteln oder Medizinball in Serien
- Bocksprünge, Kastensprünge (kleiner Kasten, Kastentreppe)
- Weitwürfe mit dem Handball, vier Serien à 10 Würfe in schneller Folge; 30 sec Serienpause
- Lockerer Lauf mit leichter Gymnastik und Dehnungsübungen

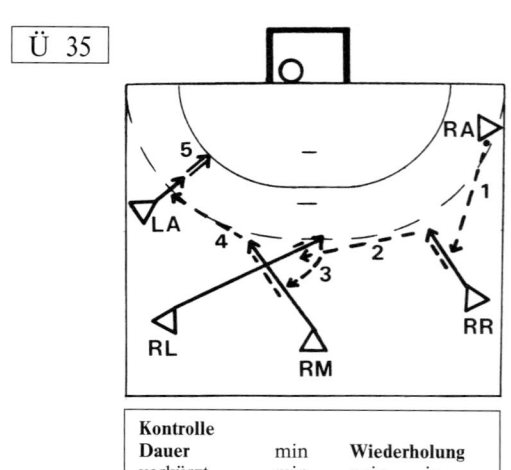

Ü 35

Kontrolle			
Dauer	min	**Wiederholung**	
verkürzt	min	nein	ja
verläng.	min	wann?	
Pausen		**Trainingsziel**	
nach	min	erreicht	
Dauer	min	zum Teil nicht erreicht	

Technische und taktische Ausbildung

Schulung der Rückraumspieler: Kreuzen im Rückraum

RA paßt zum RR (1), RR zu RL (2), RL kreuzt mit RM und paßt zum RM-Spieler (3). RM paßt zum LA (4), der auf das Tor wirft (5).

Ⓥ

Mit Abwehrspielern, auch auf der VM-Position, üben.

Übungen 35 36

Schnelles Überwinden des Spielfeldes

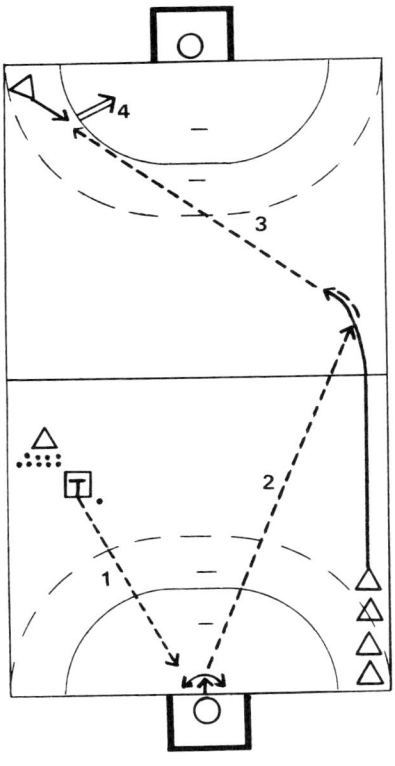

Danach:

Ü 36

1. Abwehr von Wurfserien (Abstand 7 m) in die untere Torecke, abwechselnd rechts-links-Serien
2. Abwehr von Wurfserien (Abstand 7 m) halbhoch, abwechselnd rechts-links-Serien
3. Drei Spieler bilden ein Dreieck (Entfernungen 3 m, 4 m, 5 m, 6 m, 7 m). Die Spieler spielen sich den Ball zu, direkt/indirekt. Torwart versucht, in Ballbesitz zu gelangen, versucht, den Ball abzuwehren.
4. Wurfserien von 15 m Entfernung mit voller Kraft aus dem Lauf

Kontrolle			
Dauer	min	**Wiederholung**	
verkürzt	min	nein	ja
verläng.	min	wann?	
Pausen		**Trainingsziel**	
nach	min	erreicht	
Dauer	min	zum Teil	
		nicht erreicht	

TRAININGSEINHEIT 20

Trainingsperiode: ÜP   VPI   VPII   WP   Datum:
Teilnehmer: 1 2 3 4 5 6 7 8 9 10 11 12 13 14 15 16 17 18
Trainingsziele: _____
_____
_____

Physische Vorbereitung

- Lockerer Dauerlauf mit leichter Gymnastik und Dehnungsübungen
- Kurzsprints über 10 m, vier Serien à 10 mit 2 min Pause
- Dehnungsübungen an Wand oder Sprossenwand
- Weitwürfe mit Medizinball, 10 Würfe in schneller Folge
- Weitwürfe im Wechsel Handball und Medizinball
- Dehnungsübungen im Hürdensitz und im Stand

Ü 37

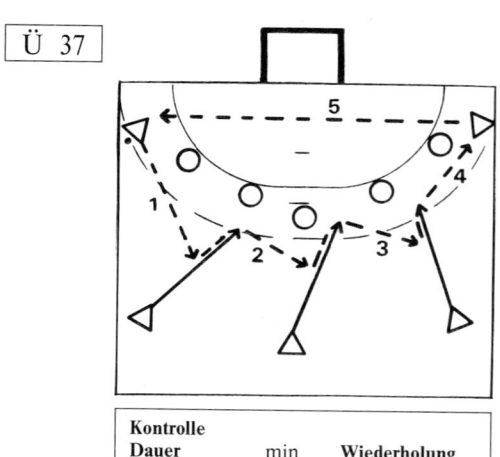

Technische und taktische Ausbildung

Positionsspiel 5 gegen 5 oder 6 gegen 5

Die Spieler passen den Ball in der Stoßbewegung schnell zu. RA mit Torraumpaß zum LA usw.

⇨ Bei Fehlverhalten eines Abwehrspielers, z. B. zu spätes Verschieben, erfolgt sofort der Torwurf. Die Abwehrspieler außen lassen die Torraumpässe zu.

Kontrolle			
Dauer	min	Wiederholung	
verkürzt	min	nein	ja
verläng.	min	wann?	
Pausen		Trainingsziel	
nach	min	erreicht	
Dauer	min	zum Teil	
		nicht erreicht	

Übungen 37 38

Torwarttraining: Zuspiele an Angriffsspieler

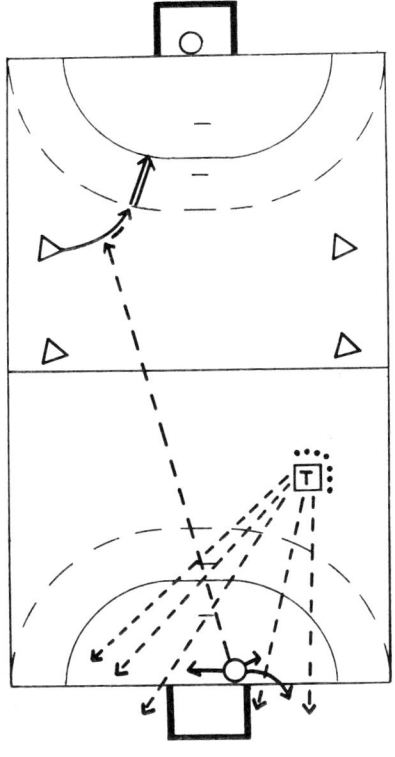

Variables Zuspiel durch den Trainer

Ü 38

Torabwürfe:
1. Schnelles Aufnehmen des Balles aus allen Lagen
2. Aufnehmen – Kurzpaß
3. Aufnehmen – Langpaß
4. Aufnehmen – Paß zum Gegenstoß – Spielergruppe
5. Aufnehmen – Wurf ins gegnerische Tor
6. Abfangen weiter Pässe bis zur Mittellinie

Kontrolle			
Dauer	min	**Wiederholung**	
verkürzt	min	nein	ja
verläng.	min	wann?	
Pausen		**Trainingsziel**	
nach	min	erreicht	
Dauer	min	zum Teil	
		nicht erreicht	

TRAININGSEINHEIT 21

Trainingsperiode: ÜP   VPI   VPII   WP   Datum:
Teilnehmer: 1 2 3 4 5 6 7 8 9 10 11 12 13 14 15 16 17 18
Trainingsziele: _____
_____
_____

Physische Vorbereitung

- Lockerer Lauf, drei Runden um das Handballfeld
- Steigerungsläufe über 2 x 10 m, 2 x 20 m, 1 x 40 m
- Dehnungsübungen
- Skippings (Sprintbewegungen auf der Stelle), 10 Serien mit jeweils 1 min Serienpause
- Seilspringen, 5 x 50 Sprünge, 30 sec Serienpause
- Tempoläufe 4 x 40 m

Ü 39

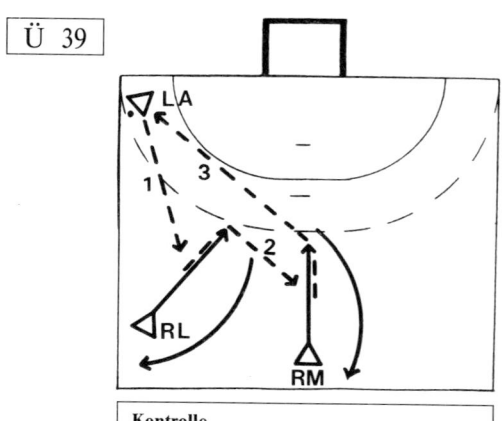

Technische und taktische Ausbildung

Schulung des Zusammenspiels zwischen LA, RL und RM

LA paßt in den Bewegungsstoß von RL (1). RL paßt aus der Bewegung zum mitgestoßenen RM (2). RL zieht sich jetzt schnell rückwärts zurück. RM paßt zu LA (3) und zieht sich ebenfalls schnell zurück. LA paßt wieder zu RL, usw.

Kontrolle			
Dauer	min	Wiederholung	
verkürzt	min	nein	ja
verläng.	min	wann?	
Pausen		**Trainingsziel**	
nach	min	erreicht	
Dauer	min	zum Teil	
		nicht erreicht	

Übungen 39 40

Reaktion auf überraschenden Torwurf

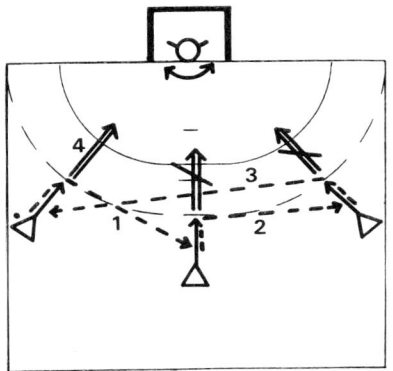

Drei Spieler an der Freiwurflinie passen sich schnell den Ball zu (Stoßbewegung). Der Torwart reagiert nach jedem Paß mit dem richtigen Stellungsspiel.

Ü 40

Kontrolle			
Dauer	min	**Wiederholung**	
verkürzt	min	nein	ja
verläng.	min	wann?	
Pausen		**Trainingsziel**	
nach	min	erreicht	
Dauer	min	zum Teil	
		nicht erreicht	

Torwarttraining

1. Springen mit Kurzhanteln, Serien: 5 x 10 Sprünge
2. Seitliche Sprünge über die Langbank (25 Sprünge, 2 min Pause, dann nochmals)
3. Lockerer Dauerlauf (1000 m) mit leichter Gymnastik zwischendurch
4. Dehnungsübungen an einer Wand/Sprossenwand
5. Abwehr hoher Bälle rechts und links im Wechsel
6. Abwehr hoher Bälle durch Hochschlagen der Bälle mit ausgestreckten Armen
7. Torwart steht an einem Torpfosten und wehrt hohe Bälle in der anderen Torecke ab.

TRAININGSEINHEIT 22

Trainingsperiode: ÜP VPI VPII WP Datum:
Teilnehmer: 1 2 3 4 5 6 7 8 9 10 11 12 13 14 15 16 17 18
Trainingsziele: _____

Physische Vorbereitung

- Schnelles Aufspringen aus Sitz-, Bauch- und Rückenlage
- Schnelles Hampelmannklatschen, einmal hinter dem Rücken, einmal über dem Kopf
- Seilspringen; einbeinig, beidbeinig (Serien)
- Torwart blickt zur Wand (Abstand 2 m), Reaktion auf von der Wand zurückspringende Bälle; Variation: tiefe, hohe Bälle, Aufsetzer

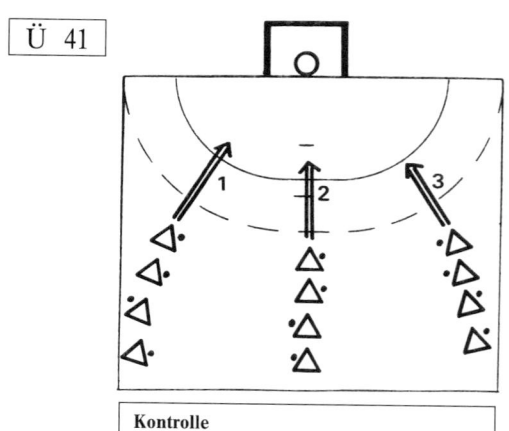

Ü 41

Technische und taktische Ausbildung

Torwurf-/Abwehrtraining

1. Torwart in Tormitte, Hockstellung; Abwehr flacher Bälle mit Fuß und Hand
2. Torwart in Hockstellung an einem Pfosten, Abwehr flacher Bälle mit dem Fuß; wichtig: Handunterstützung

Kontrolle			
Dauer	min	**Wiederholung**	
verkürzt	min	nein	ja
verläng.	min	wann?	
Pausen		**Trainingsziel**	
nach	min	erreicht	
Dauer	min	zum Teil	
		nicht erreicht	

Übungen 41 42

Schulung der Offensiv-Aufgaben des Torwarts

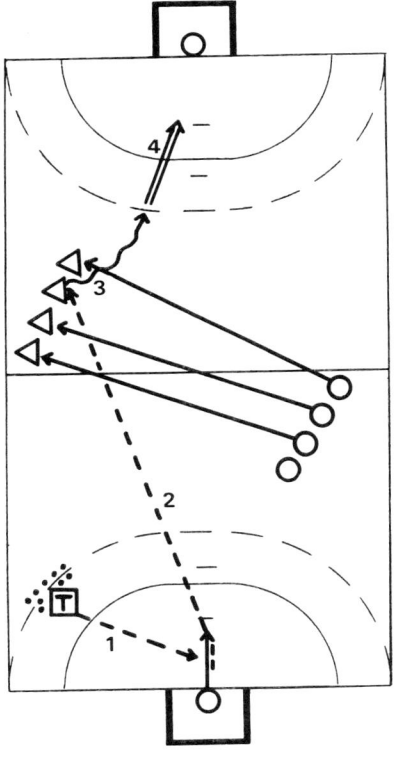

Vier Angriffsspieler bilden in der gegnerischen Spielfeldhälfte eine zum Tor versetzte Reihe. In der anderen Hälfte nehmen drei Abwehrspieler in Form einer unregelmäßigen Reihe Aufstellung. Der Trainer paßt den Ball zum Torwart. Im Moment des Wurfansatzes läuft jeder Abwehrspieler zu einem Angreifer; der freie Angriffsspieler ist vom Torwart anzuspielen.

Ü 42

Anschließend:
- Gymnastik,
- Dehnungsübungen,
- Auslaufen.

Kontrolle		
Dauer	min	**Wiederholung**
verkürzt	min	nein ja
verläng.	min	wann?
Pausen		**Trainingsziel**
nach	min	erreicht
Dauer	min	zum Teil
		nicht erreicht

TRAININGSEINHEIT 23

Trainingsperiode: ÜP   VPI   VPII   WP   Datum:
Teilnehmer: 1 2 3 4 5 6 7 8 9 10 11 12 13 14 15 16 17 18
Trainingsziele: _____

_____

Physische Vorbereitung

- Torwart fängt zugeworfene Bälle mit einer Hand.
- Torwart schlägt die zugeworfenen Bälle mit den Händen, Füßen weg.
- Torwart sitzt und hält die Bälle mit den Händen, Füßen, Händen und Füßen.
- Torwart liegt auf dem Bauch und hält mit den Händen.

Ü 43

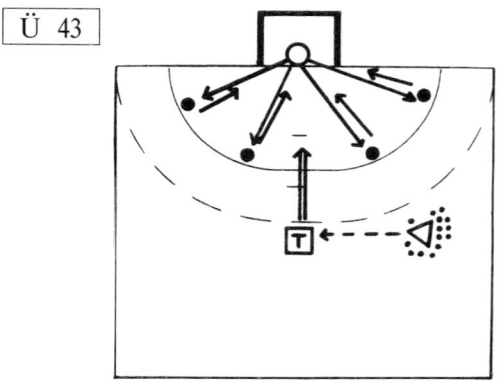

Technische und taktische Ausbildung

Torwurfabwehr

Trainer wirft im Höchsttempo und mit voller Kraft. Torwart reagiert nur mit den Händen (den Füßen; Händen und Füßen), Abstand 9 m.

Kontrolle			
Dauer	min	Wiederholung	
verkürzt	min	nein	ja
verläng.	min	wann?	
Pausen		Trainingsziel	
nach	min	erreicht	
Dauer	min	zum Teil	
		nicht erreicht	

Übungen 43 44

Schulung der Offensiv-Aufgaben des Torwarts

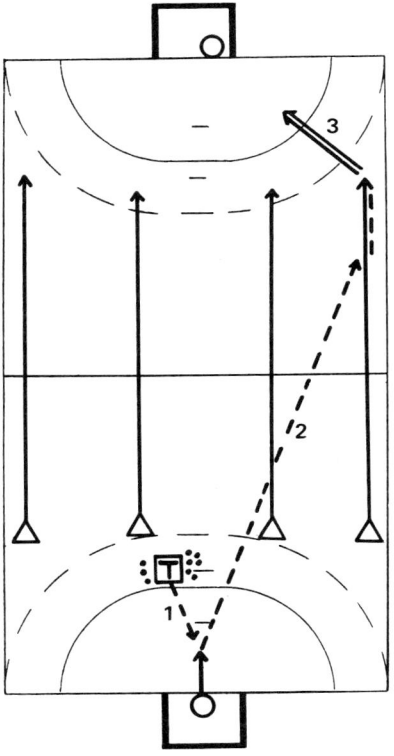

Bei Abspiel des Trainers an den Torwart laufen alle Spieler, die an der Freiwurflinie Aufstellung genommen haben, zum Gegenstoß. Der Torwart spielt den Spieler an, der am günstigsten plaziert ist.

Ü 44

Verabredung: Nur ein Spieler – oder auf der linken und rechten Angriffsseite je nur ein Spieler – nimmt Blickkontakt zum Torwart auf. Dieser Spieler soll dann angespielt werden.

Ⓥ

Drei Abwehrspieler stellen sich vor dem anderen Torraum auf.

Kontrolle			
Dauer	min	**Wiederholung**	
verkürzt	min	nein	ja
verläng.	min	wann?	
Pausen		**Trainingsziel**	
nach	min	erreicht	
Dauer	min	zum Teil	
		nicht erreicht	

TRAININGSEINHEIT 24

Trainingsperiode: ÜP   VPI   VPII   WP   Datum:
Teilnehmer: 1 2 3 4 5 6 7 8 9 10 11 12 13 14 15 16 17 18
Trainingsziele: _____
_____
_____

Physische Vorbereitung

- Fangübungen im Stand mit anschließender Bewegung
- Fangübungen mit zwischenzeitlicher Belastung
- Kurzpässe, Langpässe, Zielwürfe
- Fangen und Werfen
- Ballführung rechts und links
- Fußball, Innenpässe gegen die Wand spielen
- Gymnastik und Dehnungsübungen, dann lockerer Lauf

Ü 45

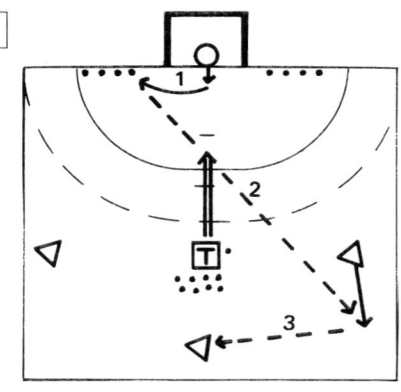

Technische und taktische Ausbildung

Der Trainer wirft auf das Tor, Torwart wehrt ab, holt sehr schnell einen der seitwärts neben dem Tor abgelegten Bälle und spielt einen Spieler an.
Es wird jeweils ein Ball von der Abwehrseite genommen.

Kontrolle			
Dauer	min	Wiederholung	
verkürzt	min	nein	ja
verläng.	min	wann?	
Pausen		Trainingsziel	
nach	min	erreicht	
Dauer	min	zum Teil	
		nicht erreicht	

Übungen 45 46

Schulung der Offensiv-Aufgaben des Torwarts

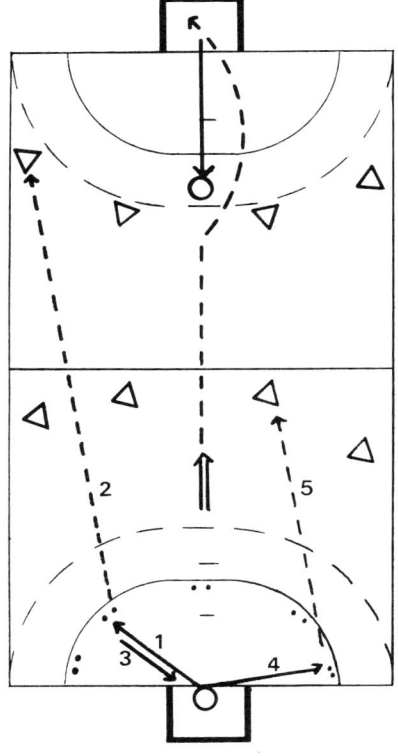

Wechselweise kurze und lange Pässe spielen. Der Torwart spielt in Folge die verteilten Spieler an. Dabei muß er die Bälle von verschiedenen Positionen im Torraum aufnehmen.

Ü 46

Ⓥ
1. Zum Übungsabschluß wirft der Torwart über den gegnerischen Torhüter, der bis auf 6 bis 9 m herausgetreten ist.
2. Nachdem jeder Spieler einen Ball zugespielt bekommen hat, wird in der Reihenfolge der zugeteilten Nummern zum Gegenstoß gestartet.

Kontrolle		
Dauer	min	**Wiederholung**
verkürzt	min	nein ja
verläng.	min	wann?
Pausen		**Trainingsziel**
nach	min	erreicht
Dauer	min	zum Teil
		nicht erreicht

TRAININGSEINHEIT 25

Trainingsperiode: ÜP   VPI   VPII   WP   Datum:
Teilnehmer: 1 2 3 4 5 6 7 8 9 10 11 12 13 14 15 16 17 18
Trainingsziele: _____
_____
_____

Physische Vorbereitung

- Schulterrollen, Armkreisen, Schattenboxen im Lauf
- Schnelles Hampelmannklatschen 1 min, abwechselnd hinter dem Rücken und über dem Kopf
- Hopserlauf, Schrittwechselsprünge, hohe Beinschwünge
- Klappmesserübung mit Medizinball, 3 x 20
- Seilspringen im Wechsel einbeinig und beidbeinig
- Schnelles Aufspringen aus Sitz-, Bauch- und Rückenlage

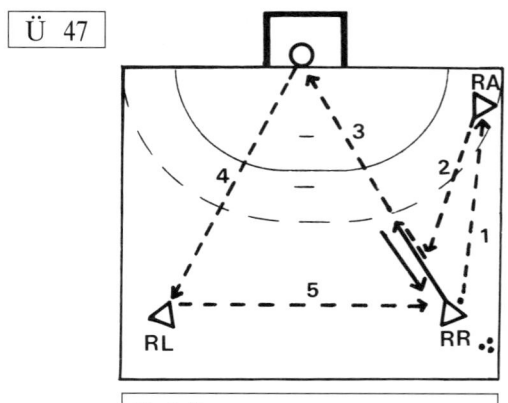

Ü 47

Technische und taktische Ausbildung

Schulung des RR unter hoher physischer Belastung

RR paßt zum RA (1) und erhält den Ball zurück (2), paßt zum Torwart und zieht sich schnell rückwärts auf seine Startposition zurück. Der Torwart paßt zu RL (4). RL paßt zu RR (5), RR wieder zum RA usw.

Kontrolle			
Dauer	min	Wiederholung	
verkürzt	min	nein	ja
verläng.	min	wann?	
Pausen		Trainingsziel	
nach	min	erreicht	
Dauer	min	zum Teil	
		nicht erreicht	

Übungen 47 48

Sprint- und Prellübung mit hoher Intensität

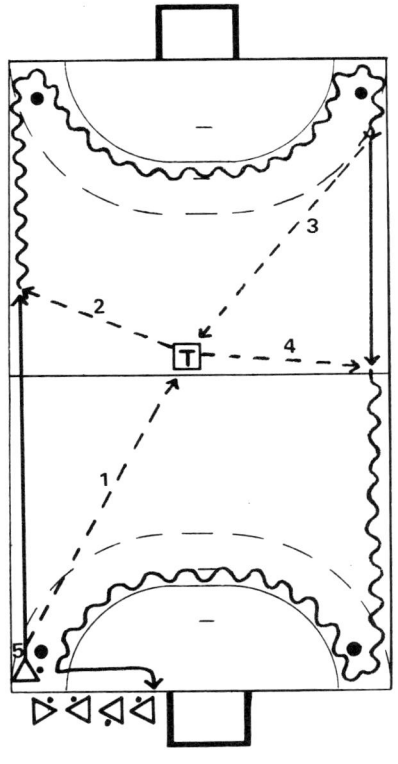

Spieler 5 paßt zum Trainer oder einem Anspieler in der Spielfeldmitte (1) und sprintet, erhält kurz hinter der Mittellinie den Ball zurück (2) und prellt um die Markierung herum, dann am Kreis entlang um die nächste Markierung herum – paßt sofort wieder zum Anspieler zurück (3). Dann Sprint ohne Ball bis zur Mittellinie, Anspiel im vollen Lauf (4) und im Sprint um die nächste Markierung prellen. Dann wieder am Kreis entlang und hinter der Übungsgruppe anschließen.

Ü 48

▷ Es ist günstig, mehrere Anspieler in der Mitte einzusetzen.
Die Spieler sollen aber nicht zu eng hintereinander laufen.

Kontrolle			
Dauer	min	**Wiederholung**	
verkürzt	min	nein	ja
verläng.	min	wann?	
Pausen		**Trainingsziel**	
nach	min	erreicht	
Dauer	min	zum Teil	
		nicht erreicht	

TRAININGSEINHEIT 26

Trainingsperiode: ÜP   VPI   VPII   WP   Datum:
Teilnehmer: 1 2 3 4 5 6 7 8 9 10 11 12 13 14 15 16 17 18
Trainingsziele: _____
_____
_____

Physische Vorbereitung

- Kopf-, Arm-, Rumpf- und Beinkreisen
- Radfahren mit den Armen – in Bauchlage
- Liegestütze
- Hampelmann, abwechselnd über Kopf und hinter dem Rücken
- Trockenrudern im Sitz
- Sprünge in den Grätschstand, vorwärts in die Hocke im Wechsel
- Klappmesser und Bauchschaukel im Wechsel; 4 Serien je 10mal mit 30 sec Serienpause

Ü 49

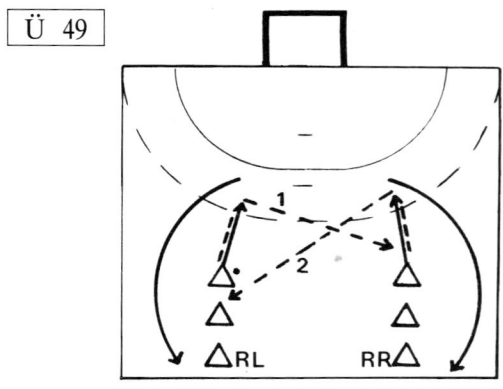

Kontrolle		
Dauer	min	**Wiederholung**
verkürzt	min	nein ja
verläng.	min	wann?
Pausen		**Trainingsziel**
nach	min	erreicht
Dauer	min	zum Teil
		nicht erreicht

Technische und taktische Ausbildung

Handgelenkpässe aus der Bewegung in die Stoßbewegung des Mitspielers

Spieler RL geht mit dem Ball in die Stoßbewegung und paßt ohne zu stoppen zu RR (1). RL bewegt sich schnell rückwärts hinter seine Übungsgruppe zurück. RR paßt zum 2. Spieler auf der RL-Position (2) usw.

Übungen 49 50

Übungen mit dem Partner

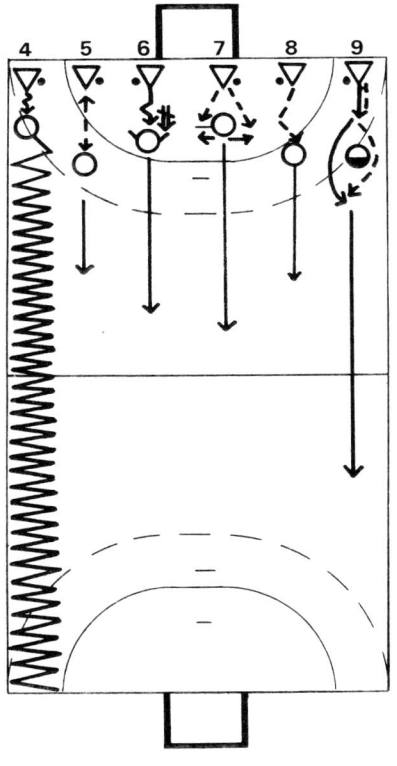

1. Spieler 4 prellt vorwärts/seitwärts, und sein Abwehrspieler bewegt sich seitwärts/rückwärts. Ü 50
2. Spieler 5 spielt in der Vorwärtsbewegung Pässe mit seinem Partner, der in der Rückwärtsbewegung ist.
3. Spieler 6 täuscht Würfe aus dem Sprung an; sein Abwehrspieler springt dabei jeweils hoch zum Defensivblock.
4. Spieler 7 und sein Partner passen sich den Ball zu; 7 jedoch wechselweise immer seitwärts, der Partner immer gerade.
5. Spieler 8 und Partner spielen indirekt Pässe.
6. Spieler 9 überspielt seinen Abwehrspieler, umläuft ihn, Ballaufnahme usw.

Kontrolle			
Dauer	min	**Wiederholung**	
verkürzt	min	nein	ja
verläng.	min	wann?	
Pausen		**Trainingsziel**	
nach	min	erreicht	
Dauer	min	zum Teil nicht erreicht	

TRAININGSEINHEIT 27

Trainingsperiode: ÜP   VPI   VPII   WP   Datum:
Teilnehmer: 1 2 3 4 5 6 7 8 9 10 11 12 13 14 15 16 17 18
Trainingsziele: _____
_____
_____

Physische Vorbereitung

- Leichter Grätschstand, Arme in Hochhalte, Seitbeugen des Oberkörpers, drei Serien à 10, 15 bzw. 20 Wiederholungen
- Rumpfvorbeugen, Fingerspitzen bzw. Handflächen auf den Boden, drei Serien à 10, 15 bzw. 20 Wiederholungen
- Arme aus Seithalte rückfedern und vor der Brust kreuzen
- Aus der Rückenlage Oberkörper und Beine nur wenig anheben, Halteübung je 10, 15, 20, 25 und 30 sec
- Hockstrecksprünge, vier Serien à 15 Sprünge

Ü 51

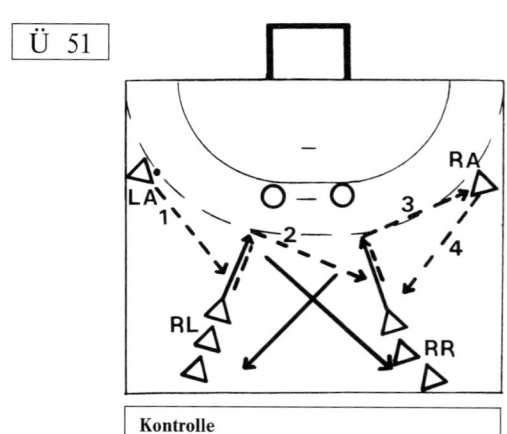

Kontrolle			
Dauer	min	**Wiederholung**	
verkürzt	min	nein	ja
verläng.	min	wann?	
Pausen		**Trainingsziel**	
nach	min	erreicht	
Dauer	min	zum Teil	
		nicht erreicht	

Technische und taktische Ausbildung

Fangen und sichere Pässe bei hohem Tempo

LA paßt in die Stoßbewegung von Spieler RL (1), der paßt zu RR (2), RR zu RA. Sofort nach dem Abspiel gehen RL und RR schräg rückwärts hinter die jeweils andere Rückraumgruppe. Der Spieler auf der RA-Position paßt dann zum zweiten Spieler RR, und die Übung beginnt von der rechten Seite.

Übungen 51 52 53

Passen und Fangen im schnellen Lauf

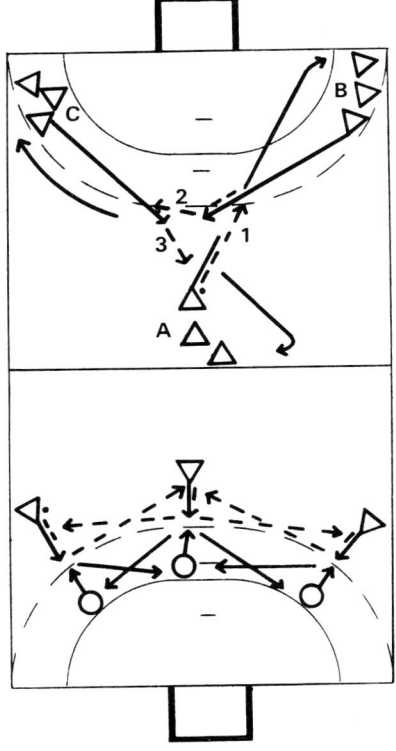

Spieler A läuft und paßt zu B, B zu C, C zu A. A läuft nach dem Abspiel hinter Gruppe B, B nach dem Abspiel hinter Gruppe C, C hinter Gruppe A. | Ü 52

Ⓥ
Ebenso ist der Wechsel im Uhrzeigersinn bzw. entgegengesetzt möglich.

Angriffs- und Abwehrbewegungen | Ü 53

Drei Spieler passen sich im Rückraum in der Stoßbewegung den Ball zu. Drei Abwehrspieler versuchen, jeweils zum Angriffsschwerpunkt zur Ballseite zu verschieben und rechtzeitig gegen den Ballbesitzer herauszutreten.

Kontrolle		
Dauer	min	**Wiederholung**
verkürzt	min	nein ja
verläng.	min	wann?
Pausen		**Trainingsziel**
nach	min	erreicht
Dauer	min	zum Teil
		nicht erreicht

TRAININGSEINHEIT 28

Trainingsperiode: ÜP   VPI   VPII   WP   Datum:
Teilnehmer: 1 2 3 4 5 6 7 8 9 10 11 12 13 14 15 16 17 18
Trainingsziele: _____

Physische Vorbereitung

- Laufen und die Füße nach vorn hochwerfen
- Beinschwünge
- Arme vor der Brust und nach hinten federn, dabei gehen
- Hüpfen an der Langbank, mit einem Fuß links und rechts, dann mit beiden Füßen den Boden berühren
- Ball hochwerfen, aufgesprungenen Ball nach einer Rolle vorwärts fangen
- Torwart in der Bauchlage, Abwehr von Wurfserien
- Torwart im Kniestand, Abwehr von Wurfserien

Ü 54

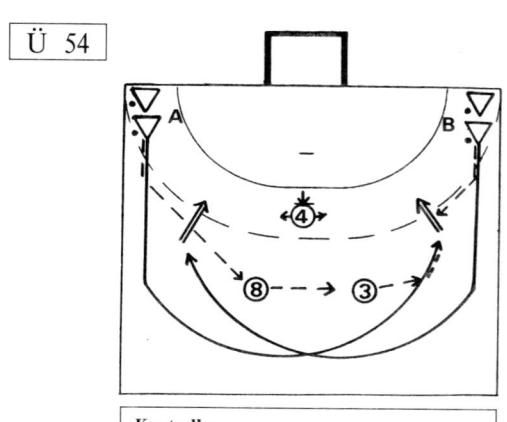

Technische und taktische Ausbildung

A paßt aus dem Lauf zu 8 und läuft um 8 und 3 herum. 8 paßt zu 3, 3 paßt zu A, der auf das Tor wirft. Mit und ohne Abwehrspieler.
Nach Torwurf von A beginnt B mit Paß an 3 usw.
Auf ein hohes Lauftempo achten.

Kontrolle			
Dauer	min	**Wiederholung**	
verkürzt	min	nein	ja
verläng.	min	wann?	
Pausen		**Trainingsziel**	
nach	min	erreicht	
Dauer	min	zum Teil	
		nicht erreicht	

Übungen 54 55

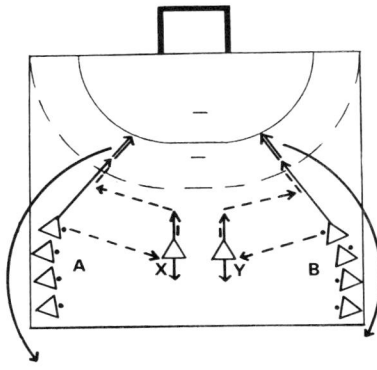

Zwei Übungsgruppen im Wechsel, auch einzeln. | Ü 55 |

A paßt zu Anspieler X, X paßt in den Lauf von A, A Torwurf, Ball holen, sprinten und hinter Gruppe A wieder anschließen.

Dann B Paß zu Anspieler Y usw.

Kontrolle			
Dauer	min	**Wiederholung**	
verkürzt	min	nein	ja
verläng.	min	wann?	
Pausen		**Trainingsziel**	
nach	min	erreicht	
Dauer	min	zum Teil	
		nicht erreicht	

Grundhaltung des Torwarts Übung: nach einer Gymnastikübung schnell die Grundhaltung einnehmen. Keine Anspannung!

TRAININGSEINHEIT 29

Trainingsperiode: ÜP   VPI   VPII   WP   Datum:
Teilnehmer: 1 2 3 4 5 6 7 8 9 10 11 12 13 14 15 16 17 18
Trainingsziele: _____
_____
_____

Physische Vorbereitung

- Dehnungsübungen im Lauf
- Starts aus der Hocke
- Bauchlage, Sprung zum Hampelmann, Ball fangen und Bauchlage
- Liegestütz, Ball aufnehmen, durch Grätsche zurück
- 5 Bocksprünge über den Partner, durch dessen gegrätschte Beine kriechen, danach 10 harte Würfe mit dem Handball gegen die Wand, Abstand 5 m
- Seilspringen vorwärts, rückwärts, in der Hocke, auf einem Bein

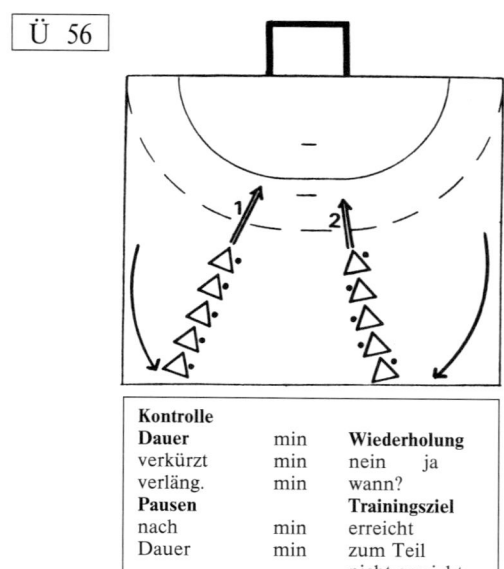

Ü 56

Kontrolle			
Dauer	min	Wiederholung	
verkürzt	min	nein	ja
verläng.	min	wann?	
Pausen		**Trainingsziel**	
nach	min	erreicht	
Dauer	min	zum Teil	
		nicht erreicht	

Technische und taktische Ausbildung

Torwarttraining ohne Abwehr

Abwurfpunkte 10 bis 12 m, entsprechend Wurfkraft der Spieler, bei maximalem Einsatz. Der Trainer zeigt hinter dem Tor stehend das Wurfziel an. Werfer achten auf das Torwart-Erscheinungsbild und nutzen Fehlverhalten aus. Ende, wenn 30 Tore erzielt wurden.
30 Tore in welcher Zeit, mit wieviel Würfen? Nach Wurf sofort Sprint.

Übungen 56 57

Torwurftraining mit hoher Belastung des Torwarts

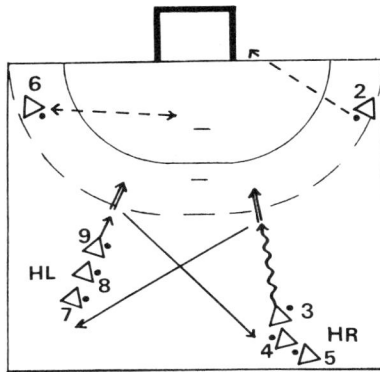

Kontrolle			
Dauer	min	Wiederholung	
verkürzt	min	nein	ja
verläng.	min	wann?	
Pausen		Trainingsziel	
nach	min	erreicht	
Dauer	min	zum Teil	
		nicht erreicht	

HL 9 Torwurf, dann HR 3 Torwurf nach kurzem Prellvorgang; in sehr schneller Reihenfolge: HL 8 – HR 4, HL 7 – HR 5 usw.   [Ü 57]

↪ Keine Bälle zwischendurch holen. Nach einem Durchgang spielt der Torwart mehrere Pässe von der Torwart-Markierung mit Spieler 6 (Handball oder Medizinball). Danach holt er einen Ball, der von Spieler 2 neben das Tor geworfen wurde, und spielt zu 2 zurück. Die Spieler der Gruppen HL und HR haben im Sprint ihre Bälle geholt, und die Übung kann erneut beginnen.

Ⓥ
Bei angewinkeltem Knie Reflexe des Unterschenkels trainieren.

Beweglichkeit für die Beine

TRAININGSEINHEIT 30

Trainingsperiode: ÜP VPI VPII WP   Datum:
Teilnehmer: 1 2 3 4 5 6 7 8 9 10 11 12 13 14 15 16 17 18
Trainingsziele: _____
                _____
                _____

Physische Vorbereitung

- Laufen und dabei einen Handball in verschiedenen Höhen prellen, Handwechsel, hochwerfen und wieder fangen usw.
- Dehnungsübungen im Sitz, Spagat, Hürdensitz, Stand
- Mattenbahn (8 bis 10 Matten mit der breiten Seite zueinander in einer Reihe mit 1 m Abstand hintereinander), Lauf einfach, mit Doppel- und Dreierschritt, Hüpfen und Hinken, Froschhüpfen über die Mattenbahn von einer Matte zur anderen

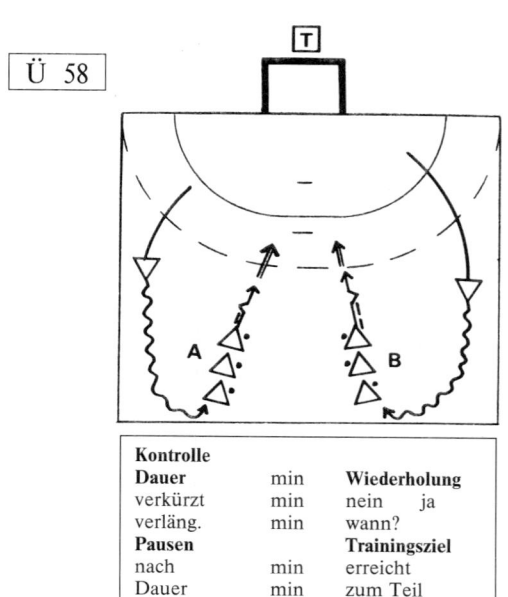

Ü 58

Technische und taktische Ausbildung

Sprungwurftraining

Trainer zeigt Wurfziel an. Abwechselnd Sprungwürfe von 10 bis 12 m der beiden Gruppen. Werfer holen sich im Sprint den Ball und schließen sich prellend im Sprint wieder ihrer Übungsgruppe an.

Ein oder zwei Abwehrspieler, die einzeln oder zusammen agieren.

Kontrolle			
Dauer	min	**Wiederholung**	
verkürzt	min	nein	ja
verläng.	min	wann?	
Pausen		**Trainingsziel**	
nach	min	erreicht	
Dauer	min	zum Teil nicht erreicht	

Übungen 58 59

Torwurftraining nach Zuspiel

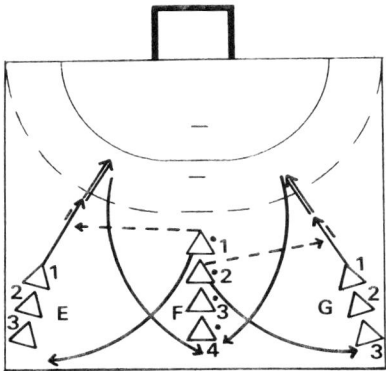

Kontrolle		
Dauer	min	Wiederholung
verkürzt	min	nein ja
verläng.	min	wann?
Pausen		**Trainingsziel**
nach	min	erreicht
Dauer	min	zum Teil
		nicht erreicht

F 1 spielt einen Paß in den Lauf von E 1, der von 10 oder 12 m auf das Tor wirft. Dann F 2 zu G 1 usw.
Die Spieler von F schließen wechselweise hinter den Gruppen E und G an, die Spieler der Gruppen E und G hinter Gruppe F.
1. Würfe aus dem Lauf
2. Würfe aus dem Sprung

Ü 59

Ⓥ
Abwehrspieler einsetzen.

Vorübung für die Abwehr von Gegenstößen; Überwindung der Kontaktangst

TRAININGSEINHEIT 31

Trainingsperiode: ÜP VPI VPII WP   Datum:
Teilnehmer: 1 2 3 4 5 6 7 8 9 10 11 12 13 14 15 16 17 18
Trainingsziele:

Physische Vorbereitung

- Dehnungsübungen im Schritt, dann langsamer Lauf
- Grätschwinkelsprünge, Finger berühren die Fußspitzen
- Armkreisen, Rumpfbeugen, Beinschwünge, Wechsel vom Sitz in die Bauchlage und dann in die Rückenlage
- Aus der Rückenlage mit einem Medizinball den Oberkörper schnell aufrichten
- Kosakentanz und dabei Abwehr flach – auch indirekt – zugespielter Handbälle

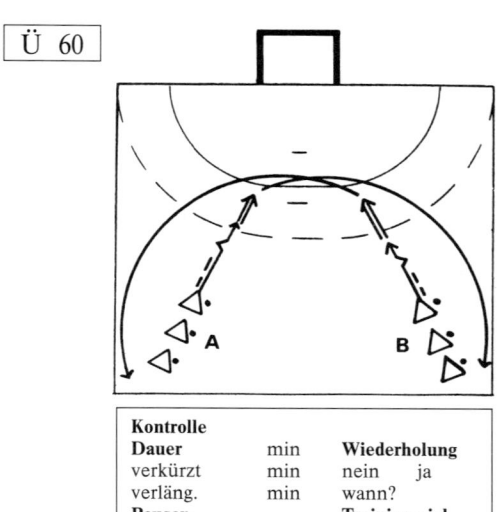

Ü 60

Technische und taktische Ausbildung

Sprungwürfe von den Rückraumpositionen

Im ständigen Wechsel Würfe von halblinks und halbrechts. Der Ball wird im Sprint geholt, und im Sprint wird wieder hinter die andere Gruppe gelaufen.

Kontrolle			
Dauer	min	Wiederholung	
verkürzt	min	nein	ja
verläng.	min	wann?	
Pausen		Trainingsziel	
nach	min	erreicht	
Dauer	min	zum Teil	
		nicht erreicht	

Übungen 60 61

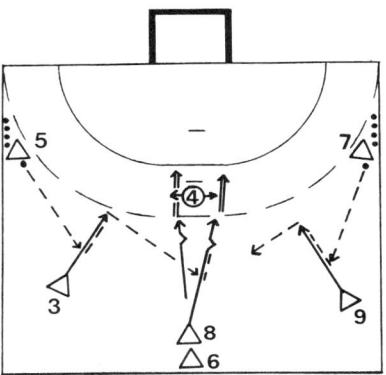

Kontrolle			
Dauer	min	**Wiederholung**	
verkürzt	min	nein	ja
verläng.	min	wann?	
Pausen		**Trainingsziel**	
nach	min	erreicht	
Dauer	min	zum Teil	
		nicht erreicht	

Anspieler 5 paßt zu HL 3, der den Ball in der Stoßbewegung annimmt und in den Lauf von Spieler 8 spielt. 8 wirft nach Sprung auf das Tor, wobei der letzte Schritt mit dem Sprungbein, stark nach links oder rechts erfolgen soll, um ihm einen Raum- und Zeitvorteil gegenüber dem Abwehrspieler zu verschaffen.

Abwehrspieler 4 verschiebt bei 8 oder 9 m zur Wurfarmseite.

Ü 61

Grundhaltung des Torwarts:
Keine Anspannung!

TRAININGSEINHEIT 32

Trainingsperiode: ÜP VPI VPII WP   Datum:
Teilnehmer: 1 2 3 4 5 6 7 8 9 10 11 12 13 14 15 16 17 18
Trainingsziele: _____

Physische Vorbereitung

- Laufen und Bücken
- Lockeres Hüpfen auf den Zehenspitzen
- Knieliegestütz mit Absetzen des Gesäßes rechts und links
- Rumpfbeuge aus dem Stand, die gestreckten Fingerspitzen berühren den Boden; um den Fußbereich einen Halbkreis tippen
- Arme in Vorhalte und beim Heben Beine hochschnellen lassen
- Abwehr indirekter Würfe, im Wechsel links und rechts

Ü 62

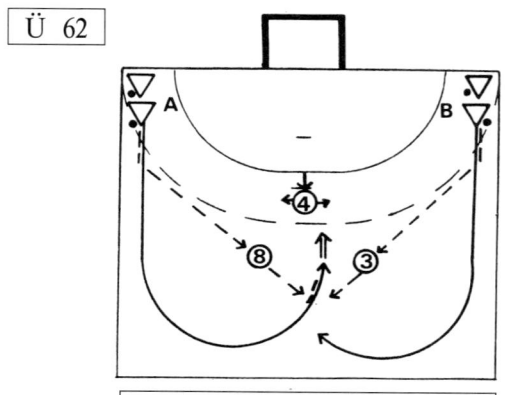

Kontrolle			
Dauer	min	Wiederholung	
verkürzt	min	nein	ja
verläng.	min	wann?	
Pausen		Trainingsziel	
nach	min	erreicht	
Dauer	min	zum Teil	
		nicht erreicht	

Technische und taktische Ausbildung

A spielt aus dem Lauf zu 8, dann Bogenlauf um 8 herum, Rückpaß von 8 und Torwurf von A.
Torwürfe abwechselnd aus dem Lauf und Sprungwurf.
Abwehrspieler 4 bleibt defensiv. Dann B im Lauf zu 3 usw., im Wechsel.
Gruppe A schließt hinter Gruppe B an. Gruppe B hinter Gruppe A.

Übungen 62 63

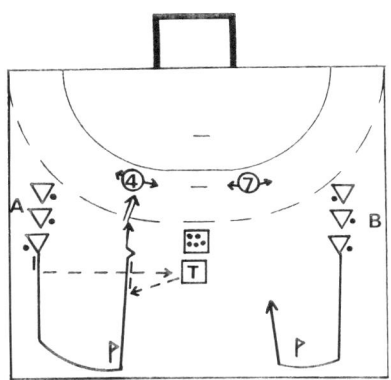

A spielt aus dem Lauf einen Paß zum Trainer, umrundet im Sprint die Markierung links und erhält den Rückpaß, Torwurf aus dem Sprung.
Abwehrspieler 4 ist bei 7 oder 8 m halbaktiv.
Nach dem Rückpaß von Trainer an A läuft B an.

Ü 63

Kontrolle		Wiederholung
Dauer	min	
verkürzt	min	nein ja
verläng.	min	wann?
Pausen		**Trainingsziel**
nach	min	erreicht
Dauer	min	zum Teil
		nicht erreicht

Spagat- oder Hürdensitzübung als Übungsreihe

TRAININGSEINHEIT 33

Trainingsperiode: ÜP   VPI   VPII   WP   Datum:
Teilnehmer: 1 2 3 4 5 6 7 8 9 10 11 12 13 14 15 16 17 18
Trainingsziele: _____
_____
_____

Physische Vorbereitung

- Laufen und strecken
- Armkreisen, Schulterrollen
- Hüftkreisen, Kopfkreisen, Schwingen der Arme gegeneinander
- Gehen in der Hocke
- Rumpfbeuge im Stand
- Ball fallen lassen, 360°-Drehung, hochspringenden Ball fangen
- Seilgymnastik: wechselweise 5mal mit dem linken und mit dem rechten Bein Seilspringen
- Partner spielt mit dem Fuß flache Bälle auf das Tor, Abwehr

Ü 64

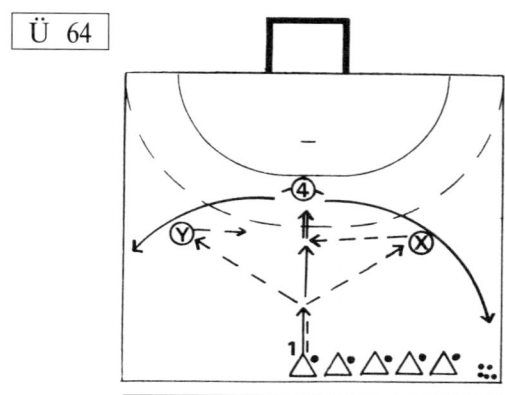

Kontrolle			
Dauer	min	Wiederholung	
verkürzt	min	nein	ja
verläng.	min	wann?	
Pausen		Trainingsziel	
nach	min	erreicht	
Dauer	min	zum Teil	
		nicht erreicht	

Technische und taktische Ausbildung

Spieler 1 paßt aus der Vorwärtsbewegung zu X, der spielt Rückpaß zu 1. Ballannahme im Lauf und Torwurf aus dem Lauf, Sprungwurf, Knickwurf oder Seitfallwurf; Wechsel nach jedem Durchgang.
1 holt sich seinen Ball im Sprint und schließt sich der Übungsgruppe an.
Im Wechsel Anspiel an X und Y.
Abwehrspieler 4 bleibt defensiv.

Übungen 64 65

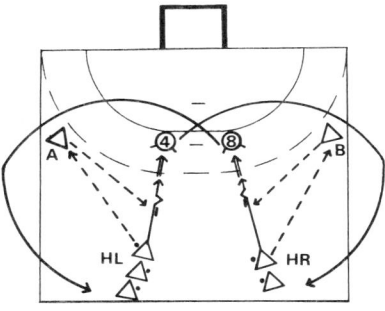

HL spielt einen Paß zu A und erhält den Rückpaß in den Lauf, wirft im Sprung über Abwehrspieler 4 auf das Tor. Nach Ballaufnahme hinter die Gruppe HR im Sprint anschließen.

Ü 65

Kontrolle		
Dauer	min	**Wiederholung**
verkürzt	min	nein ja
verläng.	min	wann?
Pausen		**Trainingsziel**
nach	min	erreicht
Dauer	min	zum Teil
		nicht erreicht

Spagat- oder Hürdensitzübung, individuelle Schulung

TRAININGSEINHEIT 34

Trainingsperiode: ÜP VPI VPII WP   Datum:
Teilnehmer: 1 2 3 4 5 6 7 8 9 10 11 12 13 14 15 16 17 18
Trainingsziele: _____

_____

_____

Physische Vorbereitung

- Laufen und Knie wechselweise hochziehen, mit den Händen fassen; Steigerung: seitwärts hochziehen
- Im Gehen Arme hochstrecken und den Körper strecken
- Ball gegen die Wand spielen und fangen, Temposteigerung
- Zwei oder drei Spieler passen sich den Ball schnell zu
- Armkreisen in verschiedenen Richtungen, Arme gestreckt
- Abwehr halbhoher Bälle mit Ausfallschritt, leicht angewinkelte Arme

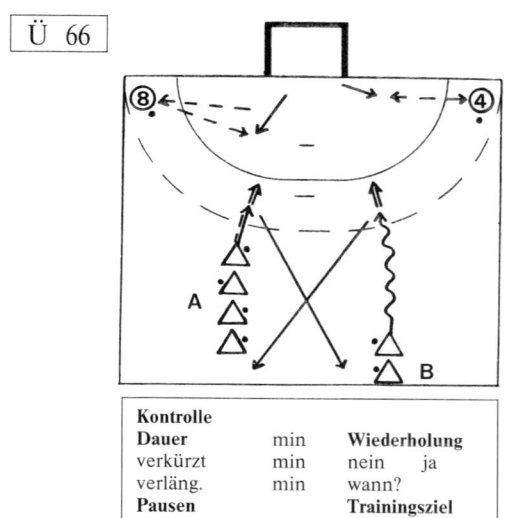

Ü 66

Technische und taktische Ausbildung

Torwurf von A aus der Bewegung; nach der Abwehr läuft der Torwart etwa 4 m aus dem Tor und wird von Spieler 8 angespielt, sofort Rückpaß zu 8 und wieder die Grundstellung einnehmen.

B, weiter entfernt zum Tor, läuft den Ball prellend zur 9-m-Linie und wirft auf das Tor. Nach der Abwehr geht der Torwart zwei schnelle Schritte in Richtung 4, Hin- und Rückpaß.

Kontrolle			
Dauer	min	Wiederholung	
verkürzt	min	nein	ja
verläng.	min	wann?	
Pausen		Trainingsziel	
nach	min	erreicht	
Dauer	min	zum Teil	
		nicht erreicht	

Übungen 66 67

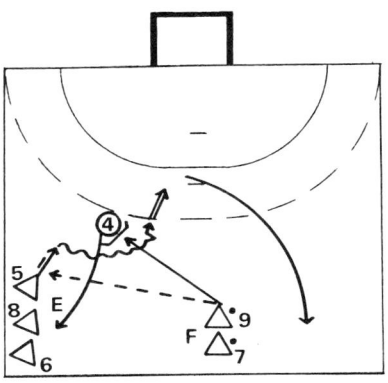

F 9 spielt einen Paß in die Vorwärtsbewegung von E 5 und stellt eine Sperre bei Abwehrspieler 4. E 5 prellt um die Sperre, nach Täuschungsbewegung links, rechtsherum und Torwurf.

Die Spieler der Gruppe E schließen hinter Gruppe F an. Spieler der Gruppe F werden Abwehrspieler. Abwehrspieler schließen hinter Gruppe E an.

Ü 67

Kontrolle		
Dauer	min	**Wiederholung**
verkürzt	min	nein ja
verläng.	min	wann?
Pausen		**Trainingsziel**
nach	min	erreicht
Dauer	min	zum Teil
		nicht erreicht

Schleifschritt auf der Ideallinie bei Paßfolge im Rückraum; mit Trainingshilfe (Kasten) vor den Übungen dieser Trainingseinheit

TRAININGSEINHEIT 35

Trainingsperiode: ÜP VPI VPII WP Datum:
Teilnehmer: 1 2 3 4 5 6 7 8 9 10 11 12 13 14 15 16 17 18
Trainingsziele: _____

Physische Vorbereitung

- Lockeres Laufen auf den Zehenspitzen - Laufen und Hacken an das Gesäß hochreißen
- Im Gehen Ausfallschritt und nachfedern, langsam beginnen
- Rückenlage mit wechselseitigem Hochreißen der Füße zu den seitwärts gestreckten Händen
- Hüftdrehen, Arme sind in die Hüfte gestützt, Oberkörper nach links und rechts so weit wie möglich in der Hüfte drehen
- Abwehr hoher Bälle, Hochreißen der Hand, Wechsel links und rechts; zwei Werfergruppen auf Pfostenhöhe mit 7-m-Abstand

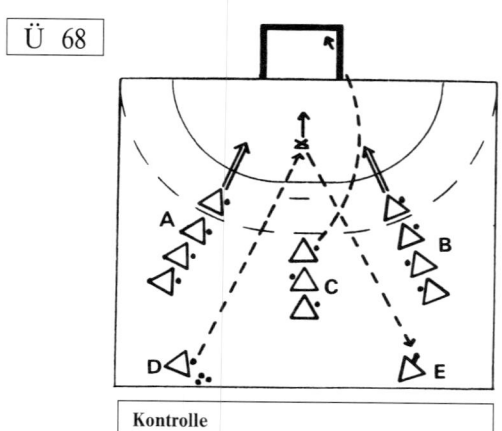

Ü 68

Technische und taktische Ausbildung

Torwürfe von A und B nacheinander. Nach der Abwehr startet der Torwart zu Punkt X und wird von Spieler D angespielt. Torwart fängt und spielt zu E. E wirft eine Bogenlampe, die der Torwart in der Rückwärtsbewegung abzuwehren versucht.

Die Gruppen werfen erst durch.

Kontrolle			
Dauer	min	Wiederholung	
verkürzt	min	nein ja	
verläng.	min	wann?	
Pausen		Trainingsziel	
nach	min	erreicht	
Dauer	min	zum Teil	
		nicht erreicht	

Übungen 68 69

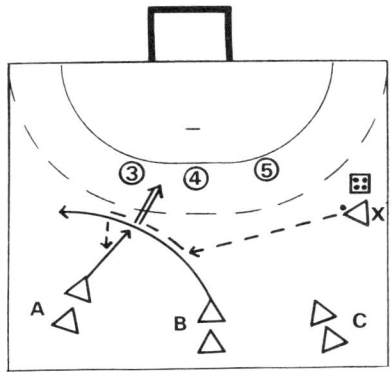

Anspieler X spielt einen Paß in den Bogenlauf nach links zu B. B kreuzt mit A und paßt zu A, der auf das Tor wirft. Der zweite Spieler der Gruppe B läuft nach rechts, Anspiel von X, B kreuzt mit C usw.

Ü 69

Kontrolle			
Dauer	min	**Wiederholung**	
verkürzt	min	nein	ja
verläng.	min	wann?	
Pausen		**Trainingsziel**	
nach	min	erreicht	
Dauer	min	zum Teil	
		nicht erreicht	

Hoch zugespielten Ball fangen – Rückpaß. Trainer wirft jetzt in Unterschenkelhöhe, Torwart wehrt im Spagat- oder Hürdensitz ab.

TRAININGSEINHEIT 36

Trainingsperiode: ÜP   VPI   VPII   WP   Datum:
Teilnehmer: 1 2 3 4 5 6 7 8 9 10 11 12 13 14 15 16 17 18
Trainingsziele: _____

Physische Vorbereitung

- Lockerer Lauf, zwischendurch Dehnungsübungen im Gehen
- Schubkarren-Hochschwingen, im höchsten Punkt soll der Ball gefangen werden, auch mit Medizinball, dann Rückspiel zum Partner
- Auf einer Matte Rolle vorwärts und zugeworfenen Ball fangen; Variation: Ball wird abgewehrt.
- Spagatübung vom linken Torpfosten nach rechts und umgekehrt.
- Paß mit Fußinnenseite aus einem Meter Entfernung gegen eine umgelegte Bank; Wechsel rechts, links.

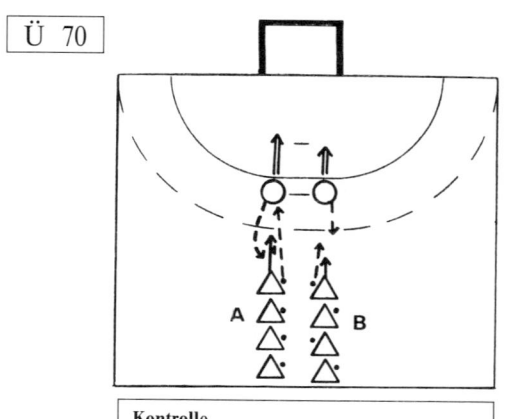

Ü 70

Technische und taktische Ausbildung

A paßt zu seinem Abwehrspieler, Rückpaß vom Abwehrspieler in die Vorwärtsbewegung von A, A Torwurf. Dann Gruppe B. Torwürfe aus der Bewegung oder aus dem Sprung.

Abwehrspieler:
- halbaktiv, defensiv oder offensiv,
- vollaktiv, defensiv oder offensiv.

Kontrolle			
Dauer	min	Wiederholung	
verkürzt	min	nein	ja
verläng.	min	wann?	
Pausen		Trainingsziel	
nach	min	erreicht	
Dauer	min	zum Teil	
		nicht erreicht	

Übungen 70 71

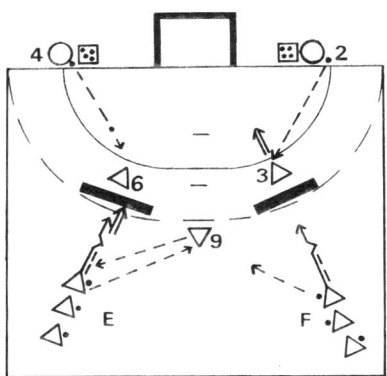

Kontrolle			
Dauer	min	**Wiederholung**	
verkürzt	min	nein	ja
verläng.	min	wann?	
Pausen		**Trainingsziel**	
nach	min	erreicht	
Dauer	min	zum Teil	
		nicht erreicht	

E spielt zu Anspieler 9 und erhält den Rückpaß in den Anlauf zum Sprungwurf; dann Torwurf über die hochgestellte Weichbodenmatte. Sofort danach F zu 9. Nach den Torwürfen von E und F Anspiel von Spieler 4 zu Kreisspieler 5 und danach von Spieler 2 zu Kreisspieler 3, die nacheinander mit Fallwürfen auf das Tor werfen. Danach wieder Würfe aus dem Rückraum.

Ü 71

Rechte Torwart-Hand und linkes Torwart-Bein nach Abschluß der Abwurfbewegung; Schulterhaltung beachten

TRAININGSEINHEIT 37

Trainingsperiode: ÜP   VPI   VPII   WP   Datum: _____

Teilnehmer: 1 2 3 4 5 6 7 8 9 10 11 12 13 14 15 16 17 18

Trainingsziele: _____

_____

_____

Physische Vorbereitung

- Mit beiden Händen an der Torlatte festhalten und die Beine anziehen, Schwung zur Seite, mit einem und mit beiden Beinen
- Hopserlauf, Schrittwechselsprünge, hohe Beinschwünge
- Mühlkreisen, Schulterrollen, Armkreisen, Schattenboxen
- Schnelles Aufspringen aus Sitz-, Bauch- und Rückenlage
- Leichte (schwach zugespielte) Bälle fangen und schnell zurückpassen, dann Serie schneller Pässe usw.

Ü 72

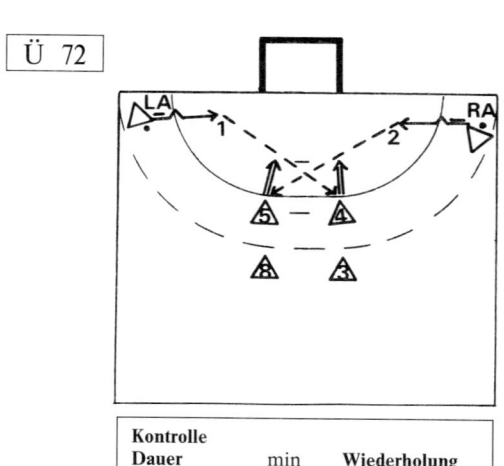

Technische und taktische Ausbildung

LA spielt einen Paß zu Kreisspieler 4, der auf das Tor wirft. Nach der Torwartreaktion paßt RA aus dem Sprung zu Kreisspieler 5. Spieler 5 und 4 wechseln nach jedem Torwurf ihre Positionen.

⇨ Auf den LA- und RA-Positionen Übungsgruppen mit Außen- und Rückraumspielern.

Kontrolle			
Dauer	min	Wiederholung	
verkürzt	min	nein	ja
verläng.	min	wann?	
Pausen		Trainingsziel	
nach	min	erreicht	
Dauer	min	zum Teil	
		nicht erreicht	

Übungen 72 73

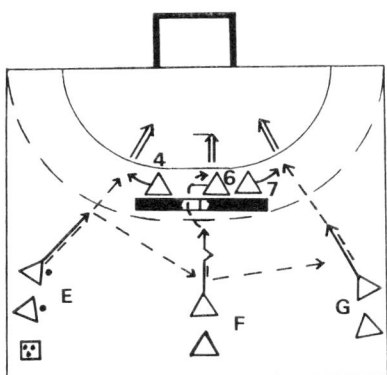

Kontrolle			
Dauer	min	**Wiederholung**	
verkürzt	min	nein	ja
verläng.	min	wann?	
Pausen		**Trainingsziel**	
nach	min	erreicht	
Dauer	min	zum Teil	
		nicht erreicht	

Ü 73

E, F und G spielen sich in der Stoßbewegung einen Ball zu. Die Kreisspieler 4, 6 und 7 stehen bei 8 m hinter zwei hochgestellten Weichbodenmatten. Spieler 4 und 7 bieten sich seitlich an oder bleiben verdeckt. Dann erfolgt Zuspiel aus dem Sprung von F an Kreisspieler 6.
Die Kreisspieler wechseln ihre Positionen nach jedem Torwurf, nach Torwurf Wiederholung mit neuer Gruppe.

Torwarthaltung bei freier Wurfhand des Kreisspielers

TRAININGSEINHEIT 38

Trainingsperiode: ÜP   VPI   VPII   WP   Datum:
Teilnehmer: 1 2 3 4 5 6 7 8 9 10 11 12 13 14 15 16 17 18
Trainingsziele: _____

Physische Vorbereitung

- Einlaufen mit dem Medizinball, hochwerfen und fangen, auftippen lassen und fangen, vorrollen und aufnehmen usw.
- Grätschstellung, Fingerspitzen berühren die Fußspitzen
- Grätschsitz, Knie durchdrücken, beide Hände zur Fußspitze, Zehenspitze in Richtung Körper ziehen, links und rechts im ständigen Wechsel
- Rückenlage, Fußspitzen mit gestreckten Beinen hinter den Kopf auf den Boden bringen.

Ü 74

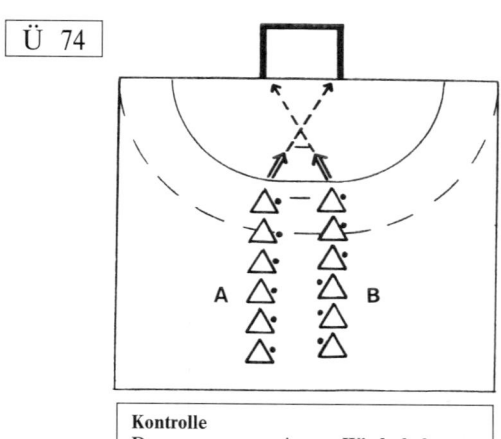

Technische und taktische Ausbildung

Die Gruppen A und B werfen mit halber Kraft auf das Tor. A von links nach rechts und B von rechts nach links usw.

- Flachwürfe
- Aufsetzer
- Halbhoch
- Hoch
- Werfer A hoch, Werfer B flach
- Werfer A Aufsetzer, Werfer B hoch

Kontrolle			
Dauer	min	Wiederholung	
verkürzt	min	nein	ja
verläng.	min	wann?	
Pausen		Trainingsziel	
nach	min	erreicht	
Dauer	min	zum Teil	
		nicht erreicht	

Übungen 74 75

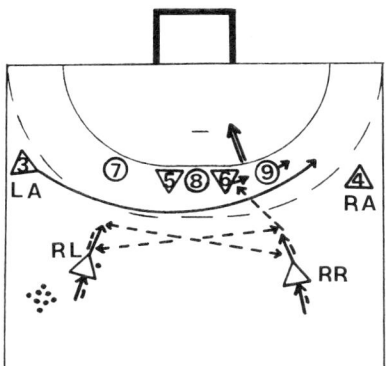

Ü 75

Zwei Spieler passen sich in der Stoßbewegung einen Ball zu. LA-Spieler 3 läuft bei 7 oder 8 m ein, in Richtung auf die RA-Position.
Bei Übernahme von Abwehrspieler 9 wird der Kreisspieler 6 angespielt – Torwurf.
Zwischen Spieler RL und RR wieder Ballwechsel – jetzt läuft RA 4 ein usw.

Kontrolle		
Dauer	min	**Wiederholung**
verkürzt	min	nein ja
verläng.	min	wann?
Pausen		**Trainingsziel**
nach	min	erreicht
Dauer	min	zum Teil
		nicht erreicht

Torwarthaltung bei freier Wurfhand des Kreisspielers.
Volle Konzentration!

TRAININGSEINHEIT 39

Trainingsperiode: ÜP   VPI   VPII   WP   Datum:
Teilnehmer: 1 2 3 4 5 6 7 8 9 10 11 12 13 14 15 16 17 18
Trainingsziele: _____

Physische Vorbereitung

- Laufen und zwei Handbälle spielen, einen mit dem Fuß, den anderen prellen; beide prellen; beide mit dem Fuß spielen, beide jonglieren
- Sprungliegestütz, Sprünge am Ort aus der Hocke
- Seitliche Sprünge über die Langbank (25 Sprünge an der Langbank mit Festhalten der Hände) nach einer Pause von 1 min wiederholen
- Würfe mit dem Medizinball, aus dem Stand zum Partner

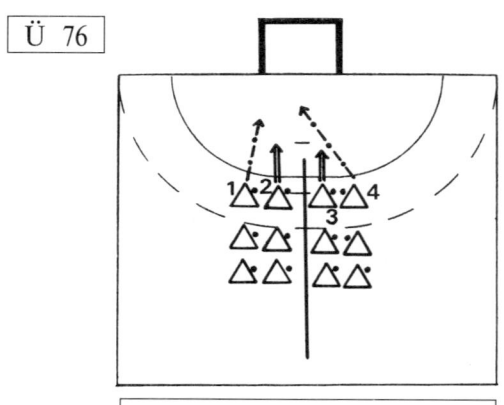

Ü 76

Technische und taktische Ausbildung

Von der linken Gruppe rollt Spieler 1 seinen Ball auf die linke Torecke. Torwart wehrt mit dem Fuß ab, Spieler 2 Wurf hoch links. Spieler 4 von der rechten Gruppe rollt seinen Ball auf die linke Seite – 3 wirft nach der Fußabwehr hoch rechts.

Varianten ansagen und nicht zu häufig ändern.

↪ Dem Torwart Zeit für die Grundstellung lassen.

Kontrolle			
Dauer	min	Wiederholung	
verkürzt	min	nein	ja
verläng.	min	wann?	
Pausen		Trainingsziel	
nach	min	erreicht	
Dauer	min	zum Teil	
		nicht erreicht	

Übungen 76 77

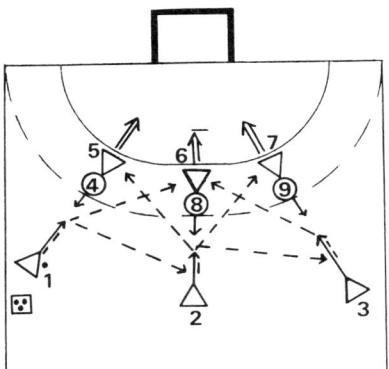

Kontrolle		
Dauer	min	**Wiederholung**
verkürzt	min	nein ja
verläng.	min	wann?
Pausen		**Trainingsziel**
nach	min	erreicht
Dauer	min	zum Teil
		nicht erreicht

Ü 77

Die Rückraumspieler 1, 2 und 3 passen sich in der Stoßbewegung einen Ball zu. Die Abwehrspieler 4, 8 und 9 stehen eng vor den Kreisspielern 5, 6 und 7. Tritt ein Abwehrspieler offensiv bis auf 9 m gegen einen Rückraumspieler heraus, erfolgt sofort ein Anspiel an den dann freistehenden Kreisspieler, der mit Fallwurf zur oder gegen die Wurfarmseite ein Tor zu erzielen versucht.
Spieler 1 bringt dann sofort einen neuen Ball ins Spiel.

Bei richtigem Abwehrverhalten kann die Wurfhand nicht über Schulterhöhe gebracht werden; defensives Torwart-Verhalten.

TRAININGSEINHEIT 40

Trainingsperiode: ÜP   VPI   VPII   WP   Datum:
Teilnehmer: 1 2 3 4 5 6 7 8 9 10 11 12 13 14 15 16 17 18
Trainingsziele: _____
_____
_____

Physische Vorbereitung

- Laufen und hinsetzen, auf den Rücken legen, aus der Rückenlage aufsetzen, Kniestand und zwei Liegestütze, weiterlaufen
- Hüpfen im Stand mit angelegten Armen, Grätschstellung, die Arme über dem Kopf zusammenschlagen und wieder in die Grundstellung („Hampelmann")
- Strecksprung und Hochsprung im ständigen Wechsel
- Spiel mit Partner und zwei Handbällen, Abstand wechselnd 4 bis 6 m, Partner spielt hoch zu, Torwart spielt rollend zurück
- Lauf mit Tempowechsel jeweils nach 10 m

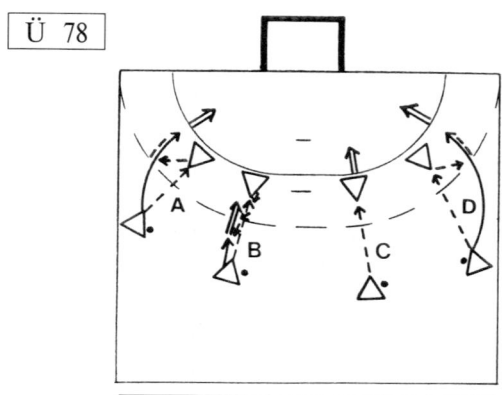

Ü 78

Technische und taktische Ausbildung

Gruppe A: Rückraumspieler paßt zum Partner, Rückpaß in den Lauf und Durchbruch auf Außen
Gruppe B: Paß – Rückpaß – Torwurf
Gruppe C: Paß und Fallwurf vom Kreis
Gruppe D: Paß und Rückpaß in den Lauf, dann Durchbruch auf der RA-Position

Partnerwechsel und Übungswiederholung

Kontrolle		
Dauer	min	**Wiederholung**
verkürzt	min	nein ja
verläng.	min	wann?
Pausen		**Trainingsziel**
nach	min	erreicht
Dauer	min	zum Teil
		nicht erreicht

Übungen 78 79

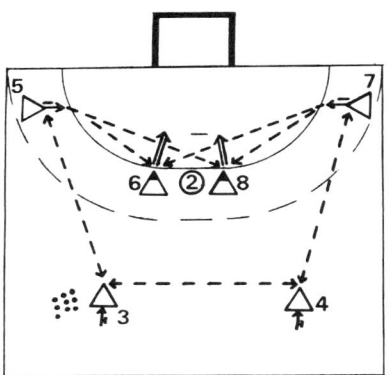

Kontrolle			
Dauer	min	**Wiederholung**	
verkürzt	min	nein	ja
verläng.	min	wann?	
Pausen		**Trainingsziel**	
nach	min	erreicht	
Dauer	min	zum Teil nicht erreicht	

Anspiel von 3 und 4 auf die Außenpositionen zu den Spielern 5 und 7; Anspiel von 5 und 7 im Wechsel an die Kreisspieler 6 und 8.
Fallwürfe nach Anspiel durch den Torraum.
Abwehrspieler 2 – Aufgabe durch den Trainer. Zum Beispiel: Spieler 6 wird eng gedeckt.

Ü 79

⇨ Keine weiten Abstände zwischen den am Kreis stehenden Spielern.

Richtiges Abwehrverhalten: So kann die Wurfhand nicht über Schulterhöhe gebracht werden.

TRAININGSEINHEIT 41

Trainingsperiode: ÜP VPI VPII WP   Datum:
Teilnehmer: 1 2 3 4 5 6 7 8 9 10 11 12 13 14 15 16 17 18
Trainingsziele: _____
_____
_____

Physische Vorbereitung

- Im Torraum Pässe in der Bewegung mit einem oder mehreren Partnern, auch rückwärts, in verschiedenen Höhen, mal fangen, mal nur stoppen, mal sofort weiterleiten zum Partner
- Läufe über 5 bis 10 m, Vorwärtslauf, Rückwärtslauf, Drehung
- Wechselsprünge durch die Halle, einbeinig, rechts-links-rechts, usw.
- Einwürfe über den Kopf mit dem Medizinball, Stand und Hocke, 10 x in einer Serie

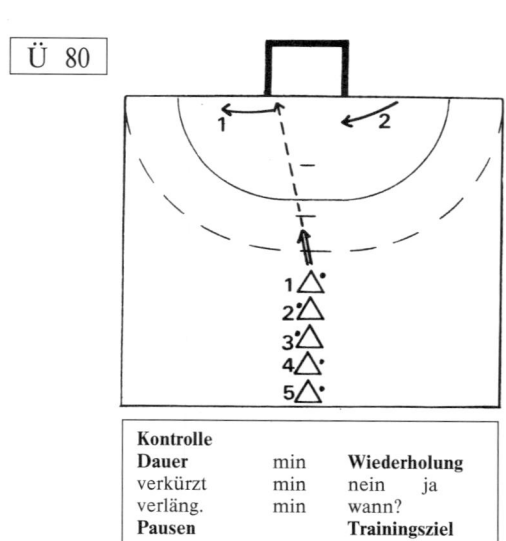

Ü 80

Kontrolle			
Dauer	min	**Wiederholung**	
verkürzt	min	nein	ja
verläng.	min	wann?	
Pausen		**Trainingsziel**	
nach	min	erreicht	
Dauer	min	zum Teil nicht erreicht	

Technische und taktische Ausbildung

Spieler 1 wirft mit maximaler Kraft von 10 bis 12 m auf das Tor. Nach der Abwehr geht Torwart 1 aus dem Tor und macht einen Liegestütz (Hock- oder Hampelmannsprung, Rolle vorwärts usw.). Sowie Torwart 1 das Tor verlassen hat, geht Torwart 2 in das Tor.

↬ Übungsunterbrechung, wenn Bälle so im Torraum liegen, daß sich der Torwart verletzen könnte.

Übungen 80 81

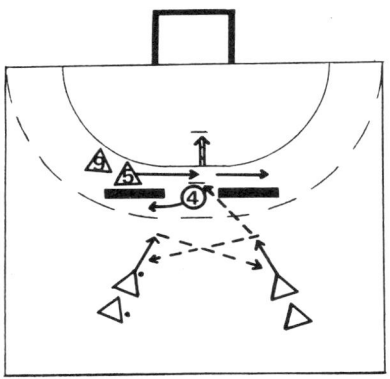

Kontrolle			
Dauer	min	**Wiederholung**	
verkürzt	min	nein	ja
verläng.	min	wann?	
Pausen		**Trainingsziel**	
nach	min	erreicht	
Dauer	min	zum Teil	
		nicht erreicht	

Zwei Partner passen sich in der Stoßbewegung einen Ball zu. Hinter zwei hochgestellten Weichbodenmatten und dem in der Lücke zwischen den Matten stehenden Abwehrspieler 4 bewegen sich die Kreisspieler 9 und 5 nacheinander von links nach rechts. Abwehrspieler 4 tritt schnell links oder nach rechts neben eine Matte, und es erfolgt ein sofortiges Anspiel an den Kreis.

Ü 81

Torwart-Haltung bei freier Wurfhand des Kreisspielers

TRAININGSEINHEIT 42

Trainingsperiode: ÜP. VPI VPII WP   Datum:
Teilnehmer: 1 2 3 4 5 6 7 8 9 10 11 12 13 14 15 16 17 18
Trainingsziele: _____

Physische Vorbereitung

- Zwei Spieler passen sich mit dem Fuß den Ball zu, Wechsel rechts und links, Abstand 5 m
- An der Sprossenwand hängend mit den Füßen Bälle abwehren
- Rückenlage, Beine hoch und Knie hinter den Kopf bringen
- Kerze, ein Bein gestreckt nach hinten auf den Boden bringen
- Laufvariationen mit dem Ball
- Grätschstellung, Knie durchdrücken, Handfläche auf den Boden

Ü 82

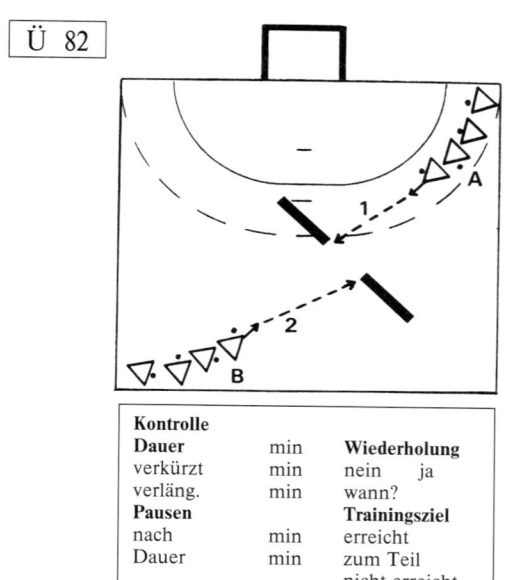

Kontrolle			
Dauer	min	Wiederholung	
verkürzt	min	nein	ja
verläng.	min	wann?	
Pausen		Trainingsziel	
nach	min	erreicht	
Dauer	min	zum Teil	
		nicht erreicht	

Technische und taktische Ausbildung

Torwart in der Gasse zwischen den hochgestellten Weichbodenmatten. Die Gruppen A und B werfen abwechselnd. Der Torwart dreht sich nach jedem Wurf zur anderen Gruppe um. Grundstellung, erst dann der nächste Wurf.

- A und B, beide flach
- A und B, beide Aufsetzer
- A wirft flach, B wirft Aufsetzer
- A und B, Würfe auf die Füße des Torwarts

Übungen 82 83

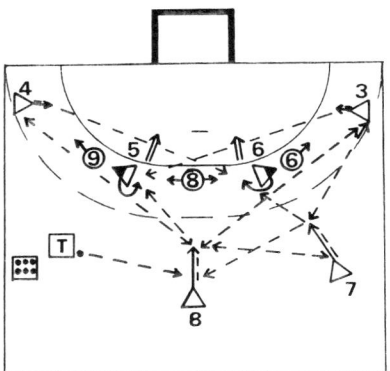

Kontrolle			
Dauer	min	**Wiederholung**	
verkürzt	min	nein	ja
verläng.	min	wann?	
Pausen		**Trainingsziel**	
nach	min	erreicht	
Dauer	min	zum Teil	
		nicht erreicht	

Trainer spielt zum Ballverteiler 8. Der kann die Kreisspieler 5 oder 6 direkt anspielen; oder Paß an Ballverteiler 7 spielen; oder auf die LA- oder RA-Position zu Spieler 4 und 3, die dann jeweils mit einem Torraumpaß die Kreisspieler anspielen.
Die Abwehrspieler 9, 8 und 5 arbeiten halbaktiv oder vollaktiv, nach Ansage des Trainers.

Ü 83

Ⓥ
Sprungwürfe von 4 und 3 oder Zuspiel im Sprung von 4 und 3.

Torwart fängt den Gegenstoß ab; Situaton bei exaktem Ablauf. Obwohl das Foto gestellt ist, erscheint der Moment des Abfangens der Abbildung wert.

TRAININGSEINHEIT 43

Trainingsperiode: ÜP   VPI   VPII   WP   Datum:
Teilnehmer: 1 2 3 4 5 6 7 8 9 10 11 12 13 14 15 16 17 18
Trainingsziele: _____

_____

_____

Physische Vorbereitung

- Hampelmann am Boden, rechten Fuß und rechte Hand schnell zusammenführen, ohne daß der Oberkörper vom Boden abgehoben wird, in Bauchlage und Rückenlage
- Torwart liegt parallel zur Torlinie, fängt den vom Partner zugespielten Handball und wirft sofort zurück
- Spagatübung, im schnellen Wechsel nach rechts und links (evtl. Hürdensitzwechsel)
- Zuspiel im Stand, Ball im Sitzen annehmen

Technische und taktische Ausbildung

Ü 84

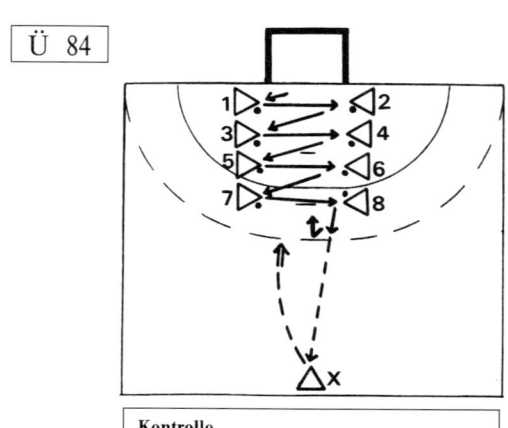

Torwart führt Seitwärtsschritte aus, Spieler halten einen Ball auf der ausgestreckten Hand hoch. Der Torwart spielt den Spielern schnell den Ball aus der Hand. Spieler 8 wirft seinen Ball 50 cm hoch – Torwart fängt und spielt an X, läuft rückwärts ins Tor. In die Rückwärtsbewegung spielt X eine Bogenlampe auf das Tor.

Kontrolle			
Dauer	min	Wiederholung	
verkürzt	min	nein	ja
verläng.	min	wann?	
Pausen		**Trainingsziel**	
nach	min	erreicht	
Dauer	min	zum Teil	
		nicht erreicht	

⇨ Nie die Bälle aus der Vorwärtsbewegung spielen. Erst Grundstellung.

Ⓥ Die Bälle werden in verschiedenen Höhen gehalten.

Übungen 84 85

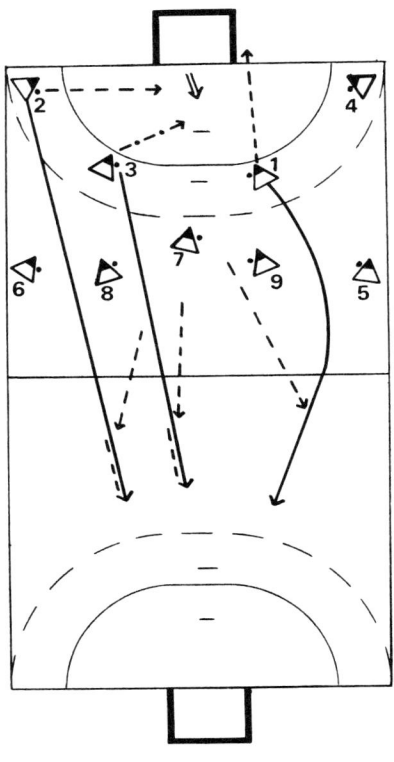

Ü 85

Die Spieler (alle mit Ball) verteilen sich auf dem Spielfeld und führen Liegestütze, Hocksprünge usw. aus. Nach vorher festgelegter Reihenfolge wird z. B. von Spieler 1 der Ball neben das Tor geworfen und zum Gegenstoß gestartet. Der Torwart holt schnell den Ball und spielt in den Lauf von 1, der mit Torwurf abschließt. Dann Spieler 2 usw. Die Spieler kehren an der Außenlinie wieder zu einem freien Platz zurück (ständiger Positionswechsel).

Kontrolle		
Dauer	min	**Wiederholung**
verkürzt	min	nein ja
verläng.	min	wann?
Pausen		**Trainingsziel**
nach	min	erreicht
Dauer	min	zum Teil
		nicht erreicht

TRAININGSEINHEIT 44

Trainingsperiode: ÜP   VPI   VPII   WP   Datum:
Teilnehmer: 1 2 3 4 5 6 7 8 9 10 11 12 13 14 15 16 17 18
Trainingsziele: _____

_____

_____

Physische Vorbereitung

- Laufen, dabei strecken und bücken links und rechts im Wechsel
- Dehnungssprünge im Sitzen
- Lauf auf den Fußspitzen
- Kniebeugen in verschiedenen Stufen, in wechselnder Folge
- In den Liegestütz fallen, hochspringen, zugespielten Ball in Kopfhöhe fangen, Rückpaß und wieder in den Liegestütz fallen
- Gruppe in Reihe frontal zum Tor, Abstand 10 m, Würfe in den Torwinkel, links und rechts im Wechsel

Ü 86

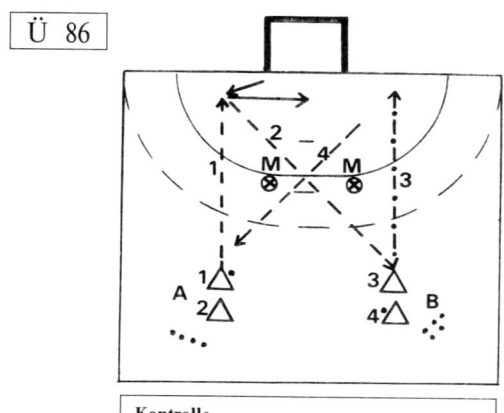

Technische und taktische Ausbildung

A 1 wirft seinen Handball in den Wurfkreis links; Torwart nimmt den Ball auf und spielt zu B 3; der rollt den Ball in den Wurfkreis rechts, Torwart nimmt den Ball auf und spielt zu A 1 usw. Die Spieler A 2 und B 4 lösen sofort A 1 und B 3 ab, wenn der Ball verlorengeht. A 1 und B 3 schließen sich dann mit Ball hinter A 2 und B 4 an.

Kontrolle			
Dauer	min	Wiederholung	
verkürzt	min	nein	ja
verläng.	min	wann?	
Pausen		Trainingsziel	
nach	min	erreicht	
Dauer	min	zum Teil	
		nicht erreicht	

Übungen 86 87

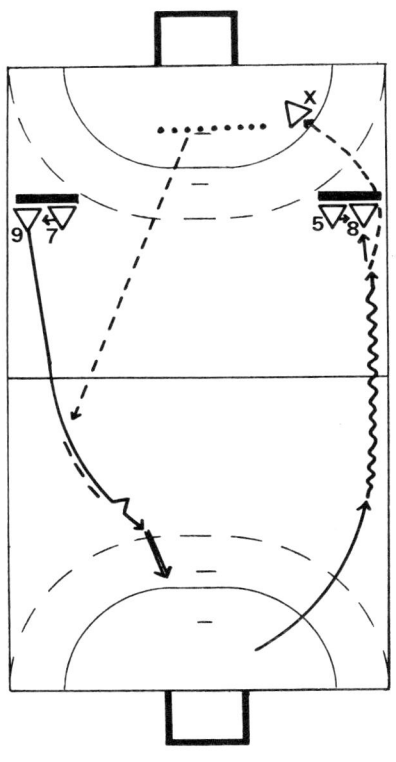

Anspiel an – verdeckt hinter hochgestellten Weichbodenmatten startende – zum Gegenstoß laufende Spieler; nach abgeschlossenem Gegenstoß an der Außenlinie im Sprint zur anderen Gruppe prellen und Helfer X den Ball zuspielen.

Ü 87

- Jeweils ein Abwehrspieler läuft aus dem Mittelbereich mit.
- Jeweils auf den Halbpositionen steht ein Abwehrspieler, der den Gegenstoß zu verhindern versucht, und zwar defensiv, offensiv oder ohne Festlegung.

Kontrolle			
Dauer	min	**Wiederholung**	
verkürzt	min	nein	ja
verläng.	min	wann?	
Pausen		**Trainingsziel**	
nach	min	erreicht	
Dauer	min	zum Teil nicht erreicht	

TRAININGSEINHEIT 45

Trainingsperiode:	ÜP	VPI	VPII	WP	Datum:
Teilnehmer:	1 2 3 4 5 6 7 8 9 10 11 12 13 14 15 16 17 18				
Trainingsziele:					

Physische Vorbereitung

- Dehnungsübungen im Schritt, im Grätschsitz, im Hürdensitz, im Spagat
- Serien hoher seitlicher Beinschwünge, rechts und links
- Aus dem Hockstand und Streckstand die an der Sprossenwand eingehängte Bank nach oben drücken
- Torwart pendelt am Torpfosten zwischen beiden Pfosten, nimmt einen Handball am Pfosten auf, berührt die Latte und legt den Ball ab, steppt zum anderen Pfosten usw., je Serie 10 x (1 bis 2 min).

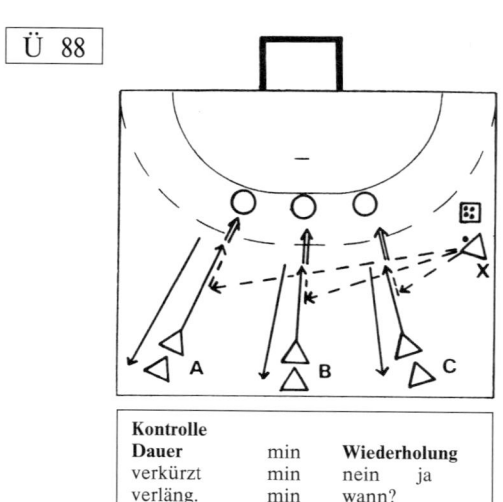

Ü 88

Kontrolle			
Dauer	min	Wiederholung	
verkürzt	min	nein	ja
verläng.	min	wann?	
Pausen		Trainingsziel	
nach	min	erreicht	
Dauer	min	zum Teil	
		nicht erreicht	

Technische und taktische Ausbildung

Anspieler X paßt (nicht zu schnell hintereinander) zuerst in die Vorwärtsbewegung von A, der etwa von 10 m auf das Tor wirft. Dann Paß zu B, Paß zu C usw. Ausführung der Würfe festlegen.

↪ Zwei Spieler oder Torwarte rechts und links neben das Tor stellen, die die Bälle schnell wieder zu X rollen.

Übungen 88 89

Torwürfe nach Gegenstoß bei innen mitlaufendem Abwehrspieler

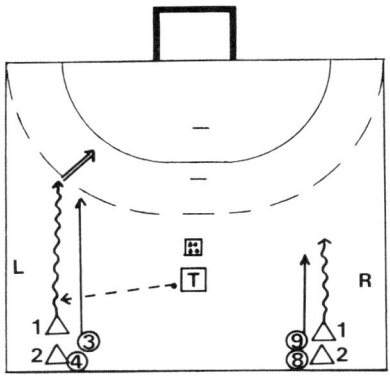

Trainer spielt einen Paß zu L 1, der prellend eng neben Abwehrspieler 3 regelgerecht gehindert wird, nach innen in eine günstige Wurfposition zu gelangen. Nachdem L 1 mit Torwurf abgeschlossen hat – spielt der Trainer zu R 1 usw.

Kontrolle			
Dauer	min	**Wiederholung**	
verkürzt	min	nein	ja
verläng.	min	wann?	
Pausen		**Trainingsziel**	
nach	min	erreicht	
Dauer	min	zum Teil	
		nicht erreicht	

- Lauf vom anderen Wurfkreis
- Übung mit Abwehrspieler, der außen läuft

Haltung des Abwehrspielers beim Gegenstoß, wenn die Wurfhand nicht zur Seitenauslinie zeigt; Torwart bietet dem Werfer die leichteste Ecke an.

TRAININGSEINHEIT 46

Trainingsperiode: ÜP   VPI   VPII   WP   Datum:
Teilnehmer: 1 2 3 4 5 6 7 8 9 10 11 12 13 14 15 16 17 18
Trainingsziele: _____
_____
_____

Physische Vorbereitung

- Von der Tormitte startend langsamer Lauf zum gegenüberliegenden Tor, prellend mit einem Handball zurück; 5 bis 10mal, dabei das Tempo wechseln
- An Bälle schlagen, die in den oberen Torecken befestigt sind (Ballnetze, Einkaufsnetze), Wechsel rechts und links, Serien jeweils 10mal, Kurzpause
- Am Torpfosten in Grundstellung stehend, zugespielten Medizinball fangen, zum anderen Pfosten auf der Torwart-Ideallinie und dort wieder Medizinball fangen usw.

Ü 90

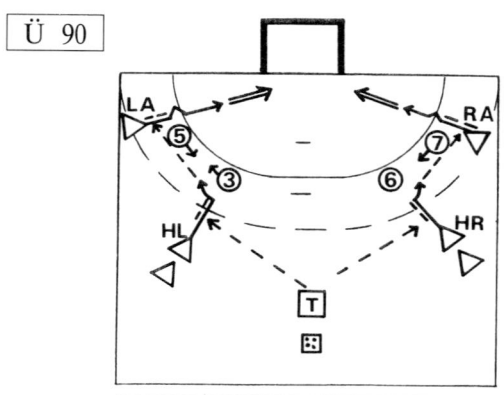

Technische und taktische Ausbildung

Trainer spielt in die Vorwärtsbewegung von HL, dieser deutet einen Durchbruch in die Nahtstelle zwischen Verteidiger 5 und 3 an, zwingt 5 zum Verschieben nach innen und paßt zum LA; LA Sprungwurf. Trainer paßt jetzt zum Spieler auf der HR-Position usw.

Kontrolle			
Dauer	min	Wiederholung	
verkürzt	min	nein	ja
verläng.	min	wann?	
Pausen		Trainingsziel	
nach	min	erreicht	
Dauer	min	zum Teil	
		nicht erreicht	

Übungen 90 91

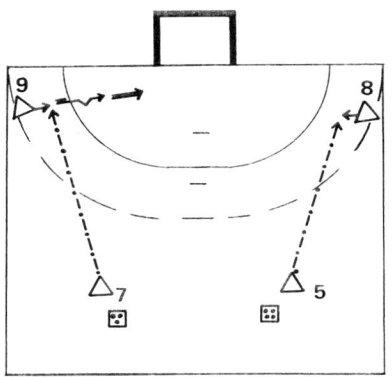

Die Spieler 7 und 5 rollen im Wechsel Bälle auf die Außenpositionen. LA-Spieler 9 und LA-Spieler 8 werfen nach der Ballaufnahme mit Sprungwurf auf das Tor. Spieler 9 und 8 nach jedem Wurf im Sprint wieder auf ihre Positionen.

Ü 91

↪ Erhöhte Verletzungsgefahr durch im Torraum liegende oder rollende Bälle; Übungsunterbrechung.

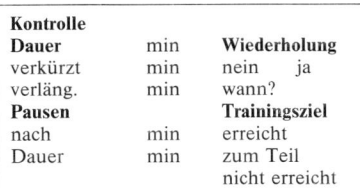

Physische Ausbildung in der Vorbereitungsperiode

1. 10 x 5 m Sprint, 4 min Pause
2. 10 x 5 m Sprint, 4 min Pause
3. Sprintserien am Hang oder in entsprechendem Gelände
4. 1000 m – in Intervallen zurücklegen: 10 – 20 – 50 – 200 – 400 m; und wieder von vorn mit kurzen Strecken beginnen
5. Dehnungsübungen und leichte Sprungübungen
6. Lockere Hangläufe, später Steigerung
7. Gymnastik mit vielen Schwungübungen
8. Schrittsprünge
9. Laufbewegung nach freier Wahl (Dauer: 5 min)

TRAININGSEINHEIT 47

Trainingsperiode: ÜP   VPI   VPII   WP   Datum:
Teilnehmer: 1 2 3 4 5 6 7 8 9 10 11 12 13 14 15 16 17 18
Trainingsziele: _____

_____

_____

Physische Vorbereitung

- Laufen mit verschiedenen Drehungen (180° und 360°)
- Rumpfkreisen abwechselnd nach links und rechts
- Zwei Handbälle abwechselnd gegen die Wand spielen und fangen
- In Dreiergruppe wird ein Handball im direkten Zuspiel schnell weitergeleitet, Abstände verringern, vergrößern
- Seilspringen
- 1 Minute Tempolauf
- Abwehr von schnell hintereinander, aber schwach in alle Torecken geworfenen Handbällen

Ü 92

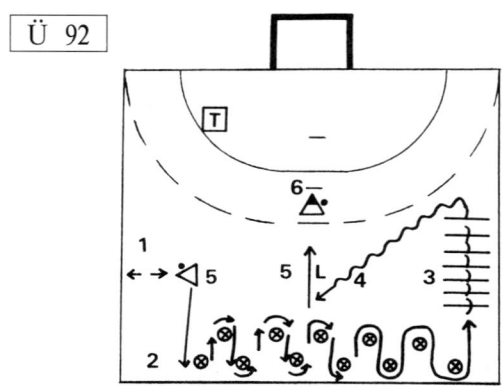

Kontrolle		
Dauer	min	Wiederholung
verkürzt	min	nein ja
verläng.	min	wann?
Pausen		**Trainingsziel**
nach	min	erreicht
Dauer	min	zum Teil
		nicht erreicht

Technische und taktische Ausbildung

7-m-Würfe nach vorheriger hoher Belastung

1. Station: 30 Würfe gegen die Wand, Abstand 5 m (auch Medizinball)

2. Station: Ball über den Kopf halten und Steppschritt um die versetzt liegenden Medizinbälle

3. Station: Sprünge über Bankreihen o. ä.

4. Station: im Sprint zu Station 5 prellen

5. Station: Liegestütz, Anzahl nach Können, dann Ballaufnahme und an die 7-m-Marke tragen, Torwurf nach Pfiff

Übungen 92 93

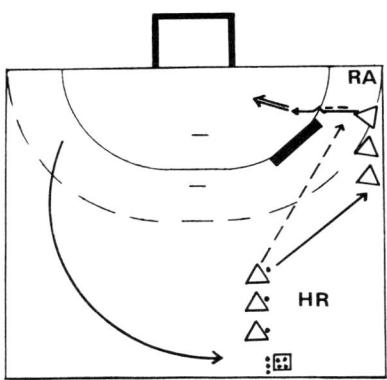

Kontrolle			
Dauer	min	**Wiederholung**	
verkürzt	min	nein	ja
verläng.	min	wann?	
Pausen		**Trainingsziel**	
nach	min	erreicht	
Dauer	min	zum Teil	
		nicht erreicht	

HR spielt einen Paß in die Vorwärtsbewegung von RA; Sprungwurf von RA, Ballaufnahme im Sprint und hinter die HR-Gruppe.
HR sprintet nach Paß hinter die RA-Gruppe.

↝ Eine hochgestellte Weichbodenmatte grenzt den Wurf- und Sprungbereich ein.

Ü 93

Ⓥ
Übung auch von HL und LA.

Vorbereitung des Torwarts für seine Grundstellung in die Wurfvorbereitungszeit des Schützen mit Trainingshilfen. Das linke Bein wird noch nach vorn gezogen, und die Grundstellung für einen Wurf von der Außenposition stimmt.

TRAININGSEINHEIT 48

Trainingsperiode: ÜP   VPI   VPII   WP   Datum:
Teilnehmer: 1 2 3 4 5 6 7 8 9 10 11 12 13 14 15 16 17 18
Trainingsziele: _____
_____
_____

Physische Vorbereitung

- Im Lauf den Ball leicht tippen, dann hart auftippen, hochspringen und den Ball fangen
- zwei Partner, mit je einem Ball, harte Aufsetzer zuspielen und im Sprung fangen
- In der Bauchlage nach jedem Zuspiel einen Liegestütz
- Aus der Hocke Ball schräg hochwerfen und im Hechtsprung fangen
- Sprünge über den kleinen Kasten und Ball fangen

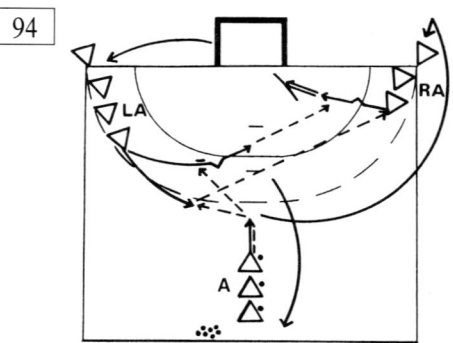

Ü 94

Technische und taktische Ausbildung

A paßt in den Lauf von LA (1). Der paßt in den Lauf oder Sprung von RA (2); RA Torwurf. A sprintet nach Paß zur RA-Position, LA zur Gruppe A und RA sprintet zur LA-Position.

Ⓥ

LA läuft statt zum Kreis zur 9-m-Linie.

Kontrolle			
Dauer	min	Wiederholung	
verkürzt	min	nein	ja
verläng.	min	wann?	
Pausen		Trainingsziel	
nach	min	erreicht	
Dauer	min	zum Teil	
		nicht erreicht	

Übungen 94 95

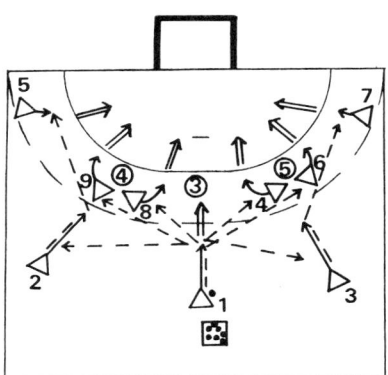

Kontrolle			
Dauer	min	**Wiederholung**	
verkürzt	min	nein	ja
verläng.	min	wann?	
Pausen		**Trainingsziel**	
nach	min	erreicht	
Dauer	min	zum Teil	
		nicht erreicht	

Ü 95

7 Angriffsspieler, von denen 2 und 3 nicht auf das Tor werfen; freie Ballwege!
Bei günstiger Wurfmöglichkeit werfen 5, 9, 8, 4, 6, 7 oder 1 auf das Tor. Abwehrspieler 4, 3 und 5 arbeiten sehr beweglich am Kreis.

Ⓥ
Übungserschwernis durch einen weiteren oder zwei weitere Abwehrspieler
– Halbspieler dürfen auch werfen.

Werfer in Schrittstellung; Torwart beobachtet die Schulterhaltung.

131

TRAININGSEINHEIT 49

Trainingsperiode: ÜP   VPI   VPII   WP   Datum:
Teilnehmer: 1 2 3 4 5 6 7 8 9 10 11 12 13 14 15 16 17 18
Trainingsziele: _____

Physische Vorbereitung
Lauf
Zwei Spieler mit zwei Handbällen; Pässe direkt/indirekt bei wechselnden Abständen

Gymnastik
Partner liegen in Rückenlage, die Füße zueinander:
- wechselweise zur Bauchmuskulaturkräftigung den Oberkörper vorwärts aufrichten;
- nach links bzw. rechts seitwärts aufrichten;
- Partner fassen sich an den Händen und versuchen sich auf die Füße zu treten.

Ü 96

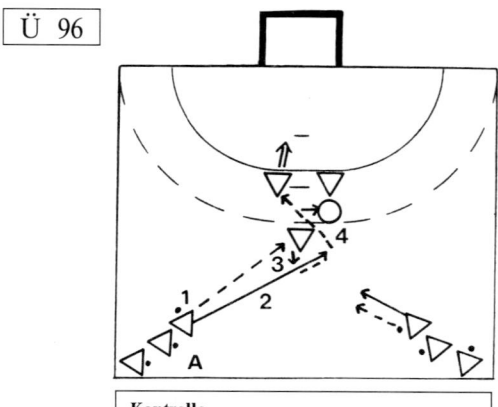

Kontrolle			
Dauer	min	Wiederholung	
verkürzt	min	nein	ja
verläng.	min	wann?	
Pausen		Trainingsziel	
nach	min	erreicht	
Dauer	min	zum Teil nicht erreicht	

Technische und taktische Ausbildung

Anspiel an ungedeckte Kreisspieler

A 1 spielt Paß zum Mitspieler (ca. 10 m vor dem Tor) und läuft diagonal nach rechts (2), erhält Rückpaß (3) und spielt den Kreisspieler an, der vom Abwehrspieler nicht gedeckt wird (4). Der Abwehrspieler entscheidet sich nach dem Rückpaß, welchen der Kreisspieler er deckt.

Zwei Übungsgruppen; Paßvarianten.

Übungen 96 97 98

Hereinholen des LA gegen 5:1 bei offener oder defensiver Abwehrformation

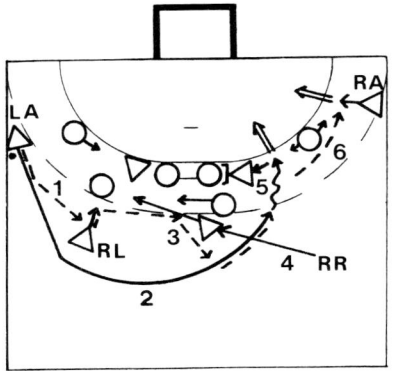

Ü 97

LA paßt zu RL – oder läuft mit Ball und paßt dann zu (1) je nach Antrittsgeschwindigkeit des LA, erhält nach Bogenlauf (2) den Ball von RL (3) (evtl. einmal Tippen) oder von RR (4) zurück und spielt aus dem Lauf/Sprung zum Kreisspieler (5) oder zum RA (6).

Kontrolle			
Dauer	min	Wiederholung	
verkürzt	min	nein	ja
verläng.	min	wann?	
Pausen		Trainingsziel	
nach	min	erreicht	
Dauer	min	zum Teil nicht erreicht	

(V)
Kreisspieler läuft kurz nach innen und spielt an RA ab. Zuerst ohne Torwurf üben.

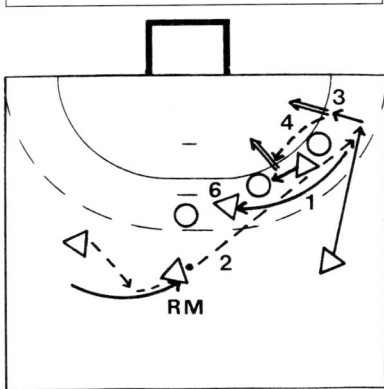

Ü 98

RA 6 läuft ein (1); der vorher eingelaufene LA – jetzt auf der RM-Position – paßt zu dem auf die RA-Position gewechselten RR (2); RR wirft selbst (3) oder paßt zum Kreisspieler, der vorher mit dem einlaufenden Spieler nach innen gerückt ist (4).

Kontrolle			
Dauer	min	Wiederholung	
verkürzt	min	nein	ja
verläng.	min	wann?	
Pausen		Trainingsziel	
nach	min	erreicht	
Dauer	min	zum Teil nicht erreicht	

TRAININGSEINHEIT 50

Trainingsperiode: ÜP VPI VPII WP   Datum:
Teilnehmer: 1 2 3 4 5 6 7 8 9 10 11 12 13 14 15 16 17 18
Trainingsziele:

Physische Vorbereitung

Lauf
- Slalom um Hindernisse (Medizinballreihe) vorwärts und rückwärts
- Temposteigerung
- Hindernisreihe unregelmäßig versetzen
- Temposteigerung
- Steigerungsläufe mit Handball, Würfe auf Ziele

Dehnungsübungen
- Im Hürdensitz
- In der Bauch- und Rückenlage
- Im Stand

Ü 99

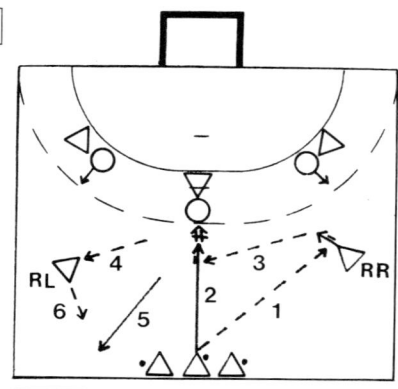

Kontrolle			
Dauer	min	Wiederholung	
verkürzt	min	nein	ja
verläng.	min	wann?	
Pausen		Trainingsziel	
nach	min	erreicht	
Dauer	min	zum Teil	
		nicht erreicht	

Technische und taktische Ausbildung

Wahrnehmungsschulung

Paß von der Mittellinie an RR (1) oder RL und Sprint (2). Rückpaß in den Sprint (3), Torwurf vorgetäuscht. Bleiben die drei Kreisspieler gedeckt, dann Paß zu RL (4) und Lauf zurück (5); RL paßt zum Übenden zurück (6). Tritt einer der Abwehrspieler heraus oder zur Seite, erfolgt das Anspiel, dann Torwurf vom Kreis. Spielnahe Intensität.

Übungen 99 100 101

Übergang der Angriffsformation 3:3 auf 2:4 gegen 3:2:1 oder offensive 5:1-Abwehr

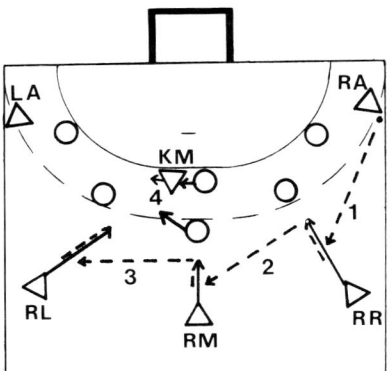

RA paßt in die Stoßbewegung von RR (1); RR paßt zu RM (2); RM in den Anlauf von RL (3); KM verschiebt sich zur Ballseite und wird von seinem Abwehrspieler gedeckt (4).

Kontrolle			
Dauer	min	**Wiederholung**	
verkürzt	min	nein	ja
verläng.	min	wann?	
Pausen		**Trainingsziel**	
nach	min	erreicht	
Dauer	min	zum Teil	
		nicht erreicht	

Nach dem Zuspiel an RL läuft RM zur Sperre an den Abwehrspieler HM an den Kreis ein (5); RL täuscht einen Torwurf an und wird vom Abwehrspieler HR angegriffen (6). Der vorgezogene Abwehrspieler versucht das Kreisanspiel von RL an KM zu verhindern (7). RL paßt zu RR (8). RR paßt zu KM (9), der die Sperre des RM umläuft (10) und ungehindert zum Torwurf gelangt (11). Ü 101

Kontrolle			
Dauer	min	**Wiederholung**	
verkürzt	min	nein	ja
verläng.	min	wann?	
Pausen		**Trainingsziel**	
nach	min	erreicht	
Dauer	min	zum Teil	
		nicht erreicht	

TRAININGSEINHEIT 51

Trainingsperiode: ÜP   VPI   VPII   WP   Datum:
Teilnehmer: 1 2 3 4 5 6 7 8 9 10 11 12 13 14 15 16 17 18
Trainingsziele: _____
_____
_____

Physische Vorbereitung

Fußballspiel

Spielfläche ist das Handballfeld, Tennis- oder Gummiball das Spielgerät, Tore sind z. B. offene Kastenteile.

Gymnastik

- Ausfallschritte vorwärts mit Nachfedern
- Im Stand (Grätschstand) mit der linken Hand die rechte und mit der rechten Hand die linke Fußspitze berühren

Ü 102

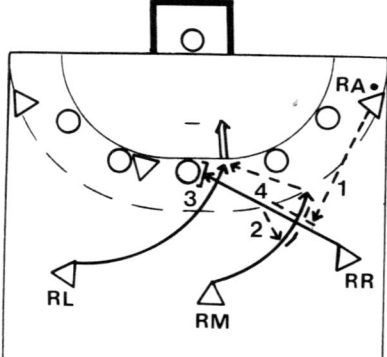

Technische und taktische Ausbildung

Übergang von 3:3 auf 2:4 bei Überzahl im Angriff gegen defensive bzw. offensive 5:0-Abwehr

RA paßt in die Stoßbewegung von RR (1). RR kreuzt mit RM und paßt zu RM (2). RR stellt nach dem Kreuzen eine Sperre am Kreis (3). RM täuscht einen Wurf an und fordert die Aufmerksamkeit seines Abwehrspielers, paßt zum einlaufenden RL (4). RL wirft auf das Tor (5).

Kontrolle			
Dauer	min	Wiederholung	
verkürzt	min	nein	ja
verläng.	min	wann?	
Pausen		**Trainingsziel**	
nach	min	erreicht	
Dauer	min	zum Teil	
		nicht erreicht	

Übungen 102 103

Übergang von einer 3:3-Angriffsformation auf 2:4 gegen 3:2:1 oder offensive 5:1-Abwehrformation

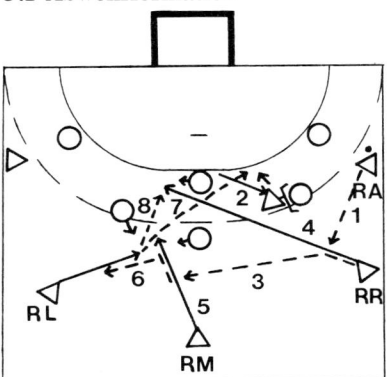

Kontrolle			
Dauer	min	Wiederholung	
verkürzt	min	nein	ja
verläng.	min	wann?	
Pausen		Trainingsziel	
nach	min	erreicht	
Dauer	min	zum Teil	
		nicht erreicht	

Ü 103

Mit dem Paß von RA an RR (1) löst sich der Kreisspieler 6 vom Kreis und geht in die Sperrstellung gegen Abwehrspieler HL (2). RR paßt zu RM (3) und läuft diagonal ein (4). RM stößt schräg mit Ball in die Nahtstelle zwischen dem vorgezogenen und dem Abwehrspieler HR (5), spielt den Ball in die Stoßbewegung von RL (6). RL spielt zum sich aus der Sperrstellung absetzenden Kreisspieler (7) oder zum eingelaufenen RR-Spieler (8).
Abhängig vom Verhalten des vorgezogenen und des HR-Abwehrspielers kann RL auch mit RM kreuzen und mit Ball einen Durchbruch zum Kreis versuchen.

Kreistraining

Station 1: Tempolauf um zwei Markierungen, Abstand 5 m
Station 2: Schnelles Werfen des Handballs aus 4 m Entfernung gegen die Wand
Station 3. Kastenaufsteigen
Station 4: Prellslaloms über 20 m; Rückweg außerhalb der Markierungen
Station 5: Rückenlage auf einem Kasten, Füße eingehakt oder festgehalten, schnelles Aufrichten des Oberkörpers mit einem Medizinball und langsam zurück

TRAININGSEINHEIT 52

Trainingsperiode: ÜP VPI VPII WP   Datum:
Teilnehmer: 1 2 3 4 5 6 7 8 9 10 11 12 13 14 15 16 17 18
Trainingsziele: _____

_____

Physische Vorbereitung

Fußballtennis

Ball (Fußball oder Gummiball) mit dem Fuß oder dem Kopf über eine Schnur (ca. 70 cm hoch) spielen. Zwischen jedem Abspiel darf der Ball einmal den Boden berühren. Im eigenen Feld darf er dreimal gespielt werden.

Gymnastik

Ausfallschritt links, der Oberkörper wird nach hinten gedreht, linke Hand zur rechten Ferse usw.

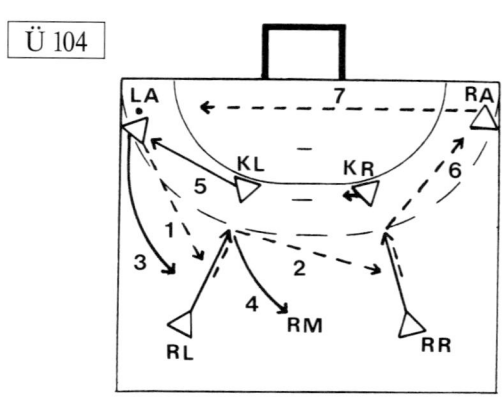

Ü 104

Kontrolle			
Dauer	min	Wiederholung	
verkürzt	min	nein	ja
verläng.	min	wann?	
Pausen		**Trainingsziel**	
nach	min	erreicht	
Dauer	min	zum Teil	
		nicht erreicht	

Technische und taktische Ausbildung

Wechsel der Angriffsformation von 2:4 auf 3:3

LA leitet mit Paß an RL den Übergang ein (1). RL Paß zu RR (2). LA wechselt auf die RL-Position (3), RL auf die RM-Position (4). KL besetzt die LA-Position (5). RR paßt zum RA (6). RA spielt einen Torraumpaß zur LA-Position (7), und die Übung beginnt erneut.

Spielt RA zurück zu RR, beginnt der Übergang nach links.

Übungen 104 105

Übung für die Abwehrspieler der 5:1-Formation

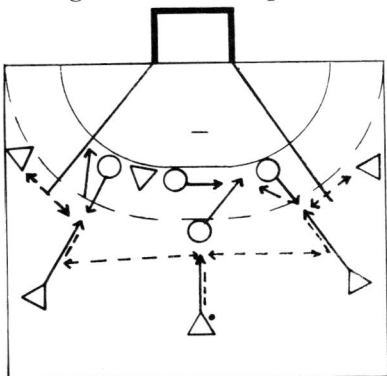

4:4 mit LA und RA als zusätzliche Anspielstationen. Hohe Bewegungsintensität der Abwehrspieler; Heraustreten, Sichern, Verschieben, Einordnen innerhalb der Abwehr.

Ü 105

- KM wird voll aktiv.
- KM arbeitet nur am Kreis.
- KM arbeitet offensiv und legt Sperren.
- Aufbauspieler versuchen, den Kreisspieler anzuspielen.
- Aufbauspieler werfen auf das Tor, wenn sich Lücken bieten, bzw. nutzen die Sperrstellung von KM zum Durchbruch.

Kontrolle		
Dauer	min	**Wiederholung**
verkürzt	min	nein ja
verläng.	min	wann?
Pausen		**Trainingsziel**
nach	min	erreicht
Dauer	min	zum Teil
		nicht erreicht

Kreistraining

Station 1: Starts aus der Bauchlage, scharfe Sprints über 30 m und wieder in die Bauchlage gehen
Station 2: Schlußsprünge seitlich über den Medizinball
Station 3: Hände in Nackenhalte, schnelles Aufrichten des Oberkörpers und tiefes Rumpfvorbeugen
Station 4: Drücken des kleinen Kastens (oder Langbank) aus der Hocke
Station 5: Strecksprung und Medizinball-Hochstoß

TRAININGSEINHEIT 53

Trainingsperiode: ÜP   VPI   VPII   WP   Datum:
Teilnehmer: 1 2 3 4 5 6 7 8 9 10 11 12 13 14 15 16 17 18
Trainingsziele: _____
_____
_____

Physische Vorbereitung

Sechstagerennen

Zwei Mannschaften; Mannschaft eins und Mannschaft zwei verfolgen mit ihrem Medizinball den der Gegenpartei; zwei Gegenüberstehende beginnen; jeweils zum Übernächsten werfen.

Gymnastik

Im Liegestütz Beine grätschen und zusammenführen

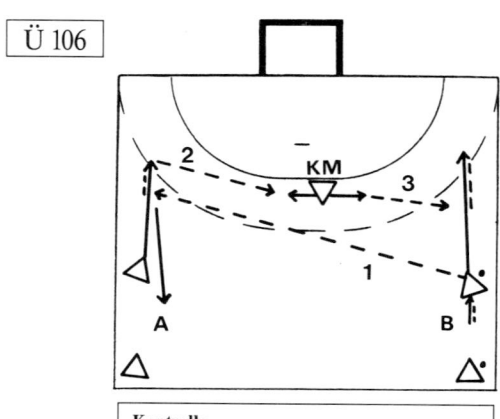

Ü 106

Technische und taktische Ausbildung

Schulung von Diagonalpässen

B stößt mit Ball und paßt diagonal in die Stoßbewegung von A: A paßt zum KM, KM in die Stoßbewegung von B. B und A reihen sich hinten in ihren Gruppen an.

Kontrolle			
Dauer	min	**Wiederholung**	
verkürzt	min	nein	ja
verläng.	min	wann?	
Pausen		**Trainingsziel**	
nach	min	erreicht	
Dauer	min	zum Teil	
		nicht erreicht	

Übungen 106 107

Überzahl-Angriff gegen defensive 5:0-Abwehr

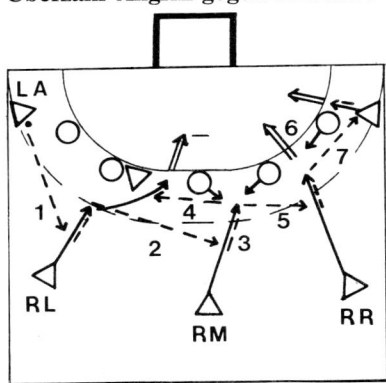

Ü 107

LA paßt zu RL (1), der direkt auf den Abwehrspieler HR stößt (bis ca. 9 m) und zu RM paßt (2). RM stößt auf die Nahtstelle zwischen den Abwehrspielern Kreismitte und Halb-Links (3). Jetzt muß RM das Verhalten dieser beiden Abwehrspieler beobachten: Greift ihn der Abwehrspieler in der Mitte an, spielt er den Ball zum einlaufenden RL (4). Greift ihn der Abwehrspieler Halblinks an, paßt er zum mitstoßenden RR (5). RR gelangt entweder selbst zum Durchbruch (6) oder paßt zu RA, wenn er vom Abwehrspieler AL angegriffen wird (7).

Kontrolle			
Dauer	min	Wiederholung	
verkürzt	min	nein	ja
verläng.	min	wann?	
Pausen		Trainingsziel	
nach	min	erreicht	
Dauer	min	zum Teil	
		nicht erreicht	

Kreistraining

Station 1: Ohne Pause Sprünge gegen die Wand mit anschließendem Abdruck der Hände von der Wand
Station 2: Bauchlage, Medizinball gegen die Wand werfen und wieder fangen, ohne den Ball auf den Boden fallen zu lassen
Station 3: Grätschwinkelsprünge
Station 4: Klappmesser, Medizinball mit Händen und Füßen halten
Station 5: Strecksitz, Beinkreisen mit dem Medizinball
Station 6: Medizinball mit voller Kraft gegen die Wand aus einer Entfernung von ca. 3 m werfen

TRAININGSEINHEIT 54

Trainingsperiode: ÜP   VPI   VPII   WP   Datum:
Teilnehmer: 1 2 3 4 5 6 7 8 9 10 11 12 13 14 15 16 17 18
Trainingsziele: _____

_____

_____

Physische Vorbereitung

Ausbrechen

- Innenkreis und Außenkreis gehen, laufen, in Gegenrichtung; Startsignal: Pfiff oder Handzeichen
- Innenkreis versucht Außenkreis abzuschlagen bzw. auch umgekehrt; Abstände vergrößern bzw. verringern

Gymnastik

Rolle vorwärts und in den Hürdensitz gehen

Ü 108

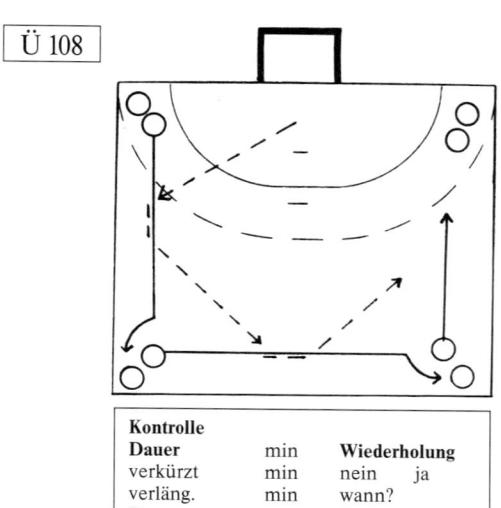

Technische und taktische Ausbildung

Pässe aus dem Lauf

Aus dem Lauf erfolgt das Zuspiel in den Lauf des Spielers der nächsten Gruppe.

▷ Nach dem Zuspiel wird mit unverminderter Geschwindigkeit hinter die nächste Gruppe gelaufen.

 Ballweg mal rechts, mal links herum; nach Zuspiel stoppen und rückwärts hinter die eigene Gruppe zurück.

Kontrolle			
Dauer	min	Wiederholung	
verkürzt	min	nein	ja
verläng.	min	wann?	
Pausen		Trainingsziel	
nach	min	erreicht	
Dauer	min	zum Teil	
		nicht erreicht	

Übungen 108 109 110

Einlaufen von RA und Wechsel von RL auf LA-Position

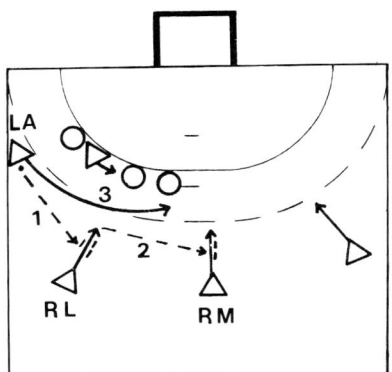

Kontrolle		
Dauer	min	Wiederholung
verkürzt	min	nein ja
verläng.	min	wann?
Pausen		Trainingsziel
nach	min	erreicht
Dauer	min	zum Teil
		nicht erreicht

LA paßt zu RL (1), der zu RM paßt (2). Mit dem Paß von RL zu RM läuft LA in Richtung Spielfeldmitte ein (3). RL läuft auf die LA-Position und erhält den Ball von RM, nachdem RM ein Zuspiel an RR vorgetäuscht hat.

Taktische Möglichkeit bei Überzahl-Angriff oder gegen offensive Abwehrformationen:

Abwehrspieler HR tritt gegen RL heraus, Kreisspieler verschiebt nach innen, LA läuft ein.

Ü 109

Kreistraining

Station 1: Medizinball hochstoßen
Station 2: Auf Kasten steigen, gestreckter Stand, Beinwechsel
Station 3: Rückenlage, Füße unter die Sprossenwand, Rumpfbeugen vorwärts mit Medizinball
Station 4: Klimmzüge
Station 5: Über einen Kastenteil springen, durch den zweiten Kasten kriechen und zurück
Station 6: Bauchlage, Medizinball gegen die Wand werfen
Station 7: Springen über die Langbank von einer Seite zur anderen
Station 8: Liegestütze

Ü 110

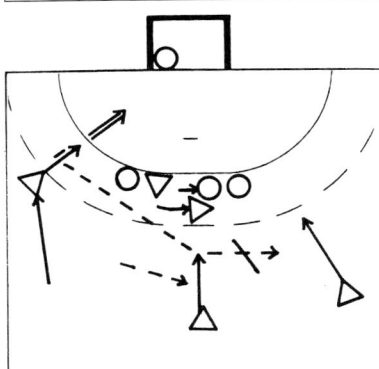

Kontrolle		
Dauer	min	Wiederholung
verkürzt	min	nein ja
verläng.	min	wann?
Pausen		Trainingsziel
nach	min	erreicht
Dauer	min	zum Teil
		nicht erreicht

TRAININGSEINHEIT 55

Trainingsperiode: ÜP   VPI   VPII   WP   Datum:
Teilnehmer: 1 2 3 4 5 6 7 8 9 10 11 12 13 14 15 16 17 18
Trainingsziele: _____
_____
_____

Physische Vorbereitung

Tag und Nacht

Zwei Parteien sitzen oder stehen sich an der Mittellinie gegenüber, Partei Tag und Partei Nacht. Auf Zuruf „Tag" fängt die Tagpartei die Nachtpartei und umgekehrt; auch aus der Bauchlage und aus der Rückenlage.

Lauf

Steigerungsläufe, zuerst ohne, dann mit Handball

Ü 111

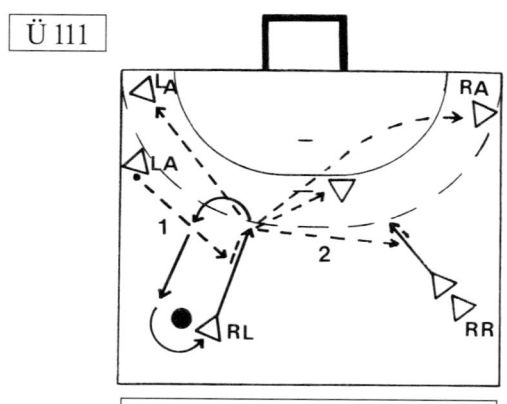

Kontrolle			
Dauer	min	Wiederholung	
verkürzt	min	nein	ja
verläng.	min	wann?	
Pausen		Trainingsziel	
nach	min	erreicht	
Dauer	min	zum Teil	
		nicht erreicht	

Technische und taktische Ausbildung

Ballannahme und sicheres Zuspiel unter physischer Belastung

LA paßt in die Stoßbewegung von RL (1), der aus der Bewegung zum RR spielt (2). RR paßt zu RA, dieser entweder zum LA (Ecken-Außen) oder zum Kreisspieler. Diese passen immer wieder zu LA (Linien-Außen). Nach dem Abspiel umrundet RL rückwärts die Markierung.

Übungen 111 112

Übergang von der 4:2-Angriffsformation gegen defensive oder offensive 6:0- oder Unterzahlabwehr

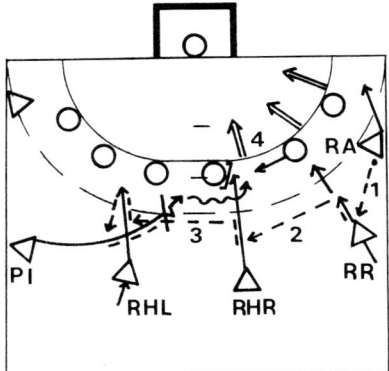

Kontrolle			
Dauer	min	Wiederholung	
verkürzt	min	nein	ja
verläng.	min	wann?	
Pausen		**Trainingsziel**	
nach	min	erreicht	
Dauer	min	zum Teil	
		nicht erreicht	

Ü 112

RA paßt in die Stoßbewegung von RR (1). RR paßt zu RHR (2). RHR paßt in den Anlauf zum Kreuzen, nach links von RHL (3) und geht in die Sperrstellung am Kreis. RHL kreuzt mit RL. RL täuscht nach dem Kreuzen einen Sprungwurf an und versucht, die Sperre zu umlaufen. Torwurf von RL (4) oder bei Übernahme vom Abwehrspieler HL; Zuspiel an RR; RR Durchbruch oder Anspiel zu RA.
Sehr günstig für den Überzahlangriff gegen fünf Abwehrspieler.

TRAININGSEINHEIT 56

Trainingsperiode: ÜP VPI VPII WP   Datum:
Teilnehmer: 1 2 3 4 5 6 7 8 9 10 11 12 13 14 15 16 17 18
Trainingsziele: _____
_____
_____

Physische Vorbereitung

Keule umstoßen

Zwei Partner fassen sich an den Händen. Die Keule steht zwischen den Partnern; durch Ziehen und Schieben den Partner zum Umstoßen der Keule bringen.

Gymnastik

Im Grätschsitz den Oberkörper abwechselnd über das linke bzw. rechte Bein führen und nachfedern.

Ü 113

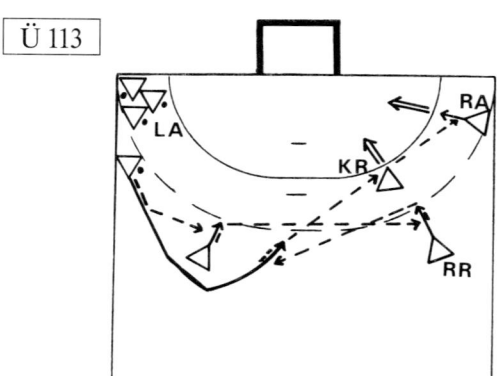

Technische und taktische Ausbildung

Vorübung für den Übergang von der 2:4- auf die 3:3-Angriffsformation

Der einlaufende LA paßt entweder zum Kreisspieler oder zum RA. Nach dem Paß schließt LA wieder hinter seine Übungsgruppe an.

LA kreuzt nach großem Bogenlauf mit RR, ein Abwehrspieler stört und versucht, Zuspiele zu verhindern.

Kontrolle			
Dauer	min	Wiederholung	
verkürzt	min	nein	ja
verläng.	min	wann?	
Pausen		**Trainingsziel**	
nach	min	erreicht	
Dauer	min	zum Teil	
		nicht erreicht	

Übungen 113 114 115

Einlaufen des RA (Linkshänder) gegen offensive 6:0- oder 5:1-Abwehr

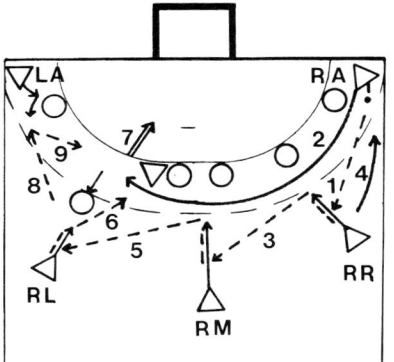

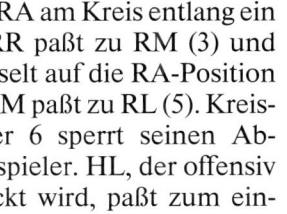

Nach Paß von RA an RR (1) läuft RA am Kreis entlang ein (2). RR paßt zu RM (3) und wechselt auf die RA-Position (4). RM paßt zu RL (5). Kreisspieler 6 sperrt seinen Abwehrspieler. HL, der offensiv gedeckt wird, paßt zum einlaufenden RA (6), der mit Torwurf abschließt (7), oder zum LA (8), der dann RA anspielt (9).

Kontrolle		
Dauer	min	**Wiederholung**
verkürzt	min	nein ja
verläng.	min	wann?
Pausen		**Trainingsziel**
nach	min	erreicht
Dauer	min	zum Teil
		nicht erreicht

Der einlaufende RA läuft durch zur Sperre an den Abwehrspieler auf Rechts-Außen (1). RL spielt den Ball zum auf die RR-Position gewechselten RM (2). RM spielt zu RA (3), der durch den Torraum zu LA paßt (4), der die Sperre umläuft (5). RL paßt direkt zu LA.

Kontrolle		
Dauer	min	**Wiederholung**
verkürzt	min	nein ja
verläng.	min	wann?
Pausen		**Trainingsziel**
nach	min	erreicht
Dauer	min	zum Teil
		nicht erreicht

TRAININGSEINHEIT 57

Trainingsperiode: ÜP VPI VPII WP   Datum:
Teilnehmer: 1 2 3 4 5 6 7 8 9 10 11 12 13 14 15 16 17 18
Trainingsziele: _____
_____
_____

Physische Vorbereitung

Freunde suchen

Freier Lauf auf dem Handballfeld, Trainer ruft eine Zahl. Entsprechend viele Spieler bilden eine Kette oder einen Kreis, legen sich auf den Bauch, den Rücken o. ä.

Gymnastik

Im Stand mit Ball in Vorhalte abwechselnd den rechten und linken Fuß zum Ball führen

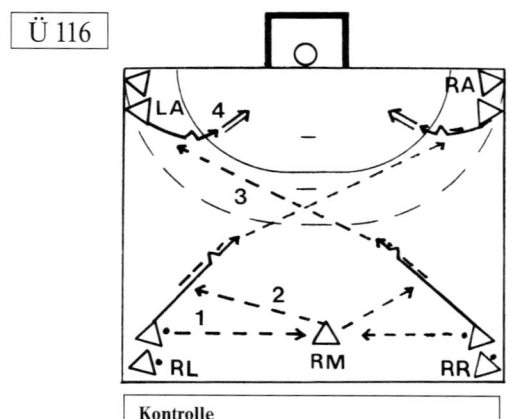

Ü 116

Technische und taktische Ausbildung

Zuspiel und Torwurftraining

RR und RA passen zum RM (1) und erhalten den Ball zurück (2), passen im Sprung zu RA/LA. RA/LA Ballannahme in der Bewegung, Sprungwurf (4) usw.

Ⓥ

RL paßt zu LA, RR zu RA. Ein oder zwei Abwehrspieler in der Mitte oder auf den Halbpositionen mäßig aktiv.

Kontrolle			
Dauer	min	**Wiederholung**	
verkürzt	min	nein	ja
verläng.	min	wann?	
Pausen		**Trainingsziel**	
nach	min	erreicht	
Dauer	min	zum Teil	
		nicht erreicht	

Übungen 116 117

Gegenstoß, Torwurf, Slalomprellen, Abwehrbewegungen

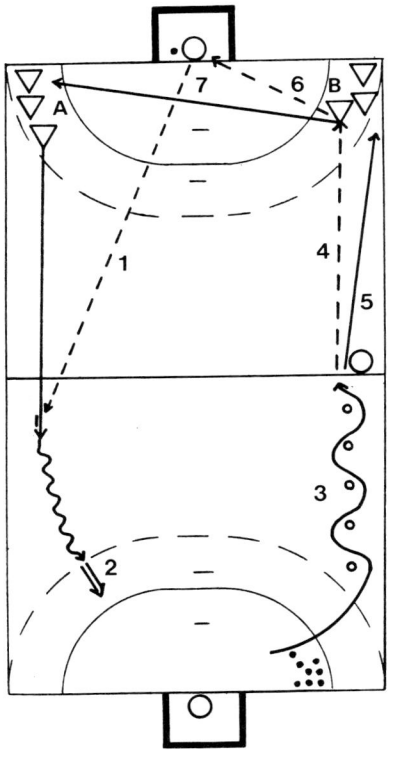

Zuspiel des Torwarts an den ersten Spieler der Gruppe A (1). Nach Ballannahme von A 1 kurzer Prellweg und Torwurf von der RR-Position (2).

Ü 117

Ⓥ
Gegen einen oder zwei Abwehrspieler. Bei unvermindertem Tempolauf auf die rechte Spielfeldseite, Ballannahme und Slalomprellen (3). Vor der Mittellinie Paß zu B 1 (4). A 1 wird jetzt Abwehrspieler und schließt mit Abwehrbewegungen – auch seitlich, Hände abwechselnd zur Blockbildung usw. – hinter Gruppe B an (5). B 1 paßt zum Torwart (6) und läuft hinter Gruppe A (7). Torwart spielt jetzt den Ball zum „Gegenstoß" an den Spieler A 2.

Kontrolle			
Dauer	min	**Wiederholung**	
verkürzt	min	nein	ja
verläng.	min	wann?	
Pausen		**Trainingsziel**	
nach	min	erreicht	
Dauer	min	zum Teil	
		nicht erreicht	

TRAININGSEINHEIT 58

Trainingsperiode: ÜP VPI VPII WP   Datum:
Teilnehmer: 1 2 3 4 5 6 7 8 9 10 11 12 13 14 15 16 17 18
Trainingsziele: _____

Physische Vorbereitung

- Skippings mit dem Handball; auf Zeichen des Trainers prellend zur gegenüberliegenden Seitenlinie starten
- Im Stand Ball hochwerfen und im Sitzen wieder auffangen; im Sitzen wieder hochwerfen und im Stand auffangen
- Ein großer Kreis wird gebildet, zwei oder drei Spieler mit Handbällen gehen in die Mitte, Tempozuspiel.

Ü 118

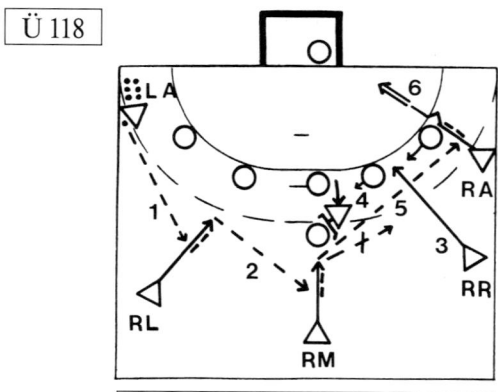

Technische und taktische Ausbildung

3:3-Angriff gegen defensive 5:1-Abwehr

LA paßt in die Stoßbewegung von RL (1), RL in den Stoß von RM (2). RM stößt frontal auf VM, täuscht ein Zuspiel zu RR an, der auf die Nahtstelle zwischen AL und HL stößt (3). KM löst sich vom Kreis und sperrt VM (4). RM paßt in den Anlauf von RA (5). RA kommt zum Torwurf (6) oder spielt RR (Rechtshänder) an. RR könnte dann zu KM spielen.

Kontrolle			
Dauer	min	Wiederholung	
verkürzt	min	nein	ja
verläng.	min	wann?	
Pausen		Trainingsziel	
nach	min	erreicht	
Dauer	min	zum Teil	
		nicht erreicht	

Übungen 118 119

Übung für den erweiterten Gegenstoß

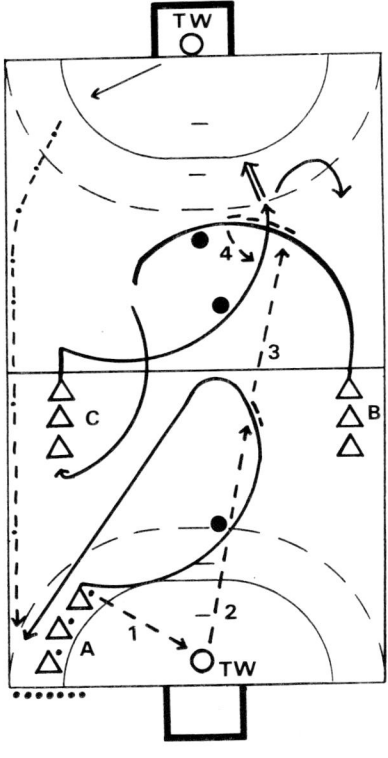

Ü 119

Der erste Spieler der Gruppe A paßt zum Torwart (1) und läuft im Bogenlauf nach rechts um die Markierung. A 1 erhält Rückpaß vom TW (2) und paßt aus dem Lauf in den Bogenlauf von B (3). Gleichzeitig mit B ist auch C angelaufen. B kreuzt und paßt zu C (4), der auf das Tor wirft.

Nach jedem von Gruppe C erzielten Tor rollt der TW den Ball entlang der Seitenlinie in die Ecke zu Gruppe A. Konnte der TW den Torerfolg verhindern, oder flog der Ball über oder neben das Tor, legt er den Ball neben dem Tor ab.

Wer erzielt am schnellsten Tore?

⇨ Vom Torwart oder vom Tor abprallende Bälle, die in das Spielfeld rollen oder springen, bedeuten eine erhebliche Gefahr für die Spieler. Die Zeit, diese Gefahr zu vermeiden, muß immer sein!

Kontrolle		
Dauer	min	**Wiederholung**
verkürzt	min	nein ja
verläng.	min	wann?
Pausen		**Trainingsziel**
nach	min	erreicht
Dauer	min	zum Teil
		nicht erreicht

TRAININGSEINHEIT 59

Trainingsperiode: ÜP VPI VPII WP   Datum:
Teilnehmer: 1 2 3 4 5 6 7 8 9 10 11 12 13 14 15 16 17 18
Trainingsziele: _____
_____
_____

Physische Vorbereitung

- Paßspiel mit dem Partner in Gegenüberstellung auf Tempo
- Mit einem weiteren Partner in der Mitte
- Hohes Tempo und die Zuspiele aus der Stoßbewegung ausführen
- Pässe direkt und indirekt
- Rollen
- Zuspiele im Stand und im Sprung
- Die Partner wechseln fliegend ihre Plätze
- Handgelenkspässe
- Im Dreieck mit zwei Handbällen schnelle Pässe spielen

Ü 120

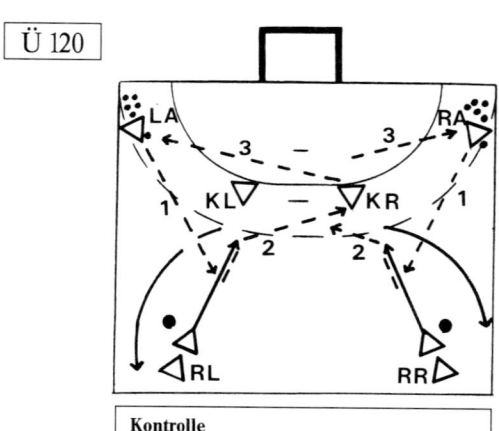

Technische und taktische Ausbildung

Ballannahme nach starker physischer Belastung

Eine Übungsgruppe bilden LA, RL und KL, die andere RA, RR und KR. LA paßt zu RL (1), RL zu KL (2) und läuft zur Markierung zurück. KL paßt zu LA (3). Nach mehreren Übungsdurchgängen wechselt KL zur RL-Position, RL zu LA und LA zur KL-Position.

Kontrolle			
Dauer	min	Wiederholung	
verkürzt	min	nein	ja
verläng.	min	wann?	
Pausen		Trainingsziel	
nach	min	erreicht	
Dauer	min	zum Teil	
		nicht erreicht	

Übungen 120 121 122

Angriffsmöglichkeiten bei Gleichzahl 5:5 oder bei Manndeckung gegen einen Angriffsspieler

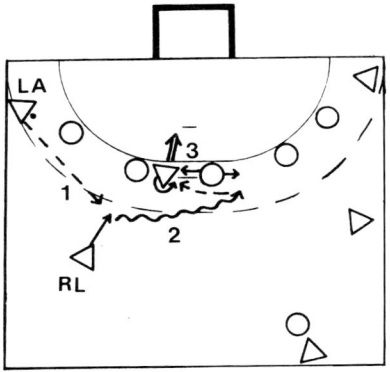

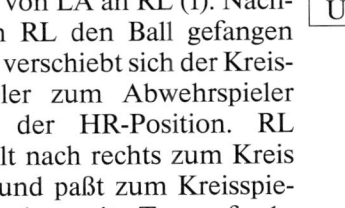

Paß von LA an RL (1). Nachdem RL den Ball gefangen hat, verschiebt sich der Kreisspieler zum Abwehrspieler auf der HR-Position. RL prellt nach rechts zum Kreis (2) und paßt zum Kreisspieler, der mit Torwurf abschließt (3).

Kontrolle			
Dauer	min	**Wiederholung**	
verkürzt	min	nein	ja
verläng.	min	wann?	
Pausen		**Trainingsziel**	
nach	min	erreicht	
Dauer	min	zum Teil	
		nicht erreicht	

Wechsel der Angriffsformation von 2:3 auf 1:4 bei Gleichzahl 5:5 oder bei Manndeckung Ü 122

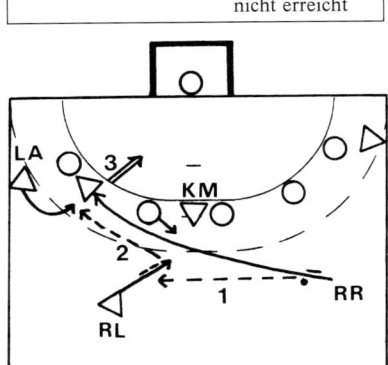

RR paßt zu RL und läuft zum Abwehrspieler AR ein (1). RL stößt nach rechts und spielt den einlaufenden LA an (2). LA bricht zum Kreis durch und schließt mit Torwurf ab oder spielt KM an, je nach Verhalten von HR.

Kontrolle			
Dauer	min	**Wiederholung**	
verkürzt	min	nein	ja
verläng.	min	wann?	
Pausen		**Trainingsziel**	
nach	min	erreicht	
Dauer	min	zum Teil	
		nicht erreicht	

TRAININGSEINHEIT 60

Trainingsperiode: ÜP   VPI   VPII   WP   Datum:
Teilnehmer: 1 2 3 4 5 6 7 8 9 10 11 12 13 14 15 16 17 18
Trainingsziele: _____

Physische Vorbereitung

Übungen im Lauf
- Im Lauf Drehung um die eigene Achse und dann Starts zum Sprint aus der Hocke,
- aus der Bauchlage,
- aus der Rückenlage,
- aus dem Sitz,
- mit Abstoß von der Wand,
- aus dem Rückwärtslauf auf Pfiff des Trainers vorwärts starten,
- auf Pfiff ebenso aus dem Gehen und aus dem Hüpfen starten,
- erneuter Pfiff und scharfes Stoppen bzw. Richtungswechsel.

Ü 123

Kontrolle			
Dauer	min	**Wiederholung**	
verkürzt	min	nein	ja
verläng.	min	wann?	
Pausen		**Trainingsziel**	
nach	min	erreicht	
Dauer	min	zum Teil	
		nicht erreicht	

Technische und taktische Ausbildung

Schulung von Paßvarianten im Rückraum

RM paßt zu RR (1) und läuft nach links, erhält den Ball von RR wieder zurück (2). LA läuft an und wird von RM angespielt (3). LA paßt zu RL (4). RL springt und paßt in den Sprint von RR (5). RR wirft auf das Tor.

Ⓥ
Zuspiel von RR an RA oder LA (6).

Übungen 123 124

Gegenstoßübung

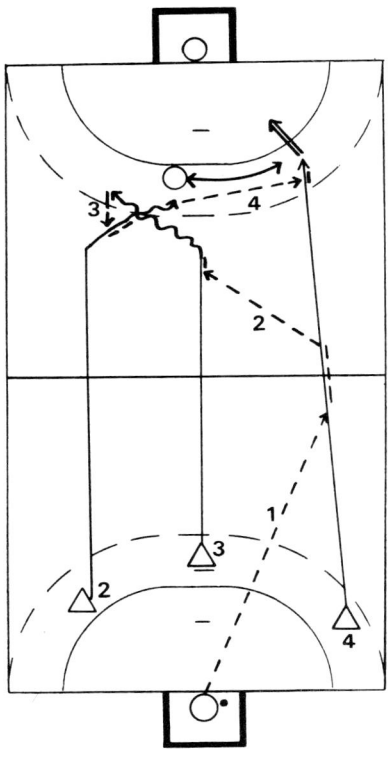

Paß vom Torwart zum Spieler 4. Spieler 4 paßt zu Spieler 3, prellt und kreuzt mit Spieler 2. 3 spielt nach dem Kreuzen den Ball zu 2. Der Abwehrspieler entscheidet rechtzeitig durch sein Stellungsspiel, ob Spieler 2 oder 4 auf das Tor wirft. Greift der Abwehrspieler den Spieler 2 an, spielt 2 den Ball an Spieler 4. Nach dem Torwurf Ballaufnahme und neben der Seitenlinie zum Start zurücktraben.

Ü 124

Ⓥ
Der Torwart spielt den Ball zu Spieler 2.

⇨ Zeit- und Raumgefühl sowie Tempoanpassung bei der Ausführung sind sehr wichtig.

Kontrolle			
Dauer	min	**Wiederholung**	
verkürzt	min	nein	ja
verläng.	min	wann?	
Pausen		**Trainingsziel**	
nach	min	erreicht	
Dauer	min	zum Teil	
		nicht erreicht	

TRAININGSEINHEIT 61

Trainingsperiode: ÜP   VPI   VPII   WP   Datum:
Teilnehmer: 1 2 3 4 5 6 7 8 9 10 11 12 13 14 15 16 17 18
Trainingsziele: _____

Physische Vorbereitung

Übungen an Langbänken in Reihe hintereinander

- Bänke mit einem Bein überspringen
- Mit beiden Beinen
- Um die Bänke wird gelaufen
- Ohne und mit Ball (prellen)
- Seitwärtsbewegungen (Abwehrbewegungen) an den Bänken entlang
- Im Sitz die Füße abwechselnd nach rechts und links über die Bank heben, ohne den Boden zu berühren

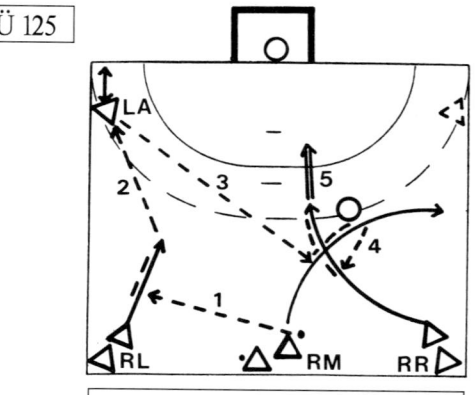

Ü 125

Technische und taktische Ausbildung

Kreuzen mit RM und RR

RM paßt zu RL (1), RL zu LA (2), LA in den Lauf von RM (3), der mit RR kreuzt. RM paßt zu RR (4), der auf das Tor wirft oder RA anspielt.

Ⓥ

Ein Abwehrspieler am Kreis; bleibt dieser defensiv, dann Torwurf von RR. Wird der Abwehrspieler offensiv, Abspiel zu RA.

Kontrolle		Wiederholung	
Dauer	min	nein	ja
verkürzt	min	wann?	
verläng.	min		
Pausen		**Trainingsziel**	
nach	min	erreicht	
Dauer	min	zum Teil	
		nicht erreicht	

Übungen 125 126

Verhalten der Abwehr in der Überzahl

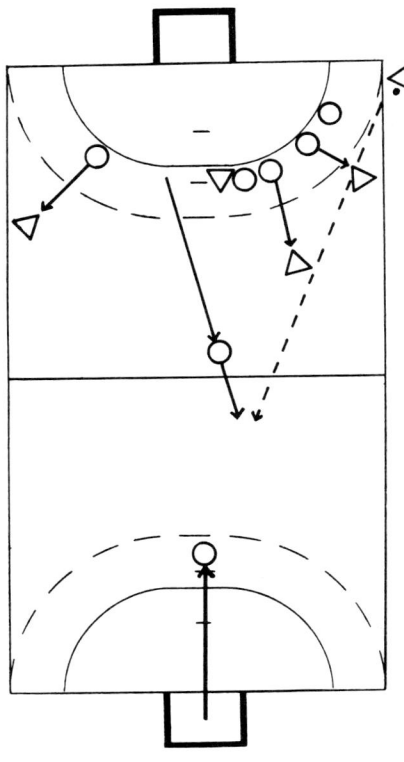

1. Sechs Abwehrspieler gegen fünf Angriffsspieler, z. B. bei Einwurf. Die Abwehr geht plötzlich zur Manndeckung über und provoziert einen langen Paß zum Torwart. Diesen Paß versucht ein Abwehrspieler abzufangen.
2. Ein 3:2-Angriff ohne Kreisspieler. Jetzt werden zwei Rückraumspieler in Manndeckung genommen:
Training beider Möglichkeiten wechselweise.

Ü 126

Kontrolle		
Dauer	min	**Wiederholung**
verkürzt	min	nein ja
verläng.	min	wann?
Pausen		**Trainingsziel**
nach	min	erreicht
Dauer	min	zum Teil
		nicht erreicht

TRAININGSEINHEIT 62

Trainingsperiode: ÜP VPI VPII WP   Datum:
Teilnehmer: 1 2 3 4 5 6 7 8 9 10 11 12 13 14 15 16 17 18
Trainingsziele:

Physische Vorbereitung

- Lockeres Laufen
- Hopserlauf
- Hopserlauf mit kräftigem Armschwingen
- Froschhüpfen
- Ausfallschritt aus dem Lauf
- Angedeutete Sprungwürfe
- Lauf auf Mattenreihe; von Matte zu Matte Sprünge in die Hocke, Froschhüpfen (Mattenbahn quer)

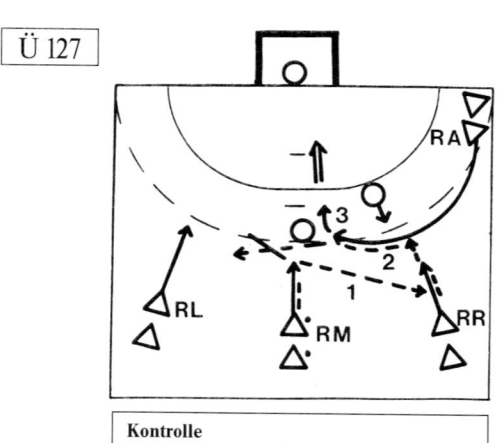

Ü 127

Technische und taktische Ausbildung

Einlaufen des RA mit Paßtäuschung und Durchbruch

RM paßt zu RR (1), RR in den Lauf von RA (2). RA täuscht einen Paß zu RL an und bricht zum Kreis durch, versucht, zum Torwurf zu gelangen.
Abwehrspieler zuerst mäßig aktiv. RA läuft auf die RA-Position zurück.

Kontrolle			
Dauer	min	Wiederholung	
verkürzt	min	nein	ja
verläng.	min	wann?	
Pausen		Trainingsziel	
nach	min	erreicht	
Dauer	min	zum Teil nicht erreicht	

Übungen 127 128

Einlaufen des RA gegen defensive oder offensive 5:1-Abwehr

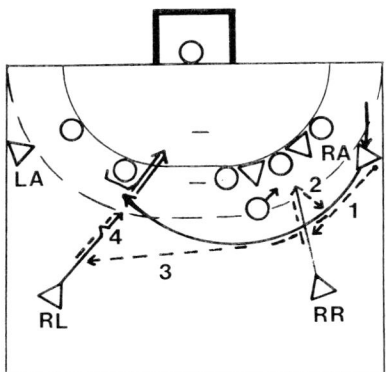

Der Angriffsschwerpunkt liegt auf der rechten Seite. RA paßt in die Stoßbewegung von RR (1) und läuft ein, kreuzt mit RR und erhält nach dem Kreuzen den Ball von RR (2), paßt zu RL (3) und läuft zu Sperre/Schirm auf Abwehrspieler HR. RL nutzt die Situation durch einen Sprungwurf oder ein Anspiel an den Kreis.

Ü 128

Kontrolle		
Dauer	min	**Wiederholung**
verkürzt	min	nein ja
verläng.	min	wann?
Pausen		**Trainingsziel**
nach	min	erreicht
Dauer	min	zum Teil
		nicht erreicht

Ⓥ

RA läuft zur Sperre an AR. Mit dem Bewegungsstoß von RL nach rechts umläuft LA die Sperre und wird von RL angespielt.

Kreistraining

Station 1: Bauchlage, hinter dem Rücken klatschen, dann Liegestütz
Station 2: Aus dem Hockstand Strecksprung mit ½ Drehung
Station 3: Klappmesser
Station 4: Bauchlage, Arme und Beine gleichzeitig heben und senken
Station 5: Skippings
Station 6: Liegestütz rücklings, Anhocken und Strecken der Beine
Station 7: Schwebesitz, Gegendrehen von Rumpf und Beinen
Station 8: Hampelmannhüpfen

TRAININGSEINHEIT 63

Trainingsperiode: ÜP VPI VPII WP   Datum:
Teilnehmer: 1 2 3 4 5 6 7 8 9 10 11 12 13 14 15 16 17 18
Trainingsziele: _____
_____
_____

Physische Vorbereitung

Slalomläufe um 10 Markierungen (Abstand 2 m)
Zuspiel mit dem Handball
- mit der linken Hand,
- mit der rechten Hand,
- Überkopfwürfe im Sprung,
- aus der Bauchlage,
- aus der Stoßbewegung,
- aus dem Sprung,
- aus kurzer Entfernung mit Rückhandwurf,
- mit Nackenpässen.

Ü 129

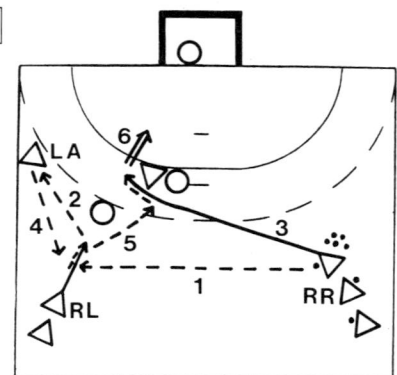

Kontrolle			
Dauer	min	Wiederholung	
verkürzt	min	nein	ja
verläng.	min	wann?	
Pausen		**Trainingsziel**	
nach	min	erreicht	
Dauer	min	zum Teil	
		nicht erreicht	

Technische und taktische Ausbildung

Einlaufen des RR bei offensiver Abwehrformation

RR paßt zu RL (1), RL zu LA (2). Mit dem Paß von RL an LA ist die Aufmerksamkeit der Abwehrspieler auf der Ballseite. Jetzt läuft RR ein, Paß von LA zu RL (4), Zuspiel von RL an RR (5). RR umläuft die Sperre am Kreis und wirft auf das Tor.

Abwehrspieler AR deckt LA oder RR; Entscheidung von RR: Paß zu LA?

Übungen 129 130

Gegenstoß mit Abwehrspieler

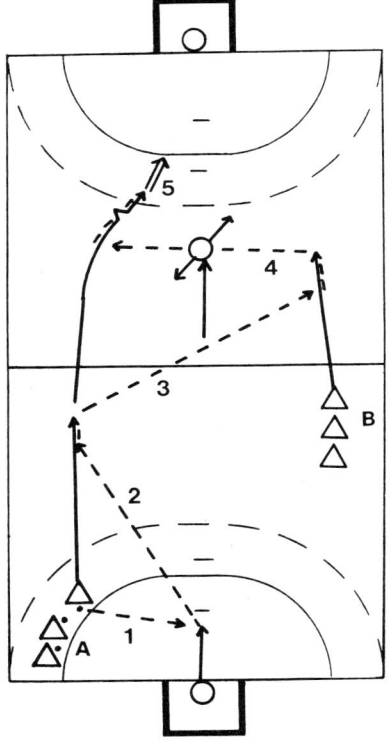

A paßt zum Torwart und startet zum Gegenstoß, erhält den Ball vom Torwart zurück. B startet und erhält den Ball von A zugespielt (3). B paßt zu A zurück (5). A wirft im Sprung auf das Tor (6).

Ü 130

Ⓥ

1. A Torwurf über defensiv stehenden Abwehrspieler
2. Ein Abwehrspieler versucht – wie in der nebenstehenden Zeichnung – das Zuspiel von A zu B sowie von B zu A zu erschweren. Er startet z. B. von der Mittellinie.

Wechsel

A wechselt zu Gruppe B, B wechselt zu Gruppe A.
Danach Übungsablauf auf der rechten Seite. A startet dann rechts.

Kontrolle		
Dauer	min	**Wiederholung**
verkürzt	min	nein ja
verläng.	min	wann?
Pausen		**Trainingsziel**
nach	min	erreicht
Dauer	min	zum Teil
		nicht erreicht

TRAININGSEINHEIT 64

Trainingsperiode: ÜP   VPI   VPII   WP   Datum:
Teilnehmer: 1 2 3 4 5 6 7 8 9 10 11 12 13 14 15 16 17 18
Trainingsziele: _____

Physische Vorbereitung

Sprints

- Torlinie – 6-m-Linie – rückwärts zurück
- Torlinie – 9-m-Linie – rückwärts zurück
- Torlinie – Mittellinie – rückwärts zurück
- Torlinie – Torlinie – Drehung und Ballaufnahme
- Sprint zur Torlinie zurück (prellen)

Ü 131

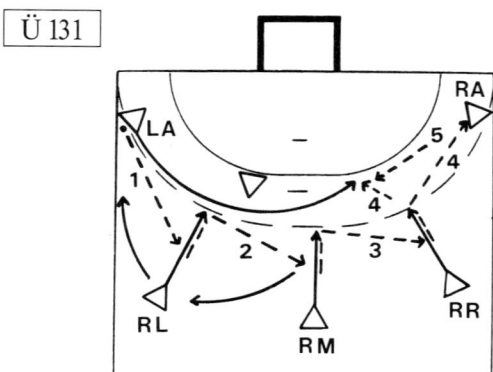

Kontrolle			
Dauer	min	Wiederholung	
verkürzt	min	nein	ja
verläng.	min	wann?	
Pausen		Trainingsziel	
nach	min	erreicht	
Dauer	min	zum Teil nicht erreicht	

Technische und taktische Ausbildung

Übergang von der 3:3- auf die 2:4-Angriffsformation

LA paßt zu RL (1), RL zu RM (2). Jetzt läuft LA an den Kreis ein, und RL wechselt auf die LA-Position. RM paßt zu RR (3) und wechselt auf die RL-Position. RR paßt den Ball zum einlaufenden LA oder zum RA (4), der zum einlaufenden LA paßt (5).

Ⓥ

Übung mit Kreisspieler, der vom Einlaufenden angespielt wird.

Übungen 131 132 133

Einlaufen des LA

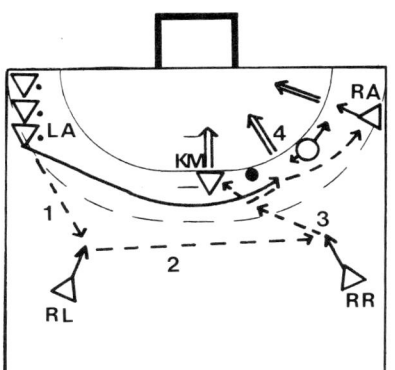

Kontrolle		
Dauer	min	**Wiederholung**
verkürzt	min	nein ja
verläng.	min	wann?
Pausen		**Trainingsziel**
nach	min	erreicht
Dauer	min	zum Teil
		nicht erreicht

LA paßt zu RL (1) und läuft ein. RL paßt zu RR (2). RR paßt kurz vor dem Markierungspunkt zum einlaufenden LA (3). LA wirft, wenn er vom Abwehrspieler nicht angegriffen wird, selbst (4), spielt Rückhandpaß auf KM oder paßt bei Angriff vom Abwehrspieler zu RA.

Ü 132

Ⓥ
Mit RA und Abwehrspieler.

Einlaufen des RA

Ü 133

Möglichkeiten der Übungsausführung wie bei der vorhergehenden Übung.

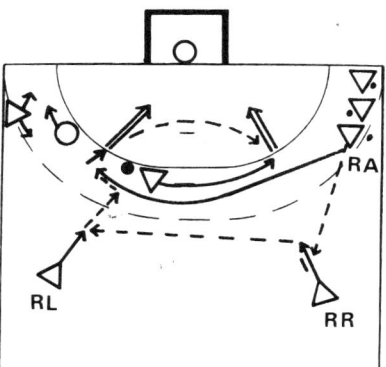

Ⓥ
Mit dem Einlaufen von RA wechselt der Kreisspieler auf die halbrechte Kreisposition und kann von RA angespielt werden.

Kontrolle		
Dauer	min	**Wiederholung**
verkürzt	min	nein ja
verläng.	min	wann?
Pausen		**Trainingsziel**
nach	min	erreicht
Dauer	min	zum Teil
		nicht erreicht

TRAININGSEINHEIT 65

Trainingsperiode: ÜP VPI VPII WP   Datum:
Teilnehmer: 1 2 3 4 5 6 7 8 9 10 11 12 13 14 15 16 17 18
Trainingsziele: _____

Physische Vorbereitung

Lauf in einem abgegrenzten Feld (Abwehrbewegungen)
3 m diagonal vorwärts
4 m diagonal seitwärts
4 m diagonal vorwärts
3 m diagonal rückwärts
4 m Steppschritte seitwärts
Zeitnahme nach mehreren Übungsdurchgängen
Kurzsprints zum Abschluß mit Torwürfen aus 10 m Entfernung

Ü 134

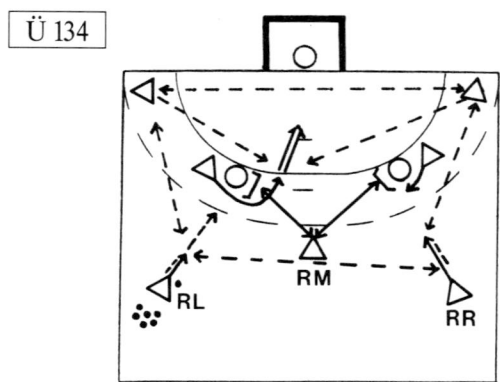

Technische und taktische Ausbildung

Passen im Positionsspiel und Kreisspielereinsatz

Die Spieler RL, RR, RA und LA passen sich in der Stoßbewegung den Ball zu. RM steht in der Mitte der Freiwurflinie, zwei Abwehrspieler mäßig aktiv auf den Halbpositionen am Kreis. RM läuft nach rechts oder links und sperrt. Kreisspieler umläuft die Sperre und wird angespielt.

Kontrolle			
Dauer	min	**Wiederholung**	
verkürzt	min	nein	ja
verläng.	min	wann?	
Pausen		**Trainingsziel**	
nach	min	erreicht	
Dauer	min	zum Teil	
		nicht erreicht	

Übungen 134 135

Belastungsübung in einer oder zwei Spielfeldhälften

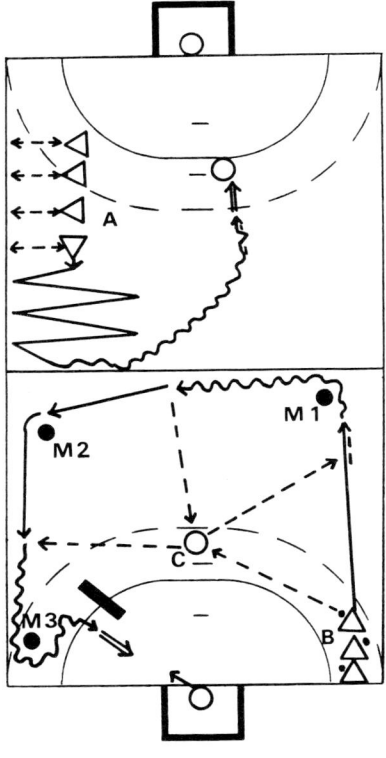

Spieler passen den Ball 10-, 20-, 30mal aus etwa 5 m scharf gegen die Wand; zeitversetzt beginnen. Hat der erste Spieler der Gruppe A die festgelegte Anzahl von Würfen erreicht, beginnt er, den Ball in Hochhalte, Sidesteps auszuführen. An der Mittellinie angenommen, prellt er kurz an der Mittellinie entlang – steigert sein Tempo, schwenkt nach innen –, prellt weiter und versucht, mit einem Sprungwurf Abwehrspieler und Torwart zu überwinden. Anschließend Ballaufnahme und wieder zu Gruppe A oder hinter Gruppe B. B paßt zum Anspieler C, sprintet, Paß von C – vor der Markierung M 1. B umrundet prellend M 1 und paßt zu C, umläuft im Sprint M 2. C spielt an, B prellt um M 3 und wirft auf das Tor. Weichbodenmatte begrenzt den Raum.

Ü 135

Kontrolle			
Dauer	min	**Wiederholung**	
verkürzt	min	nein	ja
verläng.	min	wann?	
Pausen		**Trainingsziel**	
nach	min	erreicht	
Dauer	min	zum Teil	
		nicht erreicht	

TRAININGSEINHEIT 66

Trainingsperiode: ÜP VPI VPII WP   Datum:
Teilnehmer: 1 2 3 4 5 6 7 8 9 10 11 12 13 14 15 16 17 18
Trainingsziele: _____
_____
_____

Physische Vorbereitung

Abwehrbewegungen
- In Kreisform
- Halbkreis
- Vor und zurück
- Dreieck
- Rechteck
- Starten auf Pfiff über 10 m, dann wieder Abwehrbewegungen

Sprint
Torlinie – Mittellinie, rückwärts zurück traben

Ü 136

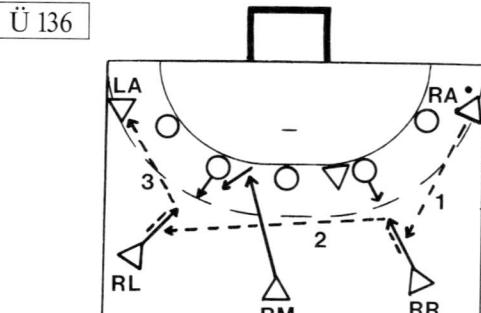

Kontrolle			
Dauer	min	Wiederholung	
verkürzt	min	nein	ja
verläng.	min	wann?	
Pausen		Trainingsziel	
nach	min	erreicht	
Dauer	min	zum Teil	
		nicht erreicht	

Technische und taktische Ausbildung

Wechsel der Angriffsformation, bei Überzahl, 3:3 auf 2:4 gegen offensive 5:0-Abwehr

Paß des RA zu RR (1). RR überspielt RM und paßt zu RL (2). RM läuft, nachdem der Abwehrspieler gegen RL offensiv herausgetreten ist, zum Kreis ein. RL paßt zum Einlaufenden, spielt Kreisspieler 6 an oder paßt zum LA (3). LA kann dann den einlaufenden RM anspielen.

Übungen 136 137

Gegenstoßübung

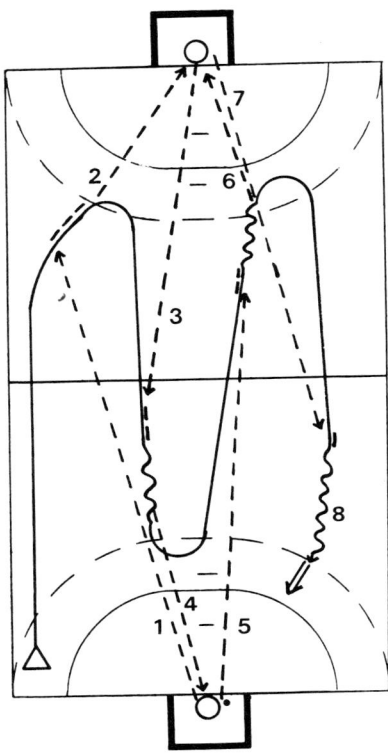

Auf jedes Tor zwei Gegenstöße; kraftvoller, gezielter Torwurf zum Abschluß.

Ü 137

⇨ Hohes Tempo und gute Zuspiele.

Ⓥ
1. Neben den Toren liegen mehrere Handbälle, und nach jedem Zuspiel vom Torwart wird mit einem Torwurf abgeschlossen. Die Torwürfe können auch gegen einen oder zwei Abwehrspieler durchgeführt werden.
2. Mit dem Spieler, der zum Gegenstoß läuft, läuft ein Abwehrspieler auf der linken Spielfeldseite mit, wechselt nach dem zweiten Lauf zum Gegenstoß auf die rechte Seite usw.

Kontrolle		
Dauer	min	**Wiederholung**
verkürzt	min	nein ja
verläng.	min	wann?
Pausen		**Trainingsziel**
nach	min	erreicht
Dauer	min	zum Teil
		nicht erreicht

TRAININGSEINHEIT 67

Trainingsperiode: ÜP, VPI VPII WP   Datum:
Teilnehmer: 1 2 3 4 5 6 7 8 9 10 11 12 13 14 15 16 17 18
Trainingsziele: _____

_____

_____

Physische Vorbereitung

Staffelübung
Prellen um Markierungspunkte

Zuspiel im höchsten Tempo
Belastungszeit eine Minute, Abstand der Partner 8 m; zuerst im Stand, dann im Lauf

Sprintübungen ohne Ball
Spieler laufen hintereinander und sprinten auf Pfiff bis zum nächsten Pfiff, dann traben.

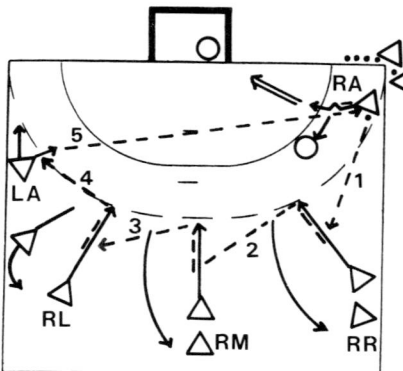

Technische und taktische Ausbildung

Passen und Einsatz des RA, dabei Schulung der Wahrnehmungsfähigkeit

RA paßt in die Stoßbewegung von RR (1), RR zu RM (2), RM zu RL (3), RL zu LA (4). Rückt der Abwehrspieler AL während der Paßfolge nach innen, wird RA angespielt (5).

Rückraumspieler immer schnell zurück, Pässe immer in der Vorwärtsbewegung annehmen.

Kontrolle			
Dauer	min	Wiederholung	
verkürzt	min	nein	ja
verläng.	min	wann?	
Pausen		**Trainingsziel**	
nach	min	erreicht	
Dauer	min	zum Teil	
		nicht erreicht	

Übungen 138 139

Abwehr- und Angriffsschulung 1:1

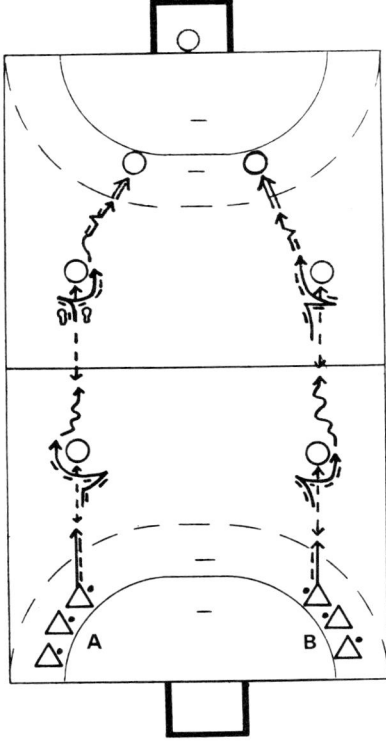

A paßt zum ersten Abwehrspieler und erhält in seine Stoßbewegung den Ball vom Abwehrspieler zurückgespielt, setzt sich mit einer einfachen oder doppelten Täuschungsbewegung gegen den Abwehrspieler durch. Danach prellen und Paß zum nächsten Abwehrspieler, Rückpaß, Sprung in die Grundstellung, „Wackler" usw.
Zeitversetzt beginnt der Übungsablauf mit der Gruppe B. Nach Torwurf Ballaufnahme, A schließt an Gruppe B, B an Gruppe A an.

Ü 139

Ⓥ
1. Torwürfe zum Abschluß gegen einen oder zwei Abwehrspieler, die einen Block bilden
2. Torwürfe ohne Abwehrspieler
3. Torwürfe über Weichbodenmatten

Kontrolle		
Dauer	min	**Wiederholung**
verkürzt	min	nein ja
verläng.	min	wann?
Pausen		**Trainingsziel**
nach	min	erreicht
Dauer	min	zum Teil
		nicht erreicht

TRAININGSEINHEIT 68

Trainingsperiode: ÜP VPI VPII WP   Datum:
Teilnehmer: 1 2 3 4 5 6 7 8 9 10 11 12 13 14 15 16 17 18
Trainingsziele: _____
_____
_____

Physische Vorbereitung

Mit dem Handball

- Skippings über die halbe Hallenlänge, Spurt zum Ende und zurück prellen
- Lauf, auf Pfiff Antritt über 10 m, auslaufen, Sprung in die Hocke, Strecksprung

Parteiball

5 gegen 5 auf engem Raum, hohes Tempo, direkte und indirekte Zuspiele

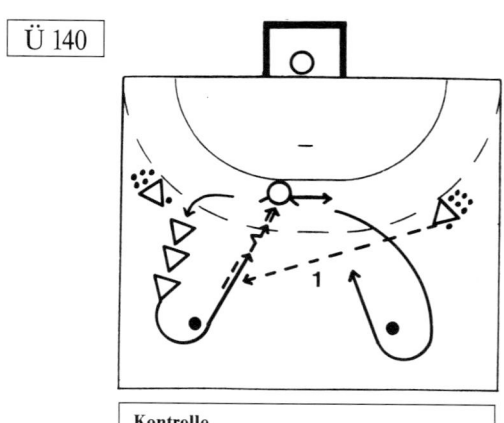

Ü 140

Kontrolle			
Dauer	min	Wiederholung	
verkürzt	min	nein	ja
verläng.	min	wann?	
Pausen		**Trainingsziel**	
nach	min	erreicht	
Dauer	min	zum Teil	
		nicht erreicht	

Technische und taktische Ausbildung

Ballannahme unter starker physischer Belastung

Der erste Spieler der Übungsgruppe startet, umrundet die Markierung, erhält dann den Ball von RR zugespielt (1). Torwurf gegen einen oder zwei Abwehrspieler, dann Lauf nach rechts und Umrundung der anderen Markierung, das Zuspiel jetzt von RL, Lauf nach links usw.

Übungen 140 141 142

Training von Abwehr und Angriff

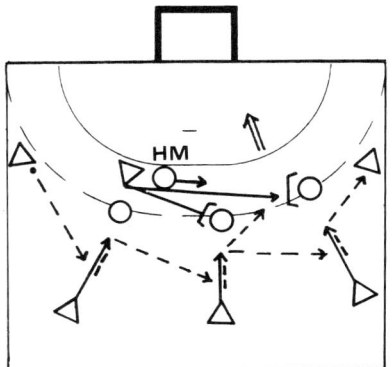

Kontrolle		Wiederholung	
Dauer	min		
verkürzt	min	nein	ja
verläng.	min	wann?	
Pausen		**Trainingsziel**	
nach	min	erreicht	
Dauer	min	zum Teil	
		nicht erreicht	

Ein Kreisspieler [Ü 141]

Der Angriff spielt in 3:3-Formation gegen 1:3-Abwehr (Innenverteidigung der 3:3- oder 4:2:1- bzw. 5:1-Offensivabwehr).
Aufgabe des Kreisspielers ist es, zu sperren und den Abwehrspieler HM so zu beschäftigen, daß sich Möglichkeiten für ein Anspiel aus dem Rückraum ergeben oder Durchbruchsmöglichkeiten bzw. Chancen für einen Torwurf.

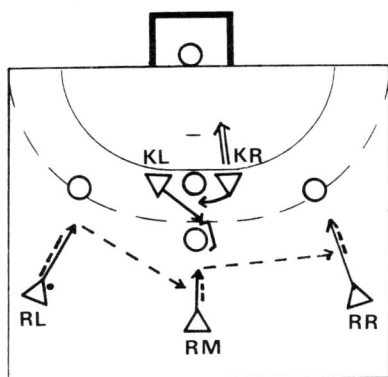

Kontrolle		Wiederholung	
Dauer	min		
verkürzt	min	nein	ja
verläng.	min	wann?	
Pausen		**Trainingsziel**	
nach	min	erreicht	
Dauer	min	zum Teil	
		nicht erreicht	

Zwei Kreisspieler [Ü 142]

1. Alle Angreifer nutzen Freiräume zum Torwurf, Durchbruch.
2. KL und RM versuchen, mit Hilfe von RL und RR zum Torwurf zu gelangen.
3. RM arbeitet nur als „Ballverteiler", KR, RL und RR arbeiten für einen Torwurf, KL für KR.

TRAININGSEINHEIT 69

Trainingsperiode: ÜP   VPI   VPII   WP   Datum:
Teilnehmer: 1 2 3 4 5 6 7 8 9 10 11 12 13 14 15 16 17 18
Trainingsziele: _____

Physische Vorbereitung

Gymnastik
Im Sitz langsames Senken des Oberkörpers in die Rückenlage
- schnelles Aufrichten zum Sitz,
- Vorfedern im Strecksitz,
- die Hände berühren die Fußgelenke,
- die Zehen,
- den Boden davor,
- Liegestütz und Vorspringen zum Hocksitz und zurück in schneller Folge,
- aus der Rückenlage zur Kerze und wieder in die Rückenlage.

Ü 143

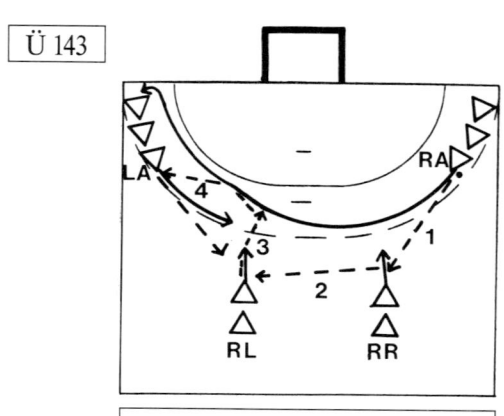

Technische und taktische Ausbildung

Laufspiel

RA paßt zu RR (1) und läuft an der Freiwurflinie entlang ein. RR paßt zu RL (2), RL zum einlaufenden RA (3). RA paßt zum ersten Spieler der LA-Gruppe (4) usw. RL und RA schnell wieder zurück hinter ihre Gruppe oder schräg rückwärts hinter die jeweils andere Gruppe; Paßvarianten spielen.

Kontrolle			
Dauer	min	Wiederholung	
verkürzt	min	nein	ja
verläng.	min	wann?	
Pausen		Trainingsziel	
nach	min	erreicht	
Dauer	min	zum Teil	
		nicht erreicht	

Übungen 143 144

Training mit drei Mannschaften

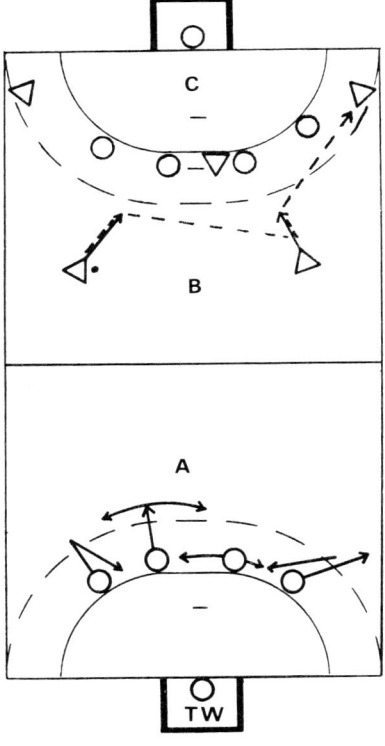

Mannschaft A (4 Spieler) übt individuelle Abwehrbewegungen, TW führt Gymnastik durch. Mannschaft B übt gegen Mannschaft C mit 5 gegen 4 Überzahl-Angriff. Mannschaft C versucht, in der 4:0-Abwehrformation zur Ballseite zu verschieben und gleichzeitig ein Anspiel an den Kreis zu verhindern. Wechsel der Aufgaben, wenn Mannschaft B

Ü 144

- neben oder über das Tor wirft,
- der Torwart von C den Ball abwehren kann,
- der Ball von Mannschaft C abgefangen werden kann.

Zeit wird vom Trainer vorher festgelegt. Mannschaft B wechselt mit C. C greift jetzt entweder 4:4 an; oder ein Spieler von B spielt jetzt bei C mit.

Die Übungsgruppen können verkleinert werden.

Kontrolle			
Dauer	min	Wiederholung	
verkürzt	min	nein	ja
verläng.	min	wann?	
Pausen		Trainingsziel	
nach	min	erreicht	
Dauer	min	zum Teil	
		nicht erreicht	

TRAININGSEINHEIT 70

Trainingsperiode: ÜP VPI VPII WP   Datum:
Teilnehmer: 1 2 3 4 5 6 7 8 9 10 11 12 13 14 15 16 17 18
Trainingsziele: _____
_____
_____

Physische Vorbereitung

Gymnastik
- Aus dem Sitz aufstehen ohne Gebrauch der Hände
- Aus der Rückenlage
- Aus der Bauchlage
- Rumpfkreisen im Grätschstand
- Aus dem Schwebesitz ohne Hände über die Seite zur Bauchlage und zurück zum Sitz rollen
- In der Bauchlage Arme und Beine gestreckt vom Boden heben, schaukeln
- Bauchschaukel und Rückenschaukel im Wechsel
- Laufen

Ü 145

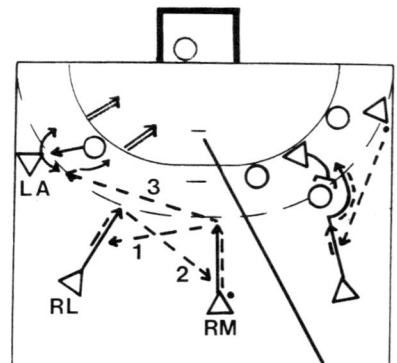

Technische und taktische Ausbildung

Schulung des LA

RM paßt aus der Stoßbewegung zu RL (1), RL wieder in die Vorwärtsbewegung vom RM (2). RM paßt zu LA (3). LA versucht sich gegen defensiven oder offensiven Abwehrspieler innen oder außen durchzusetzen.

Kontrolle			
Dauer	min	Wiederholung	
verkürzt	min	nein	ja
verläng.	min	wann?	
Pausen		Trainingsziel	
nach	min	erreicht	
Dauer	min	zum Teil	
		nicht erreicht	

3:3-Angriff und Abwehr

RR und LA mit KL üben Möglichkeiten, die 2:1 stehenden Abwehrspieler auszuspielen.

Übungen 145 146

Abwehrbewegungen und Gegenstoß

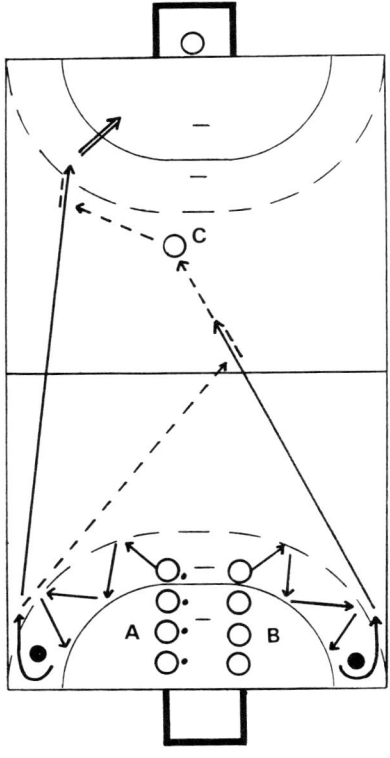

Ü 146

Die ersten Spieler von A und B beginnen gleichzeitig mit Abwehrbewegungen (alle Spieler der A-Gruppe haben einen Ball) mit unterschiedlichen Aufgaben:
- Seitwärtsbewegungen am Kreis entlang,
- heraustreten bis an die Freiwurflinie und schrägrückwärts an den Kreis usw.,
- heraustreten über die Freiwurflinie und entlang dieser Sidesteps usw.

Danach die Markierung umlaufen. B läuft zum Gegenstoß, A paßt zu B und sprintet weiter. B paßt zu C und läuft schnell rechts herum hinter Gruppe A. C paßt zu A, der auf das Tor wirft und sich dann im Rückwärtslauf der Gruppe B anschließt.
Nach dem Wurf auf das Tor von A holt sich B den Ball.

Kontrolle			
Dauer	min	**Wiederholung**	
verkürzt	min	nein	ja
verläng.	min	wann?	
Pausen		**Trainingsziel**	
nach	min	erreicht	
Dauer	min	zum Teil	
		nicht erreicht	

TRAININGSEINHEIT 71

Trainingsperiode: ÜP VPI VPII WP   Datum:
Teilnehmer: 1 2 3 4 5 6 7 8 9 10 11 12 13 14 15 16 17 18
Trainingsziele:

Physische Vorbereitung

Übungen mit dem Handball

- Den Ball auf dem Handrücken balancieren, dabei hinsetzen und wieder aufstehen
- Im Schwebesitz den Ball auf den Fußgelenken balancieren
- Werfen und fangen mit den Füßen
- Den Ball im Schneidersitz um den Körper rollen
- Im Sitz den Ball mit den Zehen rollen, dabei im Kreis herumdrehen
- Den Ball durch die gegrätschten Beine über den Rücken nach vorn drehen

Ü 147

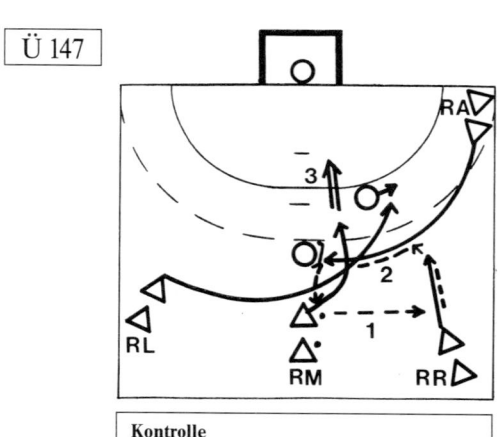

Kontrolle			
Dauer	min	Wiederholung	
verkürzt	min	nein	ja
verläng.	min	wann?	
Pausen		Trainingsziel	
nach	min	erreicht	
Dauer	min	zum Teil	
		nicht erreicht	

Technische und taktische Ausbildung

Einlaufen des RA und Kreuzen im Rückraum

RM paßt zu RR (1), RR paßt in den Lauf von RA (2), RL kreuzt mit RA und läuft an den Kreis ein, wo er vom Abwehrspieler übernommen wird. RA paßt kurz vor seiner Sperrstellung gegen den vorgezogenen Abwehrspieler zu RM, der kreuzt und auf das Tor wirft (3), mit Sprungwurf oder Durchbruch.

Übungen 147 148

Gegenstoß

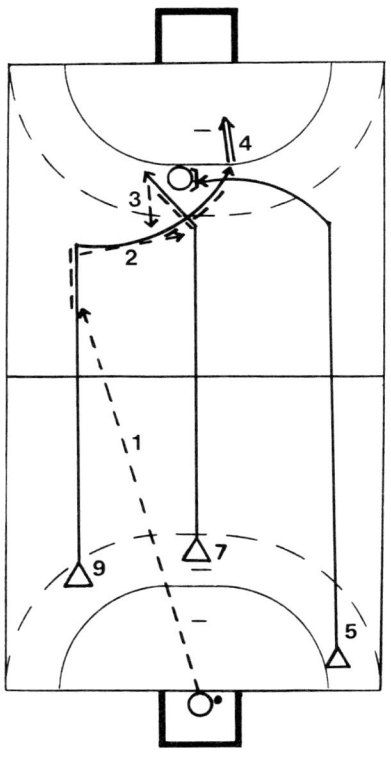

Ü 148

Spieler 5 startet als erster zum Gegenstoß, dann Spieler 7, dann Spieler 9. Paß vom Torwart an Spieler 9 (1), Paß zu 7 (2), Rückpaß (3). Spieler 5 geht in die Sperre zum Abwehrspieler. Spieler 9 umgeht die Sperre unter Ausnutzung der 3-Schritte-Regel und schließt mit Torwurf ab (4).

Ⓥ
Zuspiel von 9 an 7 und Torwurf.

Kontrolle			
Dauer	min	**Wiederholung**	
verkürzt	min	nein	ja
verläng.	min	wann?	
Pausen		**Trainingsziel**	
nach	min	erreicht	
Dauer	min	zum Teil	
		nicht erreicht	

177

TRAININGSEINHEIT 72

Trainingsperiode: ÜP VPI VPII WP   Datum:
Teilnehmer: 1 2 3 4 5 6 7 8 9 10 11 12 13 14 15 16 17 18
Trainingsziele:

Physische Vorbereitung

- Hopserläufe, Fersenlauf und Kniehebellauf im Wechsel
- Schlußsprünge 4mal durch die Halle
- Slalomläufe um 10 Medizinbälle (Abstand 2 m), je viermal mit und ohne Handball (Prellen)
- Individuelles Laufen auf der Spielfläche, dabei Abstoppen, Täuschungsbewegungen, Sprünge vortäuschen, bücken, Hakenschlagen, vorwärts, seitwärts und rückwärts laufen, Nachstellschritte vor- und seitwärts, Schattenlaufen

Ü 149

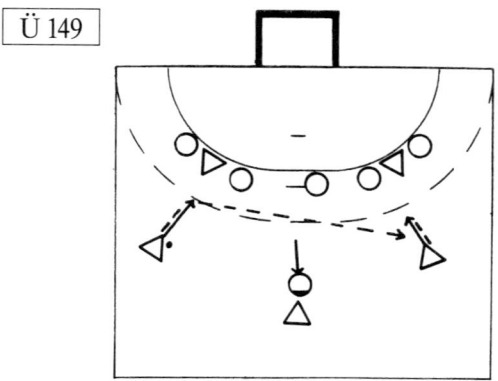

Technische und taktische Ausbildung

Abwehr in der Überzahl

Der Angriff spielt mit zwei Kreisspielern in der 3:2-Formation. Eine Möglichkeit der Abwehrtaktik ist, RM in Manndeckung zu nehmen oder RL bzw. RR je nach Tor- oder Zuspielgefährlichkeit.

Kontrolle		
Dauer	min	**Wiederholung**
verkürzt	min	nein ja
verläng.	min	wann?
Pausen		**Trainingsziel**
nach	min	erreicht
Dauer	min	zum Teil
		nicht erreicht

Übungen 149 150

Lösungsmöglichkeit bei Überzahl 6:5 gegen eine defensive 5:0-Abwehr

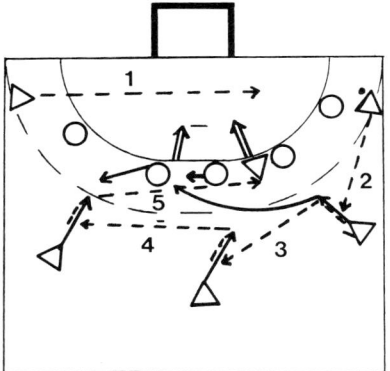

Ü 150

Kontrolle			
Dauer	min	**Wiederholung**	
verkürzt	min	nein	ja
verläng.	min	wann?	
Pausen		**Trainingsziel**	
nach	min	erreicht	
Dauer	min	zum Teil nicht erreicht	

Der Angriff kann durch einen Torraumpaß von LA an RA (1) oder von RA an LA eingeleitet werden. Der Torraumpaß wäre günstig, weil meistens die Abwehrformation bei Wechsel der Gefahrenseite (Ballseite/Angriffsschwerpunkt) entsprechend zur Ballseite verschiebt. Diese Verschiebung wäre günstig und kann durch das Verhalten (Bewegungsrichtung ohne und mit Ball) von RR – erhält den Ball von RA (2) – sowie von RM – erhält den Ball von RR (3) – unterstützt werden. Vor dem Paß von RM an RL startet RR zum Kreis und nimmt den Abwehrspieler Kreis-Mitte, der ihn übernehmen muß, mit. RL erhält den Ball von RM zugespielt (4) und täuscht einen Durchbruch auf Halblinks an und fordert so seinen Abwehrspieler.

Während meistens mit einem Paß an den einlaufenden RR gerechnet wird, spielt RL den Ball jedoch zum Kreisspieler 6 (5), der den etwas größer gewordenen Raum am Kreis zum Freistellen nutzt. Der Paß von RL an den einlaufenden RR ist ebenso zu trainieren und ist günstig, wenn der Abwehrspieler gegen RL offensiv heraustritt. Das Überraschungsmoment und der größere Raum verschaffen RR in dieser Situation einen Vorteil gegenüber „seinem" Abwehrspieler Kreis-Mitte.

Beim Übergang von 3:3 auf 2:4 paßt RL nicht zum Kreis, sondern zu RM, der zum Kreis einen Durchbruch versucht oder im Sprung auf das Tor wirft. Aus diesem Spielübergang lassen sich leicht einige weitere Abschlußmöglichkeiten entwickeln.

TRAININGSEINHEIT 73

Trainingsperiode: ÜP   VPI   VPII   WP   Datum:
Teilnehmer: 1 2 3 4 5 6 7 8 9 10 11 12 13 14 15 16 17 18
Trainingsziele: _____
_____
_____

Physische Vorbereitung

Partnerübungen mit dem Handball
- Ball gegenseitig im Stand zuprellen
- Im Sitzen
- Im Liegestütz
- Laufen und den Ball direkt und indirekt zuspielen
- Sitz, Ball zwischen die Beine geklemmt zurückrollen und den Ball hinter dem Kopf ablegen, anschließend der Partner
- Laufen und den Ball mit den Füßen zuspielen, kurze und weite Pässe

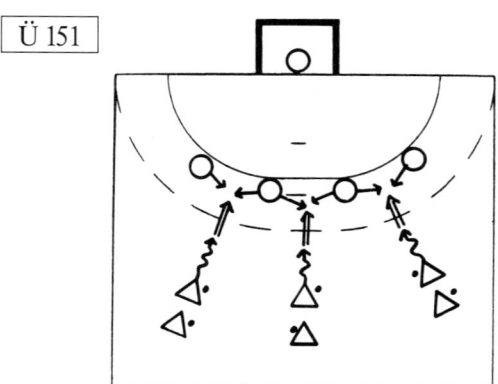

Ü 151

Kontrolle			
Dauer	min	**Wiederholung**	
verkürzt	min	nein ja	
verläng.	min	wann?	
Pausen		**Trainingsziel**	
nach	min	erreicht	
Dauer	min	zum Teil	
		nicht erreicht	

Technische und taktische Ausbildung

Übung für den Zweierblock

Vier Abwehrspieler stellen sich am Kreis auf. RL stößt auf die Nahtstelle zwischen HR und IR, die gemeinsam versuchen, den Torwurf zu blocken. Nach erfolgreichem Torwurf oder Block beginnt RM usw.

↪ Die Abwehrspieler dürfen nicht zu früh ihre Grundpositionen verlassen, um zu blocken.

Übungen 151 152

Aktionsgrundmuster für den 2:4-Angriff gegen offensive 5:1-, 3:3- oder 3:2:1-Abwehr

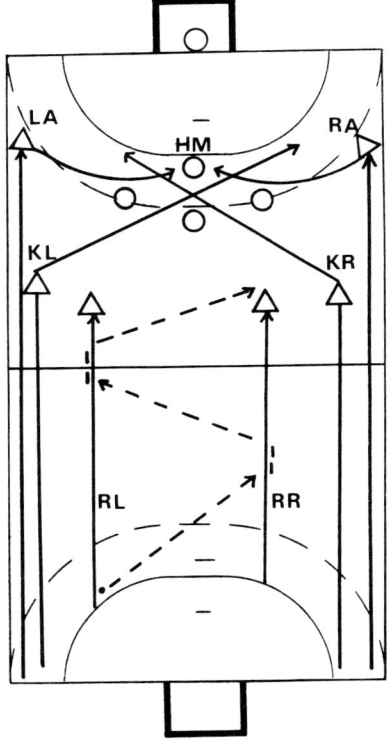

LA und RA sprinten zuerst, dann folgen die Kreisspieler KL und KR, zuletzt starten RL und RR und passen sich den Ball zu. | Ü 152 |

1. Aktion: LA und RA laufen neben den Abwehrspieler HM.
2. Aktion: Kreisspieler KL und KR kreuzen nur wenig später (wenn LA und RA noch nicht ganz neben HM stehen).
3. Aktion: RL oder RR passen zu LA oder RA, die sich plötzlich freistellen. Nach Zuspiel an LA oder RA Torwurf. Die Abwehr sprintet zum anderen Wurfkreis, und der Angriff formiert sich erneut.

⇒ Schnelle Ausführung, evtl. nutzen RL oder RR Lücken zum Durchbruch.

Kontrolle			
Dauer	min	**Wiederholung**	
verkürzt	min	nein	ja
verläng.	min	wann?	
Pausen		**Trainingsziel**	
nach	min	erreicht	
Dauer	min	zum Teil	
		nicht erreicht	

TRAININGSEINHEIT 74

Trainingsperiode: ÜP, VPI VPII WP   Datum:
Teilnehmer: 1 2 3 4 5 6 7 8 9 10 11 12 13 14 15 16 17 18
Trainingsziele:

Physische Vorbereitung

Übungen mit dem Handball

- Ball rollen, hinterherlaufen und überspringen, wieder aufnehmen und erneut rollen usw.
- Mit dem Ball am Fuß um Hindernisse dribbeln, zum Abschluß aus 10 m Entfernung auf eine Keulenreihe schießen
- Mit Partner vor einer Wand, einer wirft, einer fängt; weiter Abstand und mit voller Kraft gegen die Wand werfen

Ü 153

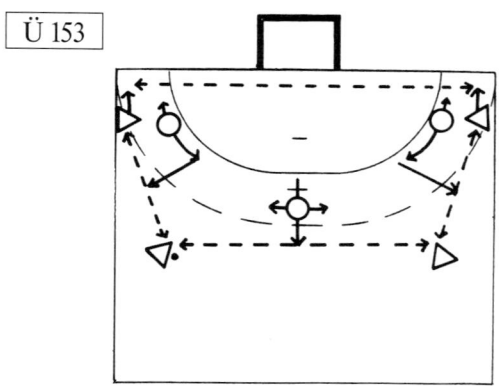

Kontrolle		
Dauer	min	**Wiederholung**
verkürzt	min	nein ja
verläng.	min	wann?
Pausen		**Trainingsziel**
nach	min	erreicht
Dauer	min	zum Teil
		nicht erreicht

Technische und taktische Ausbildung

Abfangen vom Pässen zur Abwehrschulung

Vier Angriffsspieler passen sich den Ball zu. Drei Abwehrspieler versuchen, durch plötzlichen Antritt in Ballbesitz zu gelangen.

↪ Keine Bogenlampen, nicht jeden Paß abfangen wollen. Oft auch nur das Paßspiel des Angriffs stören und sich wieder auf die Abwehr-Grundpositionen stellen. Der Angriff muß die Paßschärfe variieren und auch Bodenpässe spielen.

Übungen 153 154

Abwehrschulung im Stationstraining

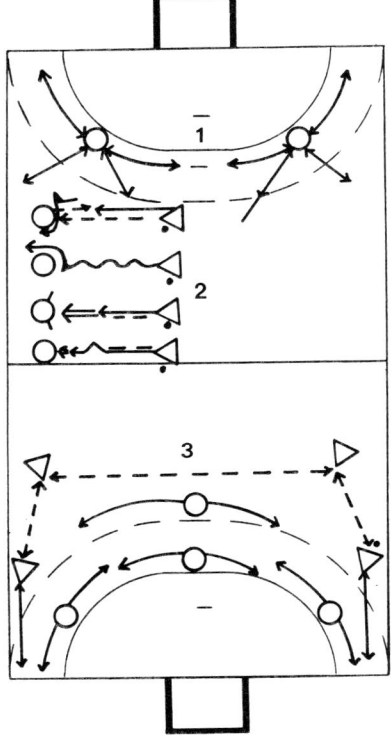

Station 1: Abwehrspieler auf den Halb-Positionen arbeiten mit großen Seitwärtsbewegungen am Kreis und mit schnellem Heraustreten nach vorn usw.

Ü 154

Station 2: 1:1; Abwehrspieler stehen etwa 3 bis 4 m vor der Hallenwand. Angriffsspieler versuchen, sich 1:1 durchzusetzen.
Möglichkeiten: Paß – Rückpaß – Täuschung – Durchbruch oder prellen – täuschen – Durchbruch.

Station 3: 4:4; Abwehr in der 3:1-Formation, Übungsablauf s. Abbildung.

Ⓥ
Abwehrspieler auf der ballentfernten Seite stellen sich quer mit Blickrichtung zum Ballbesitzer.

Kontrolle			
Dauer	min	**Wiederholung**	
verkürzt	min	nein	ja
verläng.	min	wann?	
Pausen		**Trainingsziel**	
nach	min	erreicht	
Dauer	min	zum Teil	
		nicht erreicht	

TRAININGSEINHEIT 75

Trainingsperiode: ÜP   VPI   VPII   WP   Datum:
Teilnehmer: 1 2 3 4 5 6 7 8 9 10 11 12 13 14 15 16 17 18
Trainingsziele: _____
_____
_____

Physische Vorbereitung

Übungen mit dem Handball

Im Laufen wird der Ball über eine Leine (2 m Höhe) gespielt und wieder gefangen:
- zwei Partner laufen nebeneinander, einer wirft, der andere fängt,
- Partner stehen etwa 12 bis 15 m entfernt gegenüber, dazwischen die Leine, der Ball wird mit Sprungwurf zum Partner gespielt,
- der Ball wird im Sprung gespielt und vom Partner im Sprung gefangen.

Ü 155

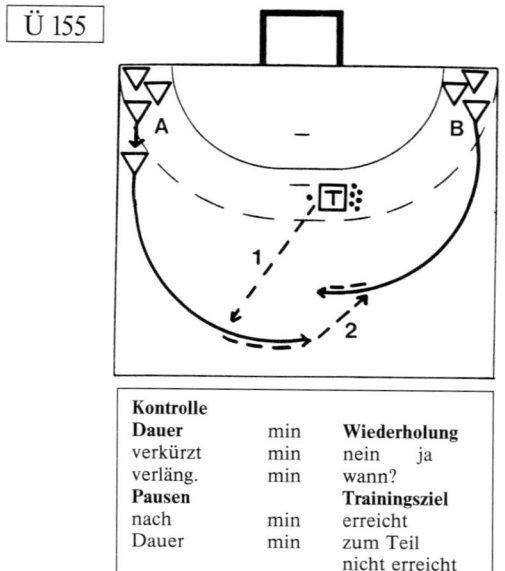

Technische und taktische Ausbildung

Passen im schnellen Lauf

Tempolauf von A, Zuspiel vom Trainer (1) A zum entgegenkommenden B (2), der einen kleinen Bogen läuft. B spielt dann zum nächsten Spieler von A usw. A schließt nach Abspiel hinter Gruppe B, B hinter Gruppe A an (oder A zu A, B zu B).

T zu B, A kreuzt und erhält den Ball von B, Sprungwurf von A ohne und mit Abwehrspieler.

Kontrolle			
Dauer	min	Wiederholung	
verkürzt	min	nein	ja
verläng.	min	wann?	
Pausen		Trainingsziel	
nach	min	erreicht	
Dauer	min	zum Teil	
		nicht erreicht	

Übungen 155 156 157

Spielübergang von der 2:4- auf die 3:3-Angriffsformation

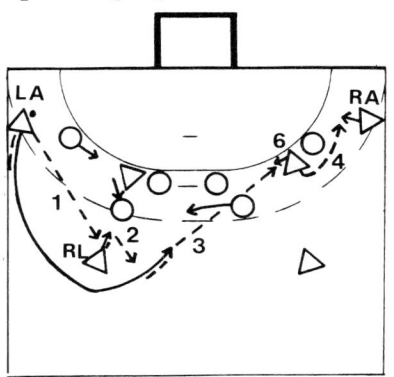

LA paßt zu RL (1) oder läuft mit Ball und paßt dann, erhält nach Bogenlauf den Ball von RL zurück (2), evtl. einmal tippen, und spielt aus dem Lauf/Sprung zum Kreisspieler 6 (3) oder zum RR. **Ü 156**

Ⓥ
Kreisspieler 6 läuft nach innen und spielt an RA ab (4). Zuerst ohne Torwurf üben.

Kontrolle			
Dauer	min	**Wiederholung**	
verkürzt	min	nein	ja
verläng.	min	wann?	
Pausen		**Trainingsziel**	
nach	min	erreicht	
Dauer	min	zum Teil	
		nicht erreicht	

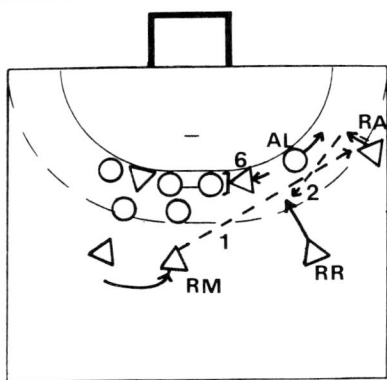

Aus der 3:3-Angriffsformation spielt der ehemalige LA, jetzt RM, nachdem Kreisspieler 6 zur Sperre in die Mitte eingelaufen ist, einen Paß zum RA (1). RA stößt mit Ball und bindet den Abwehrspieler AL. RR startet zum Durchbruch, erhält den Ball von RA (2) und wirft auf das Tor. **Ü 157**

Kontrolle			
Dauer	min	**Wiederholung**	
verkürzt	min	nein	ja
verläng.	min	wann?	
Pausen		**Trainingsziel**	
nach	min	erreicht	
Dauer	min	zum Teil	
		nicht erreicht	

TRAININGSEINHEIT 76

Trainingsperiode: ÜP VPI VPII WP   Datum:
Teilnehmer: 1 2 3 4 5 6 7 8 9 10 11 12 13 14 15 16 17 18
Trainingsziele: _____
_____
_____

Physische Vorbereitung

Übungen mit dem Handball
- Laufen mit dem Ball in Hochhalte
- Den Ball vorrollen und im Lauf wieder aufnehmen
- In verschiedenen Höhen prellen
- Lauftempo abrupt verändern
- Sprungwürfe mit einem Schritt
- Mit zwei Schritten/mit drei Schritten Anlauf
- Zielwürfe aus dem Lauf in den Basketballkorb
- Würfe aus 5 bis 15 m an die Wand, direkt und indirekt, Ballaufnahme durch schnelles Entgegenlaufen

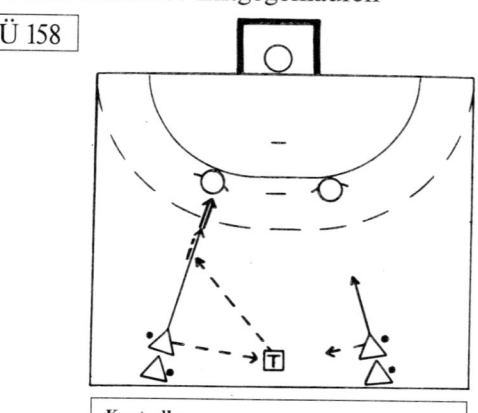

Ü 158

Kontrolle			
Dauer	min	Wiederholung	
verkürzt	min	nein	ja
verläng.	min	wann?	
Pausen		Trainingsziel	
nach	min	erreicht	
Dauer	min	zum Teil	
		nicht erreicht	

Technische und taktische Ausbildung

Schulung von Ballannahme und Torwurf

Zwei Gruppen, alle Spieler haben einen Ball. Paß zum Trainer und Sprint in Richtung des Abwehrspielers HR. Rückpaß vom Trainer ca. 2 m vor der Freiwurflinie und sofortiger Torwurf. Auch eine Übung für den Gegenstoß.

Die Spieler laufen diagonal.

Übungen 158 159

Schulung von Abwehr- und Angriffsbewegungen

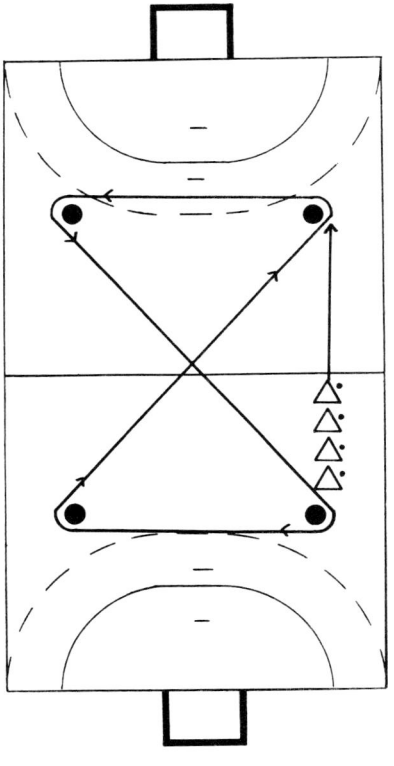

Die Spieler starten in etwa 8-m-Abständen, Ball in Hochhalte, zur ersten Markierung, dann in Form einer 8 um die Markierung laufen.

- Sprint ohne Ball
- Prellen
- Rückwärts mit Abwehrbewegungen usw.
- Eine zweite Übungsgruppe beginnt gleichzeitig auf der linken Seite in entgegengesetzter oder gleicher Richtung.
- Wettkampf: Die Gruppen starten gemeinsam.

Kontrolle		
Dauer	min	**Wiederholung**
verkürzt	min	nein ja
verläng.	min	wann?
Pausen		**Trainingsziel**
nach	min	erreicht
Dauer	min	zum Teil
		nicht erreicht

TRAININGSEINHEIT 77

| Trainingsperiode: | ÜP | VPI | VPII | WP | Datum: |

Teilnehmer: 1 2 3 4 5 6 7 8 9 10 11 12 13 14 15 16 17 18

Trainingsziele: _____

_____

_____

Physische Vorbereitung

Übungen mit dem Handball
- Prellen auf der Stelle
- Prellen mit Kraft
- Prellen nur etwa 10 cm hoch
- Prellen hinter dem Rücken herum
- Prellen im Sitzen/im Liegen
- Aus dem Liegen schnell wieder aufstehen und kurze Sprintstrecke laufen
- Prellen im Rückwärtslauf
- Im Stand prellend den Ball seitwärts unter den abwechselnd hochschwingenden Beinen hindurch

Ü 160

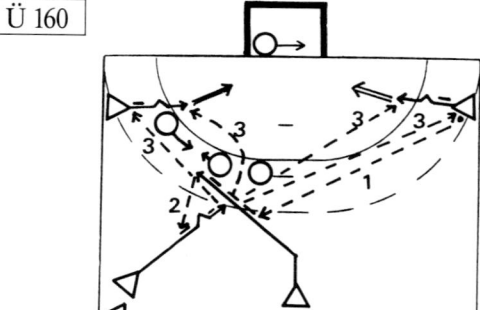

Technische und taktische Ausbildung

Einsatz der Außen nach Kreuzen von RM und RL

Paß von RA zu RM (1). RM kreuzt mit RL und läuft zwischen die Abwehrspieler RA und HR. RL paßt nach Zuspiel von RM (2) im Sprung zu LA bzw. RA (3), entweder direkt oder in den Anlauf zum Sprung. RL kann auch selbst werfen.

Übung auf der rechten Seite, RM kreuzt mit RR, fortsetzen.

Kontrolle			
Dauer	min	Wiederholung	
verkürzt	min	nein	ja
verläng.	min	wann?	
Pausen		Trainingsziel	
nach	min	erreicht	
Dauer	min	zum Teil	
		nicht erreicht	

Übungen 160 161

Training an 5 Stationen

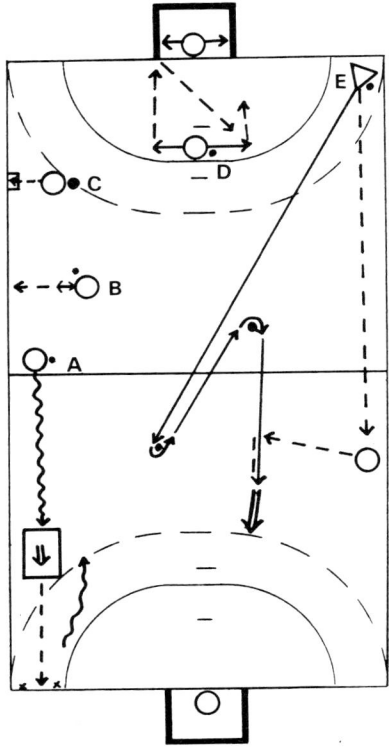

Station A: Der Spieler startet von der Mittellinie und prellt bis zur Weichbodenmatte, wirft nach dem Fallen auf das Ziel, am besten zwei Ziele. Nach dem Wurf schnelle Ballaufnahme und prellend zur Mittellinie zurücklaufen.

Ü 161

Station B: Aus der Stoßbewegung Pässe gegen die Wand spielen.

Station C: Aus der Rückenlage schnell aufsetzen und einen Medizinball über einen an die Wand gestellten Kasten werfen usw.

Station D: nach Sidesteps links Zuspiel zum Torwart, Rückpaß, Sidesteps usw.

Station E: Paß aus der Spielfeldecke zum Partner und Sprint um die Wendepunkte, Zuspiel vom Partner, Torwurf.

Kontrolle			
Dauer	min	**Wiederholung**	
verkürzt	min	nein	ja
verläng.	min	wann?	
Pausen		**Trainingsziel**	
nach	min	erreicht	
Dauer	min	zum Teil	
		nicht erreicht	

TRAININGSEINHEIT 78

Trainingsperiode: ÜP   VPI   VPII   WP   Datum:
Teilnehmer: 1 2 3 4 5 6 7 8 9 10 11 12 13 14 15 16 17 18
Trainingsziele:

Physische Vorbereitung

„Schattenlauf" mit Partner

- Nebeneinander laufen
- Hintereinander
- Versuchen, dem Partner wegzulaufen
- Tempo steigern
- Plötzlich abstoppen
- Seitwärts ausweichen
- Rollen wechseln

Die Übungen werden mit einem Handball (prellen) wiederholt.

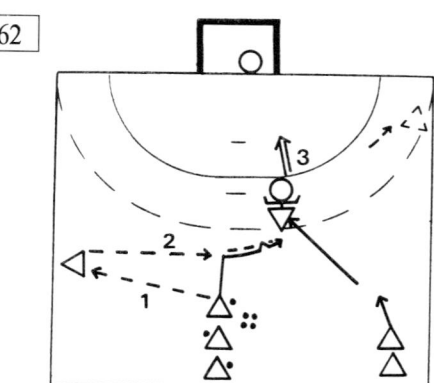

Ü 162

Kontrolle			
Dauer	min	Wiederholung	
verkürzt	min	nein	ja
verläng.	min	wann?	
Pausen		Trainingsziel	
nach	min	erreicht	
Dauer	min	zum Teil	
		nicht erreicht	

Technische und taktische Ausbildung

Schulung der Rückraumspieler RM und RR

RM paßt zu RL (1) und geht in die frontale Stoßbewegung. RR läuft zum Abwehrspieler (Schirm). RL paßt zu RM (2), RM mit Ball läuft nach rechts zum Sprungwurf an und wirft über den Schirm von RR (3). Nach Torwurf wechselt RM hinter RR, RR zu RM.

Ⓥ

Anspiel von RM an RA.

Übungen 162 163

Gegenstoßübung

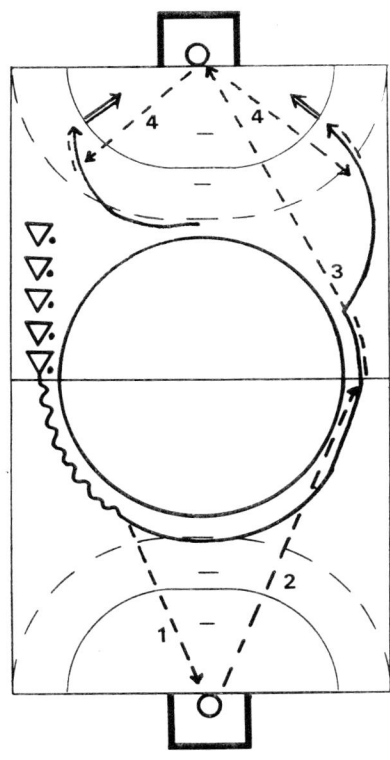

Ü 163

Der erste Spieler startet mit Ball und läuft prellend im Bogen, paßt zum Torwart (1) und sprintet im Bogen, erhält Rückpaß (2), spielt nach Ballannahme sofort zum anderen Torwart (3) und läuft in Richtung LA- oder RA-Position, erhält rechtzeitig den Ball wieder vom Torwart zurückgespielt (4) und wirft auf das Tor.
Nach dem Torwurf schnelle Ballaufnahme und hinter der Übungsgruppe anschließen.

Ⓥ
- Ein Abwehrspieler auf der Grundposition Kreismitte stört die Aktion des Spielers.
- Zwei Abwehrspieler arbeiten defensiv am Kreis zusammen.

Kontrolle		
Dauer	min	**Wiederholung**
verkürzt	min	nein ja
verläng.	min	wann?
Pausen		**Trainingsziel**
nach	min	erreicht
Dauer	min	zum Teil
		nicht erreicht

191

TRAININGSEINHEIT 79

Trainingsperiode: ÜP VPI VPII WP   Datum:
Teilnehmer: 1 2 3 4 5 6 7 8 9 10 11 12 13 14 15 16 17 18
Trainingsziele: _____
_____
_____

Physische Vorbereitung

- Läufe auf dem Handballfeld von Seitenlinie zu Seitenlinie
- 1 x vorwärts, 1 x rückwärts, ohne Ball, langsam, schneller, sehr schnell, im Sprint
- 1 x vorwärts, 1 x rückwärts, mit Handball (prellen), Steigerung wie zuvor
- Die Spieler sprinten auf optisches oder akustisches Zeichen über eine 10-m-Strecke und traben dann ruhig weiter, 10 x.

Ü 164

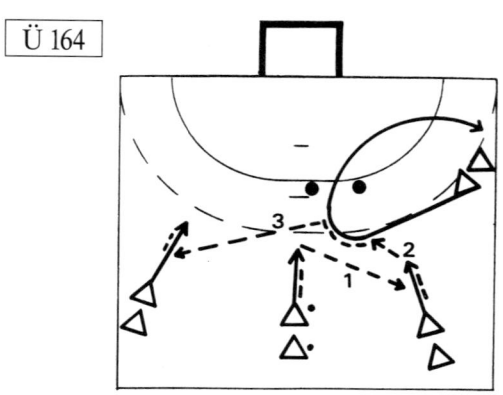

Technische und taktische Ausbildung

Einlaufen des RA

RM paßt zu RR (1). RR paßt zum einlaufenden RA (2), RA zu RL (3). RA läuft zwischen den Markierungspunkten wieder zur RA-Position zurück. RM, RR und RL laufen wieder hinter ihre Gruppen zurück. RL paßt dann zu RM.

⇨ RA erst bei der Vorwärtsbewegung von RR starten.

Kontrolle			
Dauer	min	Wiederholung	
verkürzt	min	nein	ja
verläng.	min	wann?	
Pausen		Trainingsziel	
nach	min	erreicht	
Dauer	min	zum Teil	
		nicht erreicht	

Übungen 164 165

Ballannahme in der Vorwärtsbewegung mit Schulung der Kreis- und Außenspieler

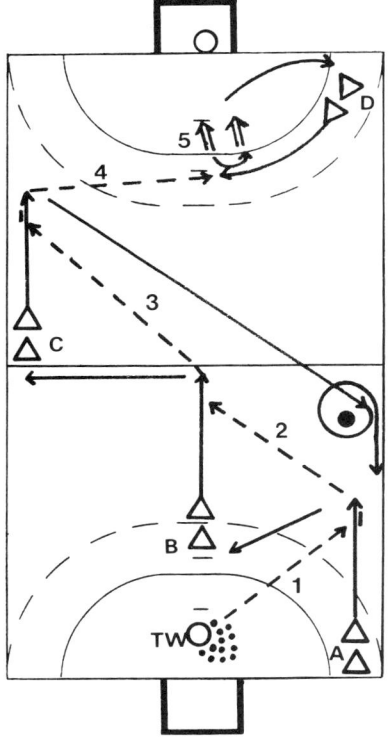

Torwart paßt zu A (1), A zu B (2), B zu C (3). C paßt zum einlaufenden D (4), D Torwurf/Torwurf nach Drehung entgegen der Laufrichtung (5). Ü 165

Wechselmöglichkeiten:
A zu B, B zu C im Tempolauf / Steigerungslauf / Sprint nach Umrundung einer Markierung. Spieler der D-Gruppe schließen wieder hinter ihrer eigenen Gruppe an.
Oder A, B, C in sehr schnellem Rückwärtslauf hinter die eigene Gruppe.
Oder, wie Zeichnung, alle Spieler der C-Gruppe nach Umrundung einer Markierung zur A-Gruppe.

Aufstellung ändern:
Gruppe A auf die linke Seite, Gruppe C auf die rechte, Gruppe D auf die linke Spielfeldseite.

Kontrolle			
Dauer	min	**Wiederholung**	
verkürzt	min	nein	ja
verläng.	min	wann?	
Pausen		**Trainingsziel**	
nach	min	erreicht	
Dauer	min	zum Teil	
		nicht erreicht	

193

TRAININGSEINHEIT 80

Trainingsperiode: ÜP VPI VPII WP   Datum:
Teilnehmer: 1 2 3 4 5 6 7 8 9 10 11 12 13 14 15 16 17 18
Trainingsziele: _____

_____

Physische Vorbereitung

Hopserlauf mit und ohne Armkreisen
- Aus dem Laufen in die Hocke gehen
- Aus dem Laufen in die Bauchlage und dann in die Rückenlage gehen
- Sofort zum Steigerungslauf starten

Hüpfen
- Auf einem Bein
- Hampelmann
- Vorwärts oder rückwärts auf einem oder beiden Beinen

Ü 166

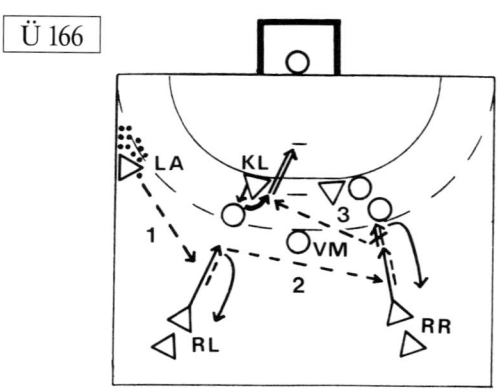

Kontrolle			
Dauer	min	Wiederholung	
verkürzt	min	nein	ja
verläng.	min	wann?	
Pausen		Trainingsziel	
nach	min	erreicht	
Dauer	min	zum Teil	
		nicht erreicht	

Technische und taktische Ausbildung

Sperren, Absetzen, Paßspiel

LA paßt zu RL (1), Abwehrspieler HR tritt heraus, Kreisspieler tritt zur Sperre aus dem Kreis heraus. RL paßt in die Stoßbewegung von RR (2). RR täuscht Torwurf an und paßt diagonal zu dem sich aus der Sperrstellung lösenden Kreisspieler (3).

Ⓥ
Mit VM-Abwehrspieler.

Übungen 166 167

Passen und Fangen im Lauf

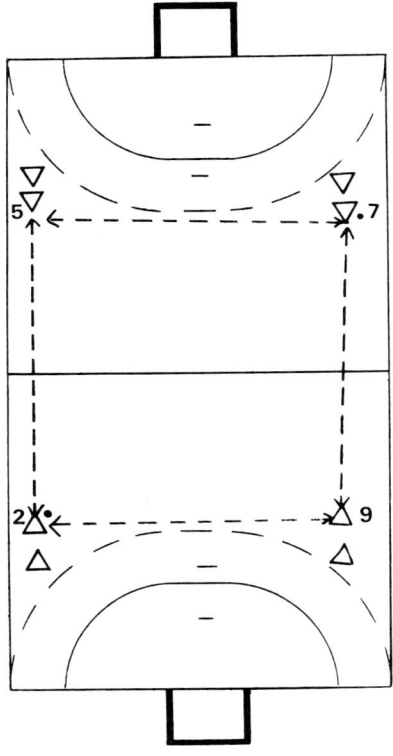

Spieler 2 paßt den Ball zum gegenüberstehenden Spieler 5 und geht hinter seine Gruppe zurück. 5 paßt zu 7, 7 zu 9.

Ü 167

(V)

- Nach dem Anspiel wechselt 2 hinter Gruppe 5, Sprint, 5 wechselt hinter Gruppe 7 usw.
- Nach dem Abspiel läuft 2 entgegengesetzt der Paßrichtung nach rechts hinter Gruppe 9; 5 nach Abspiel an 7 hinter Gruppe 2 usw.
- Entfernungen verringern bzw. vergrößern; bei geringer Entfernung kann auch mit einem Medizinball (Trainingsende) geübt werden.

Kontrolle			
Dauer	min	**Wiederholung**	
verkürzt	min	nein	ja
verläng.	min	wann?	
Pausen		**Trainingsziel**	
nach	min	erreicht	
Dauer	min	zum Teil	
		nicht erreicht	

TRAININGSEINHEIT 81

Trainingsperiode: ÜP   VPI   VPII   WP   Datum:
Teilnehmer: 1 2 3 4 5 6 7 8 9 10 11 12 13 14 15 16 17 18
Trainingsziele: _____
_____
_____

Physische Vorbereitung

- Medizinball aus der Hocke hochstoßen, so hoch wie möglich oder so schnell wie möglich
- Klappmesserübung, vier Serien à 20, Serienpause 30 sec
- Sprünge über Kastenbahn, einbeinig, beidbeinig
- Rumpfkreisen mit Medizinball in den Händen
- Hochsprünge über lose gehaltene Seile
- Abwehrbewegungen an der versetzten Kastenbahn, abwechselnd in Frontal- und Seitwärtsstellung zur Kastenbahn

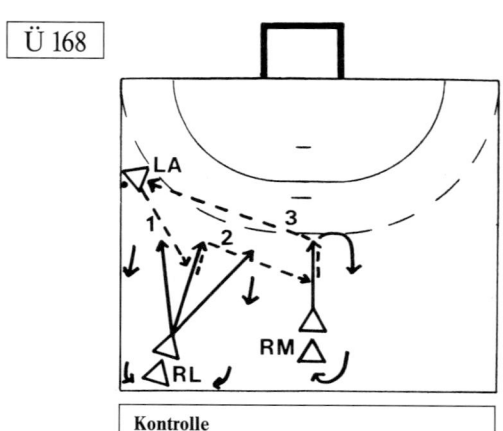

Ü 168

Kontrolle			
Dauer	min	**Wiederholung**	
verkürzt	min	nein	ja
verläng.	min	wann?	
Pausen		**Trainingsziel**	
nach	min	erreicht	
Dauer	min	zum Teil	
		nicht erreicht	

Technische und taktische Ausbildung

Schulung des RL

LA paßt zum RL, der seine Bewegungsrichtung ständig ändert (1). RL paßt zu RM (2) und zieht sich schnell wieder rückwärts zurück. RM paßt zu LA (3), der wieder den erneut startenden RL anspielt. Möglichst mit zwei Spielern auf der RL-Position im Wechsel oder nach mehreren Durchgängen üben und wechseln.

Übungen 168 169

Passen und Fangen

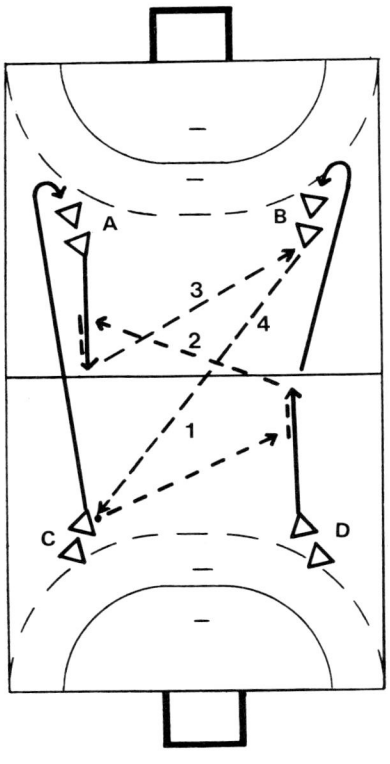

C paßt in den Lauf von D (1) Ü 169
und läuft hinter Gruppe A. D
paßt in den Lauf von A (2)
und läuft hinter Gruppe B. A
paßt zu B (3), B zu C (4), C zu
D usw.

Kontrolle			
Dauer	min	**Wiederholung**	
verkürzt	min	nein	ja
verläng.	min	wann?	
Pausen		**Trainingsziel**	
nach	min	erreicht	
Dauer	min	zum Teil	
		nicht erreicht	

TRAININGSEINHEIT 82

Trainingsperiode: ÜP   VPI   VPII   WP   Datum:
Teilnehmer: 1 2 3 4 5 6 7 8 9 10 11 12 13 14 15 16 17 18
Trainingsziele:

Physische Vorbereitung

Einlaufen mit Handball, prellen, hochwerfen, Tempowechsel, Richtungswechsel, Drehungen

Gymnastik

- Aus der Rückenlage schnelle Rumpfbeugen vorwärts
- Aus dem Sitz die Beine anhocken und strecken
- Die Beine wechselweise anhocken und strecken
- Aus der Rückenlage die Beine heben und senken

Ü 170

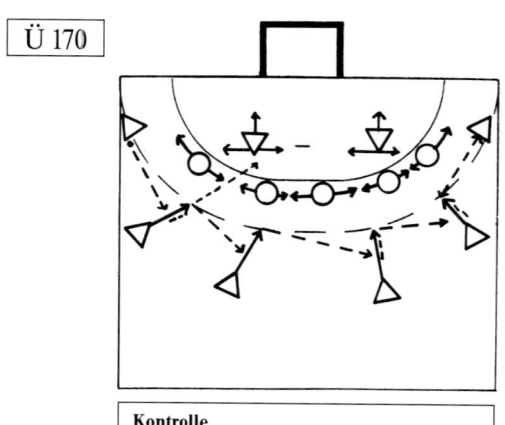

Technische und taktische Ausbildung

Sechs Angriffsspieler gegen fünf Abwehrspieler

Die Angriffsspieler passen sich nach sehr schneller, kurzer Stoßbewegung den Ball zu und versuchen, einen der beiden Mitspieler anzuspielen, die sich ca. 1 bis 2 m hinter der 6-m-Linie befinden; keine Bogenlampen. Nach geglücktem Zuspiel wird der Ball einem der Außenspieler zugepaßt.

Kontrolle			
Dauer	min	Wiederholung	
verkürzt	min	nein	ja
verläng.	min	wann?	
Pausen		Trainingsziel	
nach	min	erreicht	
Dauer	min	zum Teil	
		nicht erreicht	

Übungen 170 171

Passen und Fangen

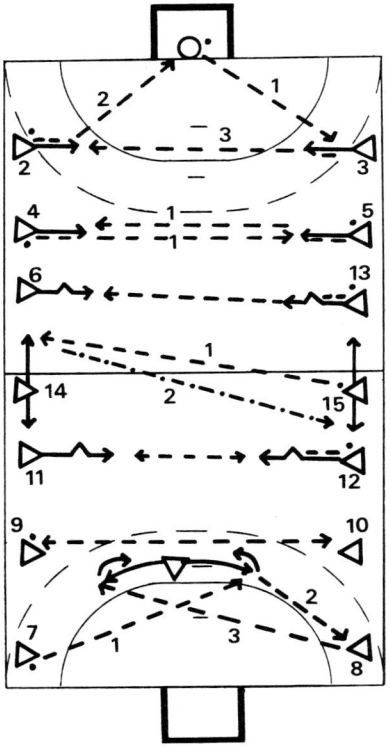

- Spieler 2 paßt zum TW, TW zu 3, 3 zu 2. $\boxed{\text{Ü 171}}$
- Spieler 4 und 5 passen sich gleichzeitig zwei Handbälle zu.
- Spieler 13 paßt im Sprung zu 6. Dieser versucht, den Ball im Sprung zu fangen.
- Spieler 14 und 15 passen sich einen Handball – immer etwas seitwärts – zu (auch rollen).
- Spieler 9 und 10 passen sich im Stand den Ball zu.
- Spieler 12 paßt im Sprung zu 11. 11 fängt im Sprung und geht sofort in die Hocke, springt aus der Hocke und paßt zurück zu 12.
- Spieler 7 paßt zum Kreisspieler. Der paßt zu 8, 8 Rückpaß usw.

Kontrolle			
Dauer	min	Wiederholung	
verkürzt	min	nein	ja
verläng.	min	wann?	
Pausen		Trainingsziel	
nach	min	erreicht	
Dauer	min	zum Teil	
		nicht erreicht	

TRAININGSEINHEIT 83

Trainingsperiode: ÜP   VPI   VPII   WP   Datum:
Teilnehmer: 1 2 3 4 5 6 7 8 9 10 11 12 13 14 15 16 17 18
Trainingsziele:

Physische Vorbereitung

Lauf mit Partner und Paßspiel mit einem Handball

Gymnastik
- In der Bauchlage schaukeln
- Wechsel Bauchlage und Liegestütz
- Liegestütz mit Wechsel von enger und weiter Stellung der Arme
- Liegestütz rücklings
- Hüpfübungen im Stand
- Oberkörper im Kniestand rückwärts führen
- Oberkörper im Hürdensitz drehen, kreisen, beugen, die Beine heben

Ü 172

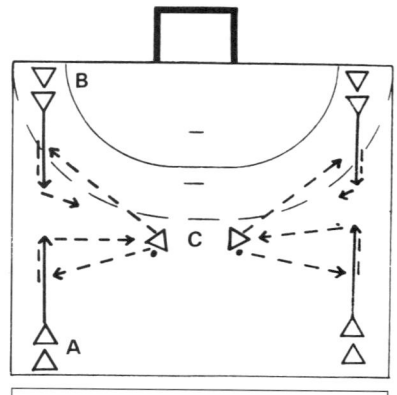

Technische und taktische Ausbildung

Schulung der Balltechnik

A erhält in der Stoßbewegung den Paß von Zuspieler C, paßt aus der Bewegung zu C zurück und geht hinter Gruppe A zurück. C paßt in die Stoßbewegung von B, B zu V zurück und geht rückwärts wieder hinter Gruppe B, usw.
Der gleiche Übungsablauf auf der rechten Seite.

Kontrolle			
Dauer	min	Wiederholung	
verkürzt	min	nein	ja
verläng.	min	wann?	
Pausen		Trainingsziel	
nach	min	erreicht	
Dauer	min	zum Teil	
		nicht erreicht	

Übungen 172 173

Stationstraining mit hoher Belastung

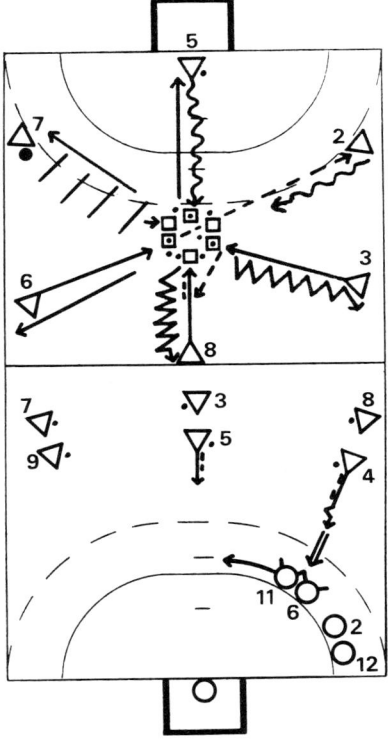

Ü 173

5 prellt und legt seinen Handball auf den Kasten ab, sprintet zurück und wieder nach vorn, nimmt den Handball wieder auf, mit Ball in Hochhalte rückwärts zurück und wieder nach vorn prellen.

7 mit Medizinball alle 2 m Strecksprünge. Medizinball ablegen, rückwärts zurücklaufen, Sprint vorwärts, Ball aufnehmen, rückwärts zurück, wieder nach vorn und Strecksprung, usw.

3 Sprint vorwärts, Ballaufnahme vom Kasten, Paß in den Lauf von 8. 3 zieht sich mit Abwehrbewegungen rückwärts zurück. 8 legt den Ball auf dem Kasten ab und zieht sich ebenfalls zurück. 8 startet usw.

6 Sprint, Ballaufnahme und Paß zu 2, rückwärts zurück. 2 prellt bis zum Kasten, legt den Ball auf den Kasten und geht rückwärts zurück, sprintet wieder vorwärts, Ballaufnahme und Paß an 6.

Kontrolle		
Dauer	min	**Wiederholung**
verkürzt	min	nein ja
verläng.	min	wann?
Pausen		**Trainingsziel**
nach	min	erreicht
Dauer	min	zum Teil
		nicht erreicht

TRAININGSEINHEIT 84

Trainingsperiode: ÜP VPI VPII WP   Datum:
Teilnehmer: 1 2 3 4 5 6 7 8 9 10 11 12 13 14 15 16 17 18
Trainingsziele: _____

_____

_____

Physische Vorbereitung

Lauf

Langsam und locker vorwärts, rückwärts, seitwärts, Skippings (hohes Knieheben), Laufsprünge, Drehungen, Steigerungsläufe ohne und mit Ball (Prellen)

Gehen

Auf den Zehen, in der Hocke, mit tiefen Rumpfbeugen, mit Armkreisen, mit Ausfallschritt

Ü 174

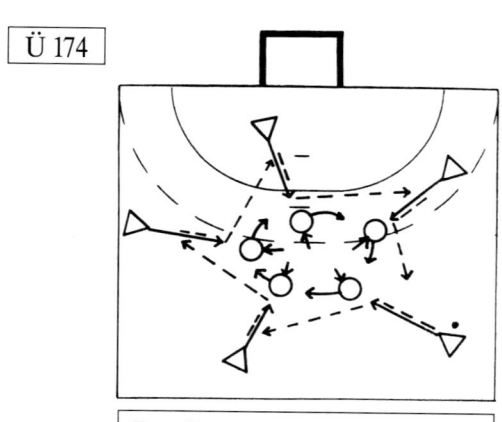

Kontrolle			
Dauer	min	**Wiederholung**	
verkürzt	min	nein	ja
verläng.	min	wann?	
Pausen		**Trainingsziel**	
nach	min	erreicht	
Dauer	min	zum Teil	
		nicht erreicht	

Technische und taktische Ausbildung

Paßschnelligkeit aus der Stoßbewegung

Abwehr: verschieben zur Ballseite (Abspielrichtung); Außenspieler passen sich in der Stoßbewegung den Ball zu. Abwehrspieler innen verschieben zur Ballseite.

- Wechsel der Paßrichtung
- Stoßen auf die Nahtstelle; zwei Abwehrspieler schließen diese.

Übungen 174 175

Sperren – Zusammenarbeit von RL und RM sowie RR

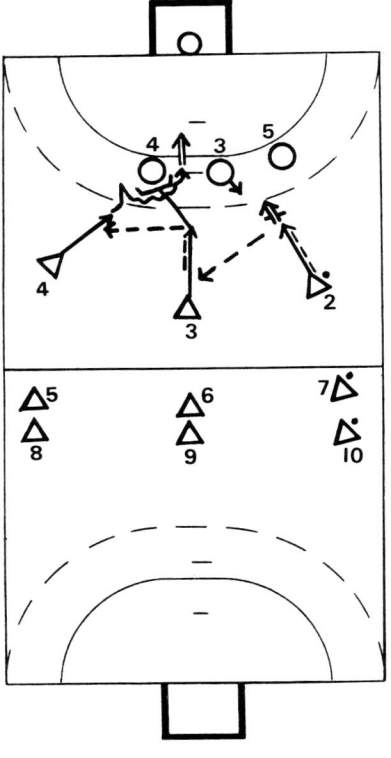

Ü 175

RR paßt nach Bewegungsstoß und Torwurftäuschung zum Spieler auf der RM-Position. RM paßt zum RL und läuft zur Sperre zu Abwehrspieler 4. RL (Spieler 4) prellt und umläuft die Sperre und wirft auf das Tor.
Entscheidend für den Übungsablauf ist das Verhalten von Abwehrspieler 3. Greift 3 den Angriffsspieler RL an, paßt RL zu RR. RR versucht, dann gegen den defensiv stehenden Abwehrspieler 5 zu einem erfolgreichen Torwurf zu gelangen.

Kontrolle			
Dauer	min	**Wiederholung**	
verkürzt	min	nein	ja
verläng.	min	wann?	
Pausen		**Trainingsziel**	
nach	min	erreicht	
Dauer	min	zum Teil	
		nicht erreicht	

TRAININGSEINHEIT 85

Trainingsperiode: ÜP   VPI   VPII   WP   Datum:
Teilnehmer: 1 2 3 4 5 6 7 8 9 10 11 12 13 14 15 16 17 18
Trainingsziele: _____
_____
_____

Physische Vorbereitung

- Hopserlauf, Schrittwechselsprünge, hohe Beinschwünge „Let-Kiss-Schritt"
- Dehnungsübungen im Schritt, im Grätschsitz, im Hürdensitz, im Spagat
- Grätschwinkelsprünge: Finger berühren die Fußspitzen
- Korkenzieher, Rumpfbeugen
- Klappmesserübung

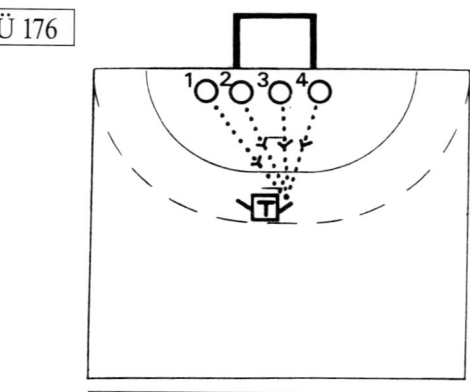

Ü 176

Technische und taktische Ausbildung

Schulung der Blickverbindung des Torwarts

Drei oder vier Torwarte stehen in einer Reihe nebeneinander, Blickrichtung zum Trainer, der im Abstand von 4 m den Ball mit der rechten bzw. linken Hand führt. Torwarte müssen immer Blickverbindung zum Ball halten. Wechsel in der Reihe.

Kontrolle			
Dauer	min	Wiederholung	
verkürzt	min	nein	ja
verläng.	min	wann?	
Pausen		Trainingsziel	
nach	min	erreicht	
Dauer	min	zum Teil	
		nicht erreicht	

Übungen 176 177

Schulung der Offensiv-Aufgaben des Torwarts

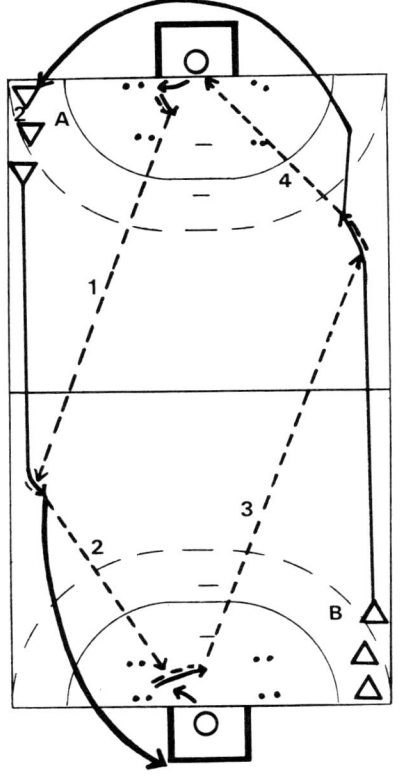

Der Torwart nimmt einen der im Torraum liegenden Bälle auf und spielt zum Gegenstoßspieler A (1). Dieser paßt zum gegenüberstehenden Torwart (2), der dann den im Augenblick seines Ballbesitzes startenden Gegenstoßspieler B anspielt (3). A läuft nach dem Anspiel hinter Gruppe B.

⇒ Hohe Intensität für Spieler und Torwarte durch Schnelligkeit der Aktionen

Ⓥ
Zwei Spieler laufen eine vorher festgelegte Anzahl von Gegenstößen.

Ü 177

Kontrolle			
Dauer	min	**Wiederholung**	
verkürzt	min	nein	ja
verläng.	min	wann?	
Pausen		**Trainingsziel**	
nach	min	erreicht	
Dauer	min	zum Teil	
		nicht erreicht	

TRAININGSEINHEIT 86

Trainingsperiode: ÜP   VPI   VPII   WP   Datum:
Teilnehmer: 1 2 3 4 5 6 7 8 9 10 11 12 13 14 15 16 17 18
Trainingsziele: _____

Physische Vorbereitung

Gymnastik

- Windmühle, Schattenboxen, Schulterrollen, Armkreisen, Armgegenkreisen (je 30 sec)
- aus der Rückenlage mit Medizinball den Oberkörper schnell aufrichten
- Gymnastik und Dehnungsübungen mit dem Handball
- Ballführung im Lauf

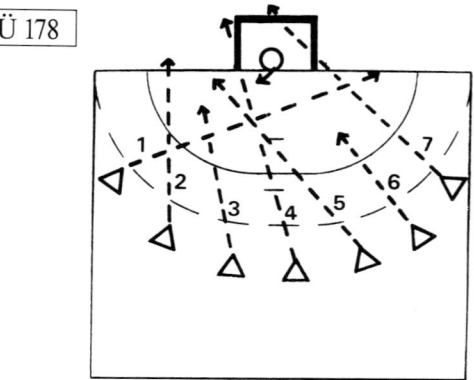

Ü 178

Technische und taktische Ausbildung

Schnelle Ballaufnahme

Würfe hinter, neben oder über das Tor; schnelle Ballaufnahme, zum Spieler zurückpassen (auf genaues Passen achten).

Kontrolle			
Dauer	min	**Wiederholung**	
verkürzt	min	nein	ja
verläng.	min	wann?	
Pausen		**Trainingsziel**	
nach	min	erreicht	
Dauer	min	zum Teil	
		nicht erreicht	

Übungen 178 179

Schulung der Offensiv-Aufgaben des Torwarts

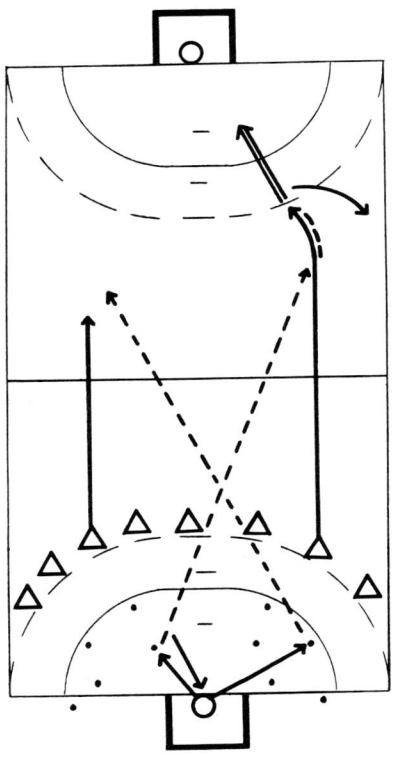

Die an der Freiwurflinie stehenden Spieler sind von 1 bis 8 numeriert. Ihre Position muß sich nach jeder Aktion verändern. Der gerufene Spieler startet zum Gegenstoß, der Torwart nimmt den Ball neben dem Tor auf und paßt. Während der Spieler mit Torwurf abschließt, wird der nächste Spieler aufgerufen. Nach der Aktion reiht sich der Spieler wieder ein (Ball neben dem Tor ablegen).

Ü 179

Ⓥ
Einsatz von gegnerischen Abwehrspielern im Bereich von Freiwurf- oder Torraumlinie

Kontrolle			
Dauer	min	**Wiederholung**	
verkürzt	min	nein	ja
verläng.	min	wann?	
Pausen		**Trainingsziel**	
nach	min	erreicht	
Dauer	min	zum Teil	
		nicht erreicht	

TRAININGSEINHEIT 87

Trainingsperiode: ÜP VPI VPII WP   Datum:
Teilnehmer: 1 2 3 4 5 6 7 8 9 10 11 12 13 14 15 16 17 18
Trainingsziele: _____
_____
_____

Physische Vorbereitung

- Zwei Bälle tippen auf, einen jeweils fangen
- Ein Ball tippt auf, Rolle vorwärts, fangen
- Rolle vorwärts, Ball fangen
- Bauchlage, Sprung zum Hampelmann, Ball fangen
- Liegestütz, Ball aufnehmen, durch Grätsche zurückspielen
- 5 Bocksprünge über Partner, durch gegrätschte Beine kriechen, danach Abwehr von einer Wurfserie im Tor

Ü 180

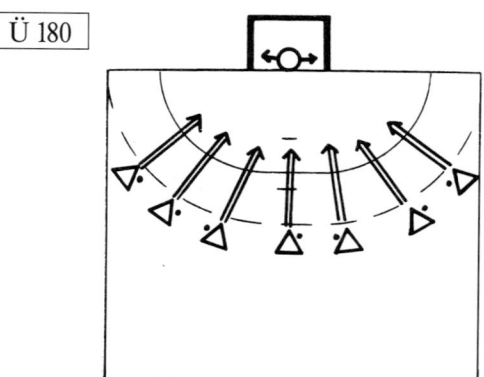

Technische und taktische Ausbildung

Abwehr von Wurfserien

Sprungwurf aus 9 m Abstand in obere Torecken, in untere Torecken
Würfe aus dem Stand, Wurfziele beliebig
Abwehr von Siebenmetern Abstand 9 m, ohne und mit Abwehrspieler

Kontrolle			
Dauer	min	Wiederholung	
verkürzt	min	nein	ja
verläng.	min	wann?	
Pausen		Trainingsziel	
nach	min	erreicht	
Dauer	min	zum Teil	
		nicht erreicht	

Übungen 180 181

Übung der Grundstellung des Torwarts

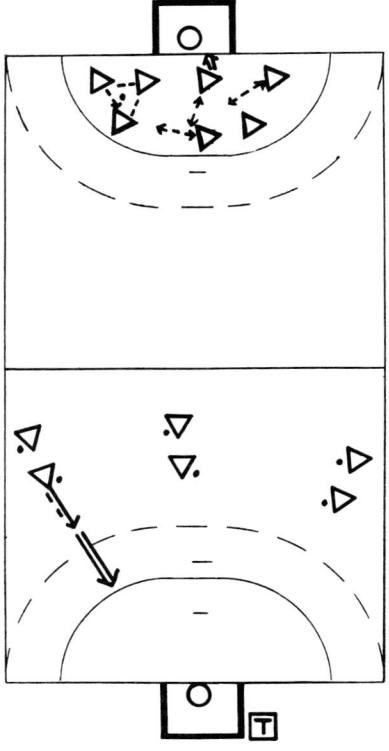

1. Spieler spielen mit einem Handball Fußball im Torraum/Torkreis. Nach mehreren Pässen flacher Schuß auf das Tor. Torwart muß immer die richtige Grundstellung einnehmen und dann abwehren. $\boxed{\text{Ü 181}}$
2. Torwart in Grundstellung. Torwürfe unter Zielangabe durch den Trainer (steht hinter dem Tor).
3. Torwart in Grundstellung. Zwei Gruppen mit Spielern auf den Halbpositionen, Torwürfe von beiden Seiten.

Kontrolle		
Dauer	min	**Wiederholung**
verkürzt	min	nein ja
verläng.	min	wann?
Pausen		**Trainingsziel**
nach	min	erreicht
Dauer	min	zum Teil
		nicht erreicht

TRAININGSEINHEIT 88

Trainingsperiode: ÜP   VPI   VPII   WP   Datum:
Teilnehmer: 1 2 3 4 5 6 7 8 9 10 11 12 13 14 15 16 17 18
Trainingsziele: _____

Physische Vorbereitung

Der Torwart steht im Tor, fängt mit beiden Händen die vom Partner zugespielten Bälle und wirft diese leicht aus dem Torraum heraus.
Serien:
29 x hoch rechts, links im Wechsel
20 x halbhoch rechts, links im Wechsel
20 x tief rechts, links im Wechsel
20 x tief, rechts, hoch, links im Wechsel usw.

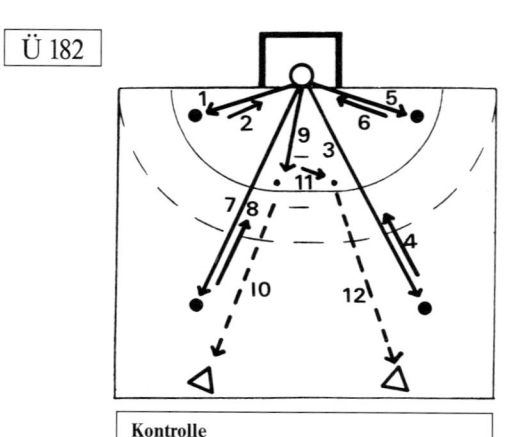

Ü 182

Technische und taktische Ausbildung

Torwart sitzt, steht bei Torwurf auf und wehrt ab. Spieler holt Ball und geht hinter Gruppe usw.
Torwart sitzt, Torwurf über Kopf des Torwarts, wehrt ab usw.

Kontrolle			
Dauer	min	**Wiederholung**	
verkürzt	min	nein	ja
verläng.	min	wann?	
Pausen		**Trainingsziel**	
nach	min	erreicht	
Dauer	min	zum Teil	
		nicht erreicht	

Übungen 182 183

Torwart-Training

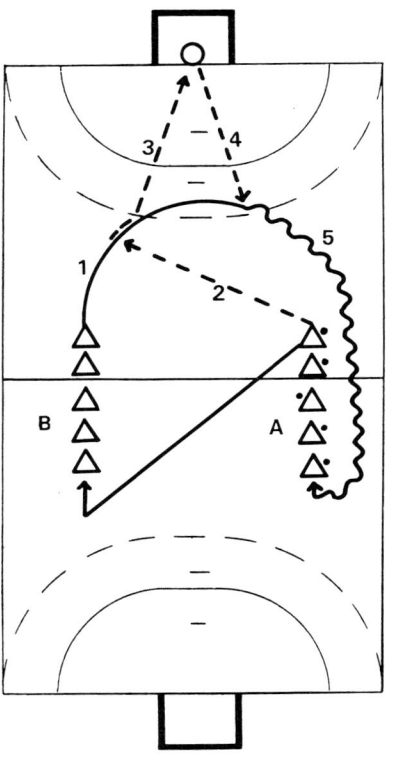

Der ballbesitzende Spieler A paßt zum anlaufenden Spieler B der anderen Gruppe, der den Torwart auf Höhe der Freiwurflinie (Spielerhöhe) anspielt (3). Dieser fängt den Ball und spielt sofort zu B zurück (4).

Ü 183

Nach dem Anspiel von A zu B wechselt A auf die Position von B, B wechselt nach dem Rückspiel des Balles vom Torwart auf die A-Position.

Kontrolle			
Dauer	min	**Wiederholung**	
verkürzt	min	nein	ja
verläng.	min	wann?	
Pausen		**Trainingsziel**	
nach	min	erreicht	
Dauer	min	zum Teil nicht erreicht	

TRAININGSEINHEIT 89

Trainingsperiode: ÜP VPI VPII WP   Datum:
Teilnehmer: 1 2 3 4 5 6 7 8 9 10 11 12 13 14 15 16 17 18
Trainingsziele: _____
_____
_____

Physische Vorbereitung

- Rumpfseitbeugen, Arme in Hochhalte und in die Hüfte gestützt
- Grätschwinkelstand, Rumpfdrehungen
- Liegestütz, Beine gleichzeitig und im Wechsel anhocken und strecken

Krebsfußball

Zwei Mannschaften, alle Spieler im Liegestütz rücklings, spielen mit Hand-, Fuß- oder Medizinball auf Kastentor Fußball. Wer sich hinsetzt, um sich auszuruhen, darf nicht in das Spiel eingreifen.

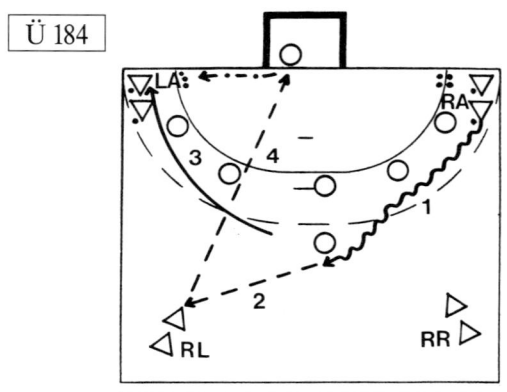

Ü 184

Technische und taktische Ausbildung

RA prellt entlang der Freiwurflinie bis vor den offensiven Abwehrspieler (1), paßt zu RL (2) und läuft im Bogen auf die LA-Position (3). RL paßt den Ball zum Torwart (4), dieser rollt die Bälle im Wechsel zur LA-/RA-Position. Ablauf im Wechsel von beiden Seiten.

- Torwürfe von RL/RR
- Anzahl der Abwehrspieler verringern
- Abwehr 6:0, 4:2 usw.

Kontrolle			
Dauer	min	**Wiederholung**	
verkürzt	min	nein	ja
verläng.	min	wann?	
Pausen		**Trainingsziel**	
nach	min	erreicht	
Dauer	min	zum Teil	
		nicht erreicht	

Übungen 184 185

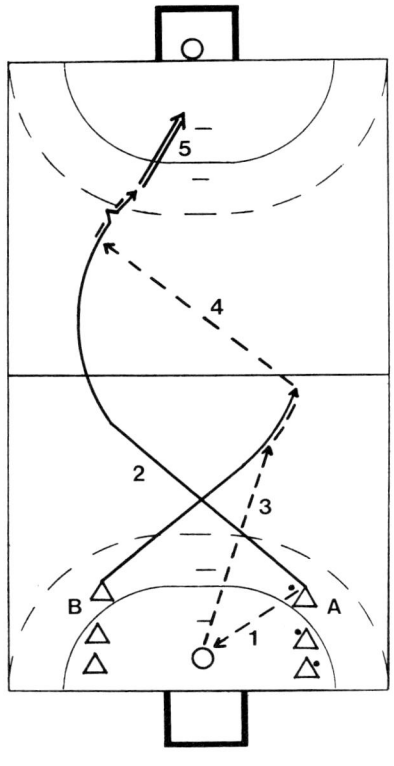

Paß vom ersten Spieler der Gruppe A zum Torwart (1) und Lauf nach links (2). Torwart paßt in den Lauf des Spielers der Gruppe B (3), der nach rechts läuft, Ballannahme und Paß von der Mittellinie zum Partner (4), Torwurf (5).

Ü 185

Ⓥ
- Mit defensivem Abwehrspieler in der oberen Spielfeldhälfte
- Mit defensivem Abwehrspieler in der unteren Spielfeldhälfte
- Defensive Abwehrspieler in der unteren und oberen Spielfeldhälfte
- Zusätzlich zwei Abwehrspieler, die defensiv blokken
- Zusätzlich zwei Abwehrspieler im Block, einer defensiv, einer offensiv

Kontrolle		
Dauer	min	**Wiederholung**
verkürzt	min	nein ja
verläng.	min	wann?
Pausen		**Trainingsziel**
nach	min	erreicht
Dauer	min	zum Teil
		nicht erreicht

TRAININGSEINHEIT 90

Trainingsperiode: ÜP VPI VPII WP   Datum:
Teilnehmer: 1 2 3 4 5 6 7 8 9 10 11 12 13 14 15 16 17 18
Trainingsziele: _____
_____
_____

Physische Vorbereitung
Partnerübungen
- Rücken zueinander, Hände des Partners fassen, gleichzeitig langsam Kniebeuge, dabei Arme in Hochhalte; langsam Rückbewegung
- Rücken zueinander, Hände in Hochhalte fassen, ein Partner beugt sich vor und zieht den anderen mit, im Wechsel
- Grätschwinkelstellung zueinander, anfassen und Rumpfdrehen mit und ohne Nachfedern
- Mit etwa 1 m Abstand nebeneinanderstehend, Einhandfassung, Beugen des äußeren (Stand-)Beines und Zueinanderstellen des inneren Beines, dabei zueinander Rumpfseitbeugen und äußere Arme über Kopf zueinanderführen; Rückbewegung

Ü 186

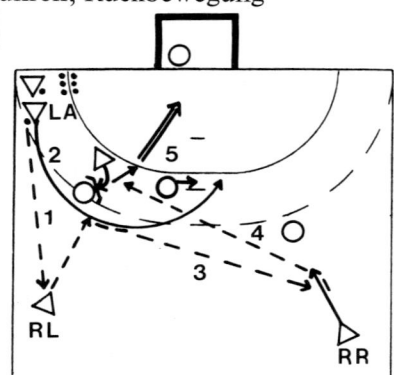

Technische und taktische Ausbildung

LA paßt den Ball in die Stoßbewegung von RL (1). Der Abwehrspieler tritt offensiv heraus. LA läuft im Bogen um den offensiven Abwehrspieler (2), wird von RL angespielt und paßt sofort in den Lauf zu RR (3). Während des Passens zu RR geht der Kreisspieler in die Sperre am offensiven Abwehrspieler. RR paßt zum Kreisspieler (4), der sich von der Sperre absetzt und auf das Tor wirft (5).

Kontrolle			
Dauer	min	Wiederholung	
verkürzt	min	nein	ja
verläng.	min	wann?	
Pausen		Trainingsziel	
nach	min	erreicht	
Dauer	min	zum Teil	
		nicht erreicht	

Übungen 186 187 188

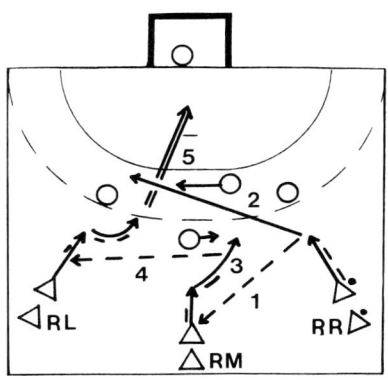

Vorgetäuschter Wurf von RR, Paß zu RM (1); RR läuft dann diagonal ein (2). RM bewegt sich mit dem Ball nach rechts und bindet den vorgezogenen offensiven Abwehrspieler (3). RM paßt zu RL (4), der auf das Tor wirft (5).

Ü 187

Kontrolle		Wiederholung	
Dauer	min	nein	ja
verkürzt	min	wann?	
verläng.	min		
Pausen		**Trainingsziel**	
nach	min	erreicht	
Dauer	min	zum Teil	
		nicht erreicht	

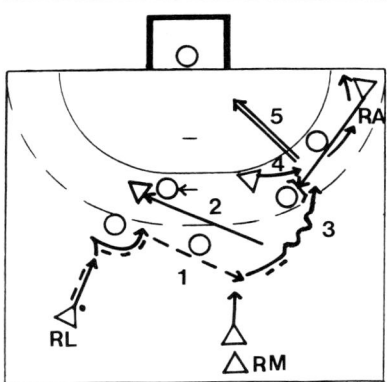

RL paßt nach einer Täuschungsbewegung zu RM (1). RM prellt sofort, nachdem RR diagonal in den Kreis eingelaufen ist (2), nach rechts (3). LA sperrt den offensiven Abwehrspieler. Der Kreisspieler wechselt auf die LA-Position (4). RM prellt um die Sperre herum – Torwurf (5).

Ü 188

Kontrolle		Wiederholung	
Dauer	min	nein	ja
verkürzt	min	wann?	
verläng.	min		
Pausen		**Trainingsziel**	
nach	min	erreicht	
Dauer	min	zum Teil	
		nicht erreicht	

TRAININGSEINHEIT 91

Trainingsperiode: ÜP   VPI   VPII   WP   Datum:
Teilnehmer: 1 2 3 4 5 6 7 8 9 10 11 12 13 14 15 16 17 18
Trainingsziele: _____

Physische Vorbereitung

Laufübungen

- Läufe über 5, 10, 20, 30, 50 und 60 m
- Läufe mit Stoppen und Wenden, einfacher Lauf zurück
- Zickzackläufe mit verschiedenen Streckenlängen und verschiedenen Richtungsänderungen
- Slalomläufe, auch in Verbindung mit Ballführung
- Läufe mit Tempowechsel

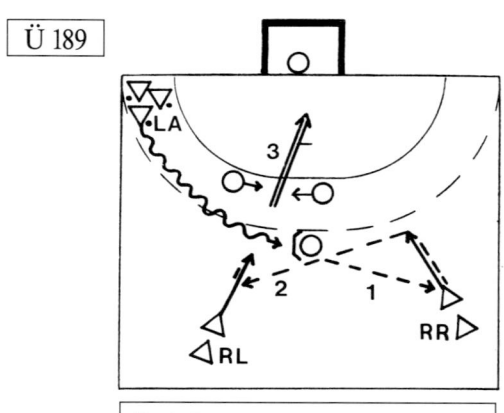

Ü 189

Technische und taktische Ausbildung

Der erste Spieler der LA-Gruppe prellt mit dem Ball entlang der Freiwurflinie und paßt zu RR in den Beginn von dessen Stoßbewegung (1), bevor er zur Sperre am offensiven Abwehrspieler läuft. RR paßt nach einer Wurftäuschung zu RL (2), der auf das Tor wirft (3).

Kontrolle			
Dauer	min	**Wiederholung**	
verkürzt	min	nein	ja
verläng.	min	wann?	
Pausen		**Trainingsziel**	
nach	min	erreicht	
Dauer	min	zum Teil	
		nicht erreicht	

Übungen 189 190

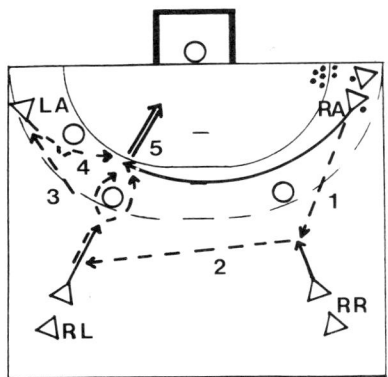

RA paßt zu RR (1) und läuft entlang der Torraumlinie ein. RR paßt in die Stoßbewegung von RL (2), RL paßt zu LA (3) oder spielt RA an. LA paßt zu RA (4) – Torwurf (5).
Die Abwehrspieler haben die Aufgabe, ohne wesentliche Positionsänderungen die Anspiele von RA hinter dem offensiven Abwehrspieler zu verhindern.

Ü 190

Kontrolle		
Dauer	min	**Wiederholung**
verkürzt	min	nein ja
verläng.	min	wann?
Pausen		**Trainingsziel**
nach	min	erreicht
Dauer	min	zum Teil
		nicht erreicht

↪ RA nicht zu schnell einlaufen und RR erst nach einer Wurftäuschung zu RL passen.

Ballwege

RA – RR – RL – RA
RA – RR – RL – RA
RA – RR – RL – LA – RA
RA – RR – RL – LA – RL – RA
RA – LA – RL – RR – RL – RA
RA – RR – RA – RL – LA – RA
RA – LA – RR – RL – RA

Wurfbild aus der Sicht des Werfers bei der Wurfvorbereitung von der Außenposition

TRAININGSEINHEIT 92

Trainingsperiode: ÜP   VPI   VPII   WP   Datum:
Teilnehmer: 1 2 3 4 5 6 7 8 9 10 11 12 13 14 15 16 17 18
Trainingsziele: _____
_____
_____

Physische Vorbereitung

Sprungübungen

- Einbeinsprünge mit und ohne Lasten
- Laufsprünge mit und ohne Lasten
- Hochstrecksprünge mit und ohne Lasten
- Weit- und Hochsprünge aus dem Stand und mit drei Schritten Anlauf
- Sprünge auf Geräte
- Sprünge nach Gegenständen
- Aufsprünge mit anschließenden Hochsprüngen

Ü 191

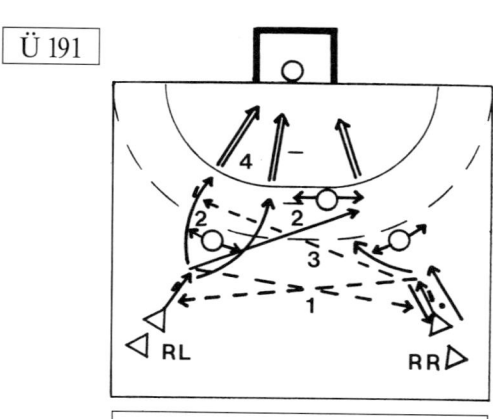

Technische und taktische Ausbildung

Die Rückraumspieler RL und RR passen sich mehrmals einen Ball zu (1). RL (oder RR, im Wechsel) läuft ohne Ball an den Kreis ein oder bricht zum Kreis durch (2), wird angespielt (3) und versucht, gegen den defensiv stehenden Abwehrspieler zum Torwurf zu gelangen (4). Die offensiven Abwehrspieler bleiben vor der Freiwurflinie.

Kontrolle			
Dauer	min	Wiederholung	
verkürzt	min	nein	ja
verläng.	min	wann?	
Pausen		**Trainingsziel**	
nach	min	erreicht	
Dauer	min	zum Teil	
		nicht erreicht	

Übungen 191 192

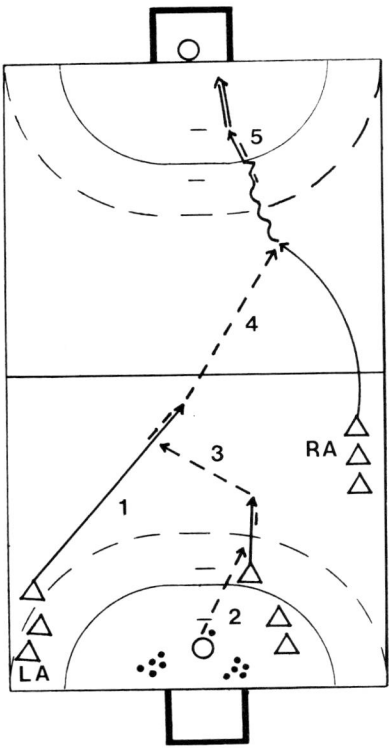

Der Torwart prellt den Ball, LA sprintet in Richtung Spielfeldmitte (1). Der Torwart paßt in den Antritt des von der Torraumlinie startenden Angriffsspielers (2). Paß zu LA (3), der in den Lauf des ersten Spielers der RA-Gruppe paßt (4), der mit Torwurf abschließt (5).

Ü 192

Ⓥ
- Ein Abwehrspieler blockt defensiv.
- Zwei Abwehrspieler blocken defensiv.
- Je ein Abwehrspieler blockt defensiv und offensiv.
- Ein Abwehrspieler hinter der Mittellinie stört das Zuspiel von LA zu RA.

Kontrolle		
Dauer	min	**Wiederholung**
verkürzt	min	nein ja
verläng.	min	wann?
Pausen		**Trainingsziel**
nach	min	erreicht
Dauer	min	zum Teil
		nicht erreicht

TRAININGSEINHEIT 93

Trainingsperiode: ÜP VPI VPII WP   Datum:
Teilnehmer: 1 2 3 4 5 6 7 8 9 10 11 12 13 14 15 16 17 18
Trainingsziele: _____
_____
_____

Physische Vorbereitung

Leistungskontrolle

- Lauf über 20 m mit Hoch- und Tiefstart
- Lauf über 30 m mit Hoch- und Tiefstart
- Lauf über 50 m mit Tiefstart
- Lauf über 100 m ohne und mit Ballführung
- Zehn Läufe über 30 m mit 30 sec Pause; messen: alle Einzelzeiten, Gesamtzeit, beste und schlechteste Zeit, durchschnittliche Zeit im Verhältnis zur Bestzeit.

Technische und taktische Ausbildung

RR stößt mit Ball und paßt zu RL (1). RL umspielt nach Täuschung den offensiven Abwehrspieler (2), bricht zwischen den beiden defensiven Abwehrspielern durch – Torwurf (3).
Die Aktivität des Abwehrspielers wird vorher festgelegt. Die beiden defensiven Abwehrspieler dürfen z.B. die Lücke zwischen sich nie vollständig schließen.

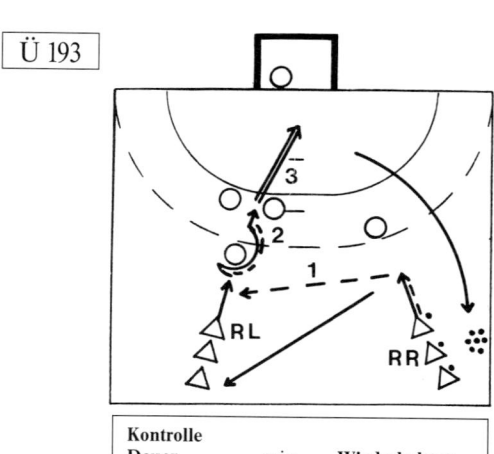

Ü 193

Kontrolle			
Dauer	min	Wiederholung	
verkürzt	min	nein	ja
verläng.	min	wann?	
Pausen		**Trainingsziel**	
nach	min	erreicht	
Dauer	min	zum Teil	
		nicht erreicht	

Ⓥ
- Leichte Behinderung
- Starke Behinderung
- Sehr starke Behinderung

Übungen 193 194

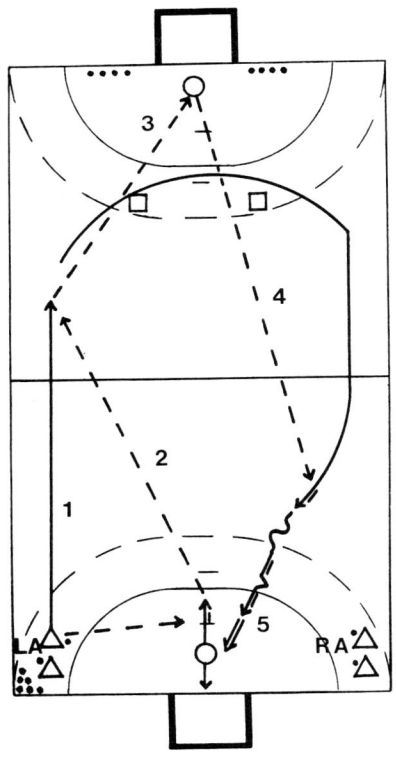

LA startet nach Paß zum Torwart zum Gegenstoß (1). Der Torwart paßt kurz hinter der Mittellinie zum LA (2). LA paßt zum zweiten Torwart (3); Lauf um die Kästen/Matten o.ä. herum, Rückpaß vom Torwart (4), Ballannahme, Sprung und Torwurf (5).

Ü 194

Ⓥ
- Ein Abwehrspieler blockt defensiv/offensiv.
- Ein Abwehrspieler läuft den Gegenstoß mit.

Kontrolle		
Dauer	min	**Wiederholung**
verkürzt	min	nein ja
verläng.	min	wann?
Pausen		**Trainingsziel**
nach	min	erreicht
Dauer	min	zum Teil
		nicht erreicht

TRAININGSEINHEIT 94

Trainingsperiode: ÜP   VPI   VPII   WP   Datum:
Teilnehmer: 1 2 3 4 5 6 7 8 9 10 11 12 13 14 15 16 17 18
Trainingsziele: _____

Physische Vorbereitung

Leistungskontrolle
- Messen der Sprungreichhöhe aus dem Stand; Reichhöhe aus dem Stand abziehen = absolute Sprunghöhe
- Messen der Sprungreichhöhe mit drei Schritten Anlauf wie beim Sprungwurf
- Weitsprung aus dem Stand und mit drei Schritten Anlauf
- Drei und zehn Einbeinsprünge rechts und links (Weite)
- Drei und zehn Laufsprünge (Weite)
- Drei und zehn Hochstrecksprünge (Weite)

Ü 195

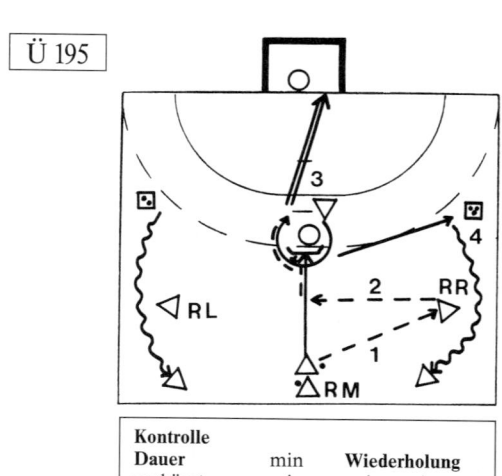

Technische und taktische Ausbildung

RM paßt zu RR (1) und nimmt den Rückpaß in der Vorwärtsbewegung an (2). RM geht in die Sperre vor den offensiven Abwehrspieler und paßt den Ball zum Kreisspieler, der im Bogenlauf um den Abwehrspieler und um RM herumläuft – Torwurf (3).
Nach dem Torwurf Sprint von RM zum Balldepot, einen Ball aus dem Kasten nehmen und zur RM-Position prellen (4).

Kontrolle			
Dauer	min	Wiederholung	
verkürzt	min	nein	ja
verläng.	min	wann?	
Pausen		**Trainingsziel**	
nach	min	erreicht	
Dauer	min	zum Teil	
		nicht erreicht	

Übungen 195 196

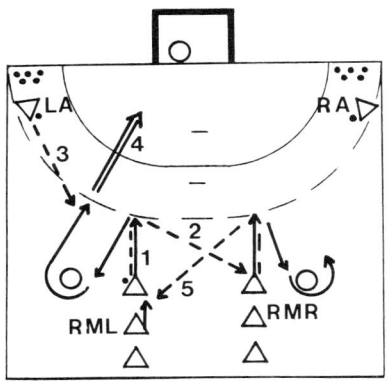

RML stößt mit dem Ball in Richtung Freiwurflinie (1), paßt dann in die Stoßbewegung zu RMR (2). RML läuft um den Abwehrspieler herum und wird von LA angespielt (3) – Torwurf (4). RMR paßt zum zweiten Spieler der Gruppe RML (5) und läuft um den Abwehrspieler auf der rechten Seite herum usw.

Ü 196

Kontrolle		Wiederholung	
Dauer	min		
verkürzt	min	nein	ja
verläng.	min	wann?	
Pausen		**Trainingsziel**	
nach	min	erreicht	
Dauer	min	zum Teil	
		nicht erreicht	

Wurfbild aus der Sicht des Torwarts beim Sprungwurf von der Außenposition

Erholungshaltung des Torwarts beim Angriff der eigenen Mannschaft

Erwartungshaltung nach Ballverlust oder nach Abschluß bzw. Abschlußversuch der eigenen Mannschaft; Sprintbereitschaft herstellen

7-m-Wurf mit beiden Füßen an der 7-m-Linie; Beobachtung der Schulterhaltung des Werfers

Positionen von Torwart und Spieler beim rechtzeitigen, richtigen Verhalten bei einem Gegenstoßpaß; unterschiedliche Blickrichtung von Torwart und Spieler beachten

Werferbild von der Außenposition in der Abschlußphase aus der Sicht des Torwarts

7-m-Wurf mit beiden Füßen an der 7-m-Linie; Beobachtung der Schulterhaltung des Werfers

Trainingsplanung

Die hier vorgeschlagenen Formulare sollen Planung, Statistik und Nachkontrolle erleichtern. Einige Formulare dienen der Planung in Kurzform und der Statistik. Andere bieten die Möglichkeit für Skizzen und Aufgaben zu Einzelheiten der Durchführung. Eine Seite ist für die Planung des Torwarttrainings vorgesehen. Durch die Verwendung einer Torwart-Systematisierung soll die Vielfalt der möglichen Trainingsschwerpunkte verdeutlicht werden. Sie werden durch Ankreuzen oder durch Zeitangaben kenntlich gemacht.

Mit der Anwendung der Formulare zur Erstellung von Trainingseinheiten lassen sich überflüssige Wiederholungen vermeiden. Notwendige jedoch werden festgehalten und geraten nicht in Vergessenheit. Belastung und Intensität werden festgelegt und spielen bei der Planung für die nächste Trainingseinheit eine wesentliche Rolle.

Gesammelt ergeben die Formulare eine Informations- und Übungsstoffsammlung, auf der die Planung für die nächste Trainingsperiode aufgebaut werden kann. Einer schöpferischen Anwendung der Formulare und eigenständigen Verbesserungen steht nichts mehr im Wege.

Hinweise für die Benutzung der Formulare

Das Ausfüllen des Formulars zur Tagestrainingsplanung ist mit geringem zeitlichen Aufwand möglich, wobei nach Funktion der Stammspieler, Auswechselspieler und Reservespieler unterschieden wurde. Die Nichtteilnahme von Stammspielern an der jeweiligen Trainingseinheit kann unter Umständen die gesamte Zielsetzung (Trainingsziel/Trainingsschwerpunkt) in Frage stellen und Umstellungen notwendig machen. Die Möglichkeit, die Aufstellung für das nächste Spiel festzuhalten, besteht ebenso wie für die Bewertung der Trainingsleistungen.

Von den Formularen mit Spielfeldern sollte eine Aufforderung zur Darstellung von Übungsformen ausgehen. Hierbei ist es besonders wichtig, Zusatzinformationen für die eigene Mannschaft zu notieren.

Schon nach kurzer Zeit wird der Aufwand, der zur Anfertigung der Skizzen benötigt wird, geringer. Zeichnerisch perfekt brauchen diese ohnehin nicht zu sein. Wichtig ist die Übersichtlichkeit und Verständlichkeit auf einen Blick. Um mehrere Phasen oder Varianten einer Übung zu zeichnen, können natürlich auch mehrere Spielfelder für eine Übung benutzt werden. Wird festgestellt, daß die vorgeplante Zeit nicht ausreicht, ist es besser, die nächste Übung zu kürzen oder auf einen anderen Trainingstag zu legen. Die Dauer der Übungen ist natürlich abhängig vom individuellen-, Gruppen- und Mannschaftsleistungsstand. Daher muß über die Übungsdauer für jede Mannschaft nach ihren bereits vorhandenen Leistungsvermögen entschieden werden.

Wichtig ist die Benennung der Positionen mit dem Spielernamen innerhalb der Übungen. So kann das Verständnis der jeweiligen Trainingsgruppe beurteilt werden. Wie wirken sich Positionswechsel aus?

Planung, Kontrolle und Auswertung sind die Eckpfeiler für ein erfolgreiches Training. Sinnlose Wiederholungen wird es nicht mehr geben!

Die Schwerpunkte für einen längeren Trainingszyklus werden zuerst festgelegt. Beispiel: Abwehr- und Angriffsformationen. Dann die Übungen, die kurzfristig – mittelfristig – langfristig geeignet erscheinen, das gesteckte Trainingsziel zu erreichen. Diese Übungsschwerpunkte werden vor Beginn der gesamten Trainingsperiode eingetragen. Hinzu kommen später die Trainingsziele, die aktuell sind: Vorbereitung auf den nächsten Gegner; spezielle Übungen, um Schwachpunkte zu beseitigen; Erkenntnisse aus den Spielen.

Wie ein roter Faden durchlaufen die Übungen für die Schwerpunkte die Einzelpläne.

Die richtige Auswahl der Übungen zu treffen und das noch zur richtigen Zeit, ist außerordentlich wichtig, aber auch schwierig. Bereiche, die beherrscht werden, sind zu festigen und immer wieder zu überprüfen. Neues ist sorgfältig zu planen und in faßlichen Portionen zu vermitteln. Dabei gilt die Regel: Nicht viel Neues auf einmal, denn weniger ist oft mehr!

Die richtige Besetzung der Positionen mit den Spielern ist wichtig. Dennoch sei davor gewarnt, frühzeitig nur Spezialisten aufzubauen. Gerade eine möglichst vielseitige Ausbildung auf mehreren Positionen sollte das Ziel sein.

Schema einer Trainingsplanung

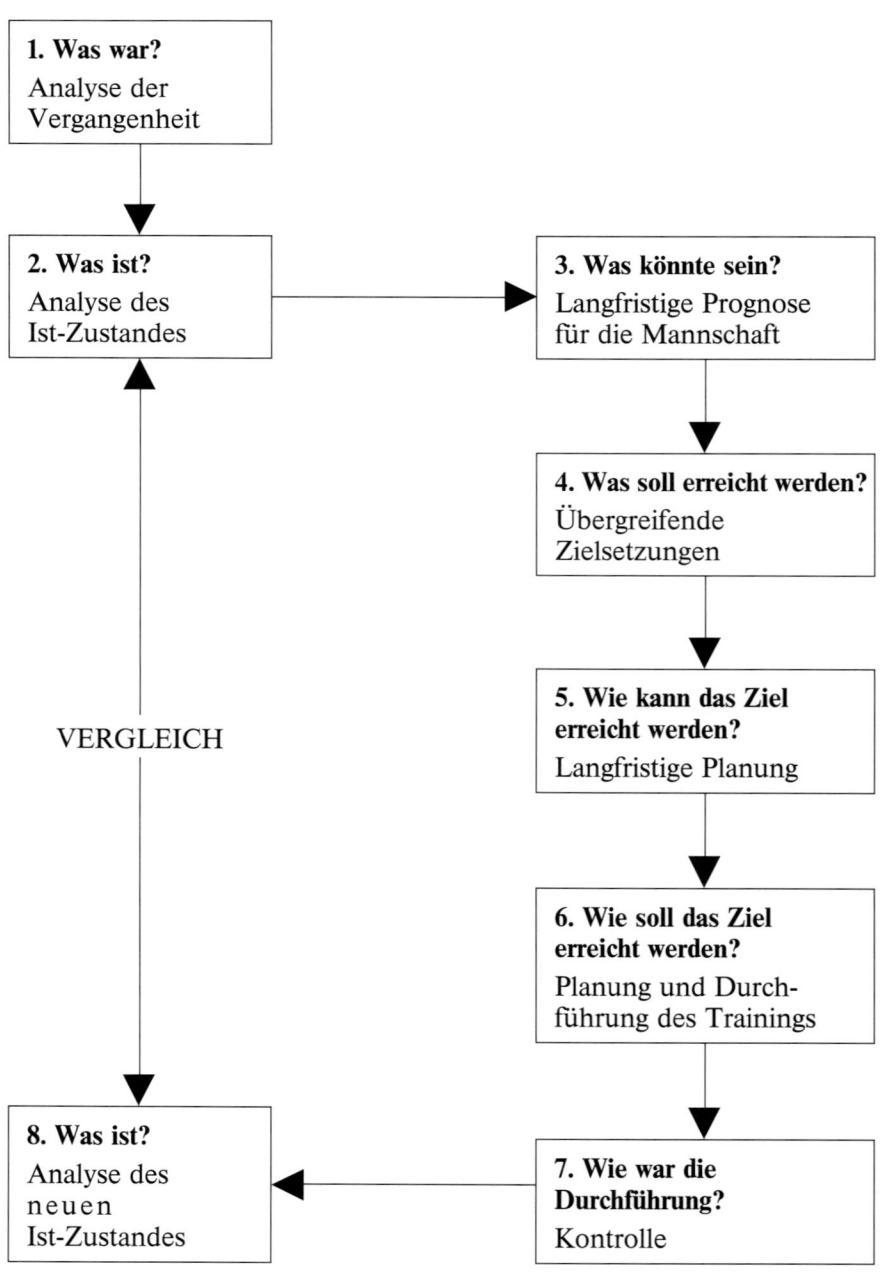

1. Was war?
Analyse der Vergangenheit

Dafür sollten folgende Fragen beantwortet werden:

In welcher Spielklasse wurde gespielt?
Wie lange ist die Mannschaft in der Klasse?
Wie war die personelle Besetzung?
Wie war die Leistungsbereitschaft?
Wie verlief die Vorbereitungsperiode?
Wie verlief die Wettkampfperiode?
Wie war die Trainingsbeteiligung?
Wurde ein Jahrestrainingsplan erstellt?
Wie war die Prognose?
Was war die Zielsetzung?
Wie war die Durchführung?
Wurden Kontrollen durchgeführt?
Wie war der Trainingsumfang?
Wie war die Trainingsintensität?
Wie waren die Bedingungen für das Training?
Wie wurde die Betreuung geregelt?
Wurde ein Jahrestrainingsplan später erstellt?
Wurden Monatstrainingspläne erstellt?
Wurden Wochentrainingspläne erstellt?
Wurden individuelle Trainingspläne erstellt?
Gab es Abgänge in der Saison?
Gab es Zugänge in der Saison?
Traten Verletzungen auf?
Wurden Spielsperren ausgesprochen?
Gab es unnötige Zeitstrafen?
Wie waren die Tabellenplätze in der Wettkampfsaison?
Welcher Platz wurde am Saisonende erreicht?
Wieviel Tore wurden bei wieviel Gegentoren erzielt?
Wurde die Zielsetzung erreicht?
Wurde der Aufstieg erreicht?
Mußte die Mannschaft absteigen?
Gab es Spielerabgänge?
Gab es Spielerzugänge?
Welche sonstigen Neuregelungen bzw. Veränderungen gab es?

2. Was ist?
Analyse des Ist-Zustandes

Wie heißt der Verein?
Wie lautet die Anschrift/Telefon?
Welche Farbe hat die Spielkleidung?
Welche Farbe hat die Wechseltracht?
Wo werden Heimspiele ausgetragen?
Steht ein Kraftraum zur Verfügung?
Wie oft kann trainiert werden?
An welchen Tagen?
Trainingslager?
Turniere?
Vorbereitungsspiele?
Pokalspiele?
Kurzfristig vereinbarte Spiele?
Gibt es einen Förderkreis?
Gibt es andere Unterstützung?
Gibt es einen Fan-Club?
Wie erfolgen Reisen zu Auswärtsspielen?

Der Führungs- und Betreuungsstab

Die nachfolgend aufgeführten Funktionen sind bei der Betreuung einer Wettkampfmannschaft mit qualifizierten Personen zu besetzen.

Der Handball-Abteilungsleiter

Die Funktion des Handball-Abteilungsleiters stellt den wichtigsten Bestandteil des Führungsstabes einer leistungsorientierten Handballmannschaft dar. Sein Aufgabengebiet ist vielfältig, seine Zuständigkeit weitreichend. Es handelt sich hier um jene Funktion, bei der die Fäden zusammenlaufen, von der sehr wesentliche Impulse zur Erfüllung einer gesteckten Zielsetzung ausgehen. Gerade beim Beginn des Aufbaus einer Mannschaft sind von dieser Person Entscheidungsprozesse einzuleiten.

Organisationsaufgaben	Beurteilung
Wahl des Trainers in Absprache mit Führungsgremien des Gesamtvereins	
Festlegung einer Zielsetzung unter fachlicher Beratung des Trainers sowie in Absprache mit der Mannschaft	
Mitarbeit bei der Entwicklung von Normen zur Verhaltensregelung	
Schaffung entsprechender Trainingsbedingungen	
Personelle Zusammensetzung des weiteren Betreuungsstabes	
Personelle Zusammensetzung des weiteren Mannschaftskaders in Absprache mit dem Trainer	
Festlegung der Termine für die zu bestreitenden Wettkämpfe	

Betreuungsaufgaben

- Einführung neuer Spieler
- Schaffung von Motivationsaspekten
- Unterstützung der Spieler vor und während der Wettkampfperiode
- Vorbildliche sportliche Haltung bei nicht erreichter Zielsetzung
- Ständiges „Hineinhorchen" in die Mannschaft, prüfen, ab alle Maßnahmen zum Erreichen einer Zielsetzung getroffen werden
- Intensive Kommunikation mit Trainer und Spielern
- Enge Verbindung zum Mannschaftsführer und Aktivensprecher
- Mittelsmann zum Vereinsvorstand sowie zu anderen Abteilungen
- Erfüllung repräsentativer und koordinativer Aufgaben

Der Organisator

Er ist für Routineaufgaben verantwortlich:
- Organisation von Fahrten und Reisen usw.
- Vertretung und Unterstützung der Abteilungsleitung
- Berücksichtigung von individuellen Bedürfnissen der Spieler
- Organisation von Mannschaftsbesprechungen

Der Sportarzt

Behandlung und Betreuung erkrankter und verletzter Spieler

Erste Hilfe

Ausreichende, fachmännische Betreuung beim Training und im Wettkampf

Der Masseur

Der Statistiker

Möglichkeiten der Spielbeobachtung und Auswertung

Der Co-Trainer

Vertreter des Trainers/Leiter von Trainingsteilen usw.

Der Betreuer

Spielerbetreuung/konkrete Organisation

Der Mannschaftsführer	
Vorname:	Name:
Gewählt:	Vom Trainer bestimmt?
Alter:	Spielposition:
Änderungen?	
Wechsel aus welchen Gründen?	

Neuer Mannschaftsführer?	
Vorname:	Name:
Alter:	Spielposition:
Bestimmt durch den Trainer:	
Wechsel aus welchen Gründen?	
Ist der Mannschaftsführer auch Spielträger?	
Besitzt er Kenntnisse über die Führungsrolle?	
Hat er ein ausgeglichenes Wesen?	
Besitzt er eine schnelle Auffassungsgabe für Situationen in der Mannschaft?	
Behält er auf dem Spielfeld den Überblick?	
Besitzt er Geduld, Ausdauer, Absicht und Fähigkeiten zur Toleranz?	
Zeichnet sein eigenes Verhalten Festigkeit aus?	
Ist er in der Lage, sicher mit der Mannschaft Probleme zu erörtern?	
Kann er zum Lösen von Konflikten beitragen?	

Der Trainer (Selbstbeurteilung)
Kontaktfähigkeit:
Organisationstalent:
Leistungsmotivation:
Kreativität:
Flexibilität:
Stabilität:
Beharrlichkeit:
Vertrauenswürdigkeit:
Verantwortungsbewußtsein:
Beurteilungsfähigkeit:
Selbstvertrauen:
Kritik und Toleranz:
Evtl. Zusätze:

Die Mannschaft

Der gesamte Spielerkader für die _____ Mannschaft

Nr.	Vorname	Name	Spielposition Abwehr/Angriff
1.			
2.			
3.			
4.			
5.			
6.			
7.			
8.			
9.			
10.			
11.			
12.			
13.			
14.			
15.			
16.			

Zugänge in diesem Spielerkader im Vergleich zur vergangenen Saison:

Abgänge aus diesem Spielerkader in der laufenden Saison:

Besonderheiten (Wehrdienst, Verletzungen, Arbeitgeber):

3. Was könnte sein?
Langfristige Prognose für die Mannschaft

Voraussetzungen

- Gutes Funktionieren des Führungs- und Betreuungsstabes
- Bereitschaft der Spieler zur Zusammenarbeit mit dem Trainer
- Leistungsbereitschaft der Spieler
- Keine schwerwiegenden Verletzungen

Aussage zur Prognose

_____

_____

4. Was soll erreicht werden?
Übergreifende Zielsetzungen

Nahziele

1. _____

2. _____

Fernziele

1. _____

2. _____

Kontrolle für das Erreichen der Ziele

Nahziele
1. erreicht/nicht erreicht   2. erreicht/nicht erreicht

Fernziele
1. erreicht/nicht erreicht   2. erreicht/nicht erreicht

Begründungen

_____

_____

5. Wie kann das Ziel erreicht werden?
   Langfristige Planung

Jahrestrainingsplan

Vorbereitungsphase I, Juni/Juli

Leistungsziele	kurzfristig	mittelfristig	langfristig
Physis			
Technik			
Taktik			

Vorbereitungsphase II, August/September

Leistungsziele	kurzfristig	mittelfristig	langfristig
Physis			
Technik			
Taktik			

Wettkampfperiode, Phase I, Oktober/November/Dezember

Leistungsziele	kurzfristig	mittelfristig	langfristig
Physis			
Technik			
Taktik			

Wettkampfperiode, Phase II, Januar/Februar/März/April

Leistungsziele	kurzfristig	mittelfristig	langfristig
Physis			
Technik			
Taktik			

Übergangsperiode, April/Mai

_____

_____

_____

Spielauffassung, Spielsysteme, Verhaltensnormen

Spielauffassung

_____

_____

Spielsysteme

Abwehr _____

_____

Angriff _____

_____

Verhaltensnormen innerhalb der Mannschaft

1. Pünktlichkeit zum Training _____

2. Pünktlichkeit zum Spiel _____

3. Absagen zum Training _____

4. Absagen zum Spiel _____

5. Sportliche Fairneß _____

6. Kameradschaftlichkeit _____

7. Einsatzbereitschaft _____

8. Reagieren auf Schwierigkeiten _____

9. Ehrlichkeit _____

10. _____

Allgemeine Bemerkungen _____

Saisonplanung

Vorbereitungsperiode, Juni bis September

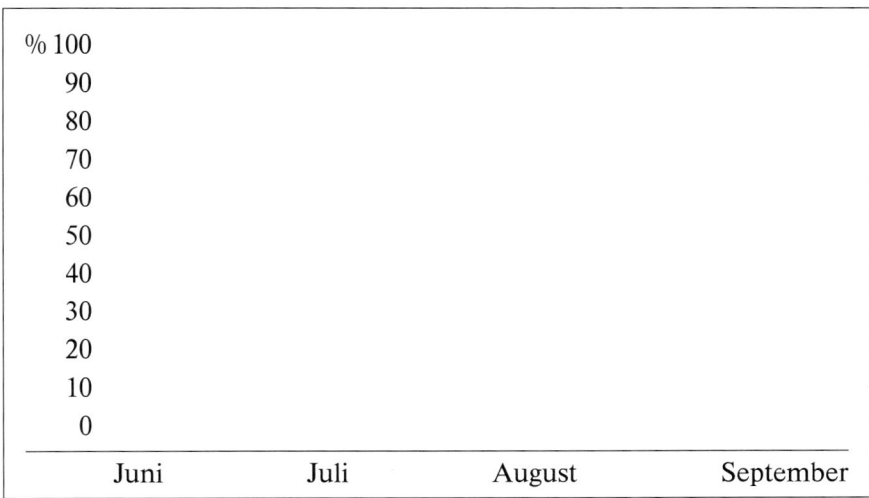

Wettkampfperiode, Oktober bis April

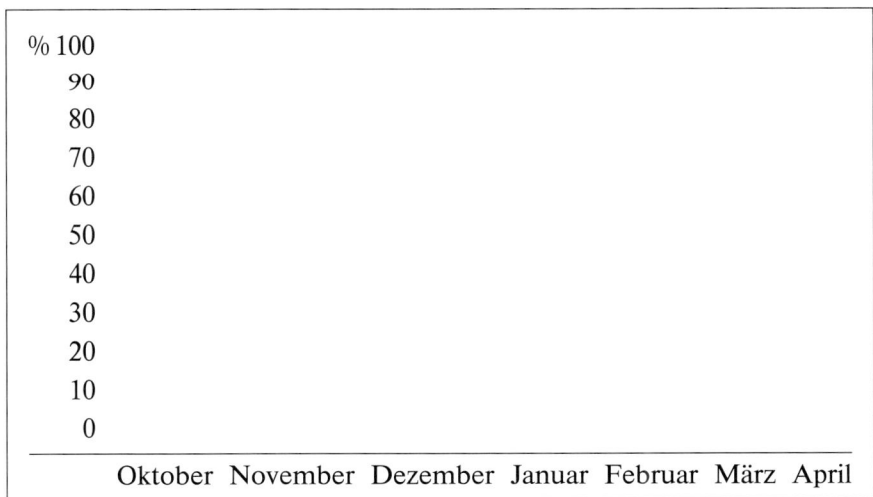

Jeweils gestrichelte Linien entsprechen dem Plan. Realität wird mit durchgehender Linie gekennzeichnet.

Sportliche Form – blau
Belastungsumfang – grün
Belastungsintensität – rot

Trainingsschwerpunkte – Zeitplanung

Trainingsperioden
Trainingstage

Allg. phys. Vorbereitung
Spez. phys. Vorbereitung
Stretching zusätzlich
Gymnastik
Sprungkraft
Wurfkraft
Schnelligkeitsausdauer
Beweglichkeit
Gewandtheit
Wahrnehmungsfähigkeit
Reaktionsschnelligkeit
Werfen und Fangen
Ballführen
Spez. Torwürfe
Torwürfe v. d. Pos.
Täuschungsbewegungen
Indiv. Angriffstechnik
Indiv. Abwehrtechnik
Abwehr in Gruppe
Mannschaftsabwehr
Abwehrtaktik
Angriffstaktik
Gegenstoß (erw. G.)
Positionsspiel
Über-, Unterzahl
Manndeckung
Torwarttraining

Schwerpunkte des Torwarttrainings

Kraft
Beine
Schultern
Rumpf
Arme

Schnellkraft

Koordination

Reaktion

Beweglichkeit
Lockerung
Dehnung
Sprünge

Ausdauer
Allgemeine Ausdauer
Spezielle Ausdauer

Technik
Ballannahme
Passen
Ballführung
Spiel mit dem Fuß
Grundstellung
Abwehr flach
Abwehr halbhoch
Abwehr hoch
Abwehr indirekt
Ballaufnahme
Kurze Pässe
Lange Pässe

Taktik
Indiv. Grundstellung
Stellungsspiel
Abwehr 7-m-Würfe
Feldspiel
Grp. Polaris. d. W.
Provozieren von Würfen
Abwehr bei Freiwürfen
Einleitung von Gegenstößen
Abwehr von Gegenstößen

Persönlichkeit
Information
Einstellung
Spielbeobachtung
Spielauswertung
Konzentration
Gespräch
Probleme
TW und Mannschaft

6. Wie soll das Ziel erreicht werden?
Planung und Durchführung der Trainingseinheiten

Tagestrainingsplanung

Trainingstag: _____ Mannschaft: _____
Trainingszeit: _____ Trainingseinheit Nr.: _____
Trainingsteilnehmer: _____
Stammspieler: Bemerkungen:
  1. _____   _____
  2. _____   _____
  3. _____   _____
  4. _____   _____
  5. _____   _____
  6. _____   _____
  7. _____   _____
Auswechselspieler: _____
  8. _____   _____
  9. _____   _____
 10. _____   _____
 11. _____   _____
 12. _____   _____
Reservespieler: _____
 13. _____   _____
 14. _____   _____
 15. _____   _____
Nächstes Spiel: ____ Heim o. Ausw. ____ Punkt ____ Pokal ____
Turnier ____ Vorbereitungsspiel ____ Spielzeit: ____ Uhr
Spiel in: _____ Abfahrt: ____ Uhr
Trainingsmängel: _____
_____

Themen der Abschlußbesprechung: _____

Festlegung der eigenen Reihenfolge der Trainingseinheiten

Eigene Reihenfolge	TE-Nr. im Buch	Meine Ziele	Trainingstage
1. 2. 3. 4. 5. 6.			
7. 8. 9. 10. 11. 12.			
13. 14. 15. 16. 17. 18.			
19. 20. 21. 22. 23. 24.			
25. 26. 27. 28. 29. 30.			
31. 32. 33. 34. 35. 36.			

TRAININGSEINHEIT

Trainingsperiode: ÜP   VPI   VPII   WP   Datum:
Teilnehmer: 1 2 3 4 5 6 7 8 9 10 11 12 13 14 15 16 17 18
Trainingsziele: _____

_____
_____

Physische Vorbereitung

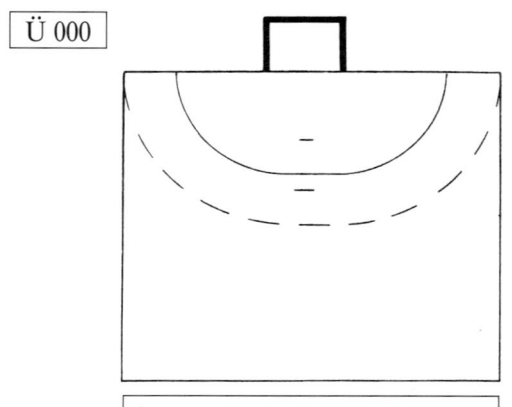

Ü 000

Technische und taktische Ausbildung

Kontrolle			
Dauer	min	**Wiederholung**	
verkürzt	min	nein	ja
verläng.	min	wann?	
Pausen		**Trainingsziel**	
nach	min	erreicht	
Dauer	min	zum Teil	
		nicht erreicht	

Übungen

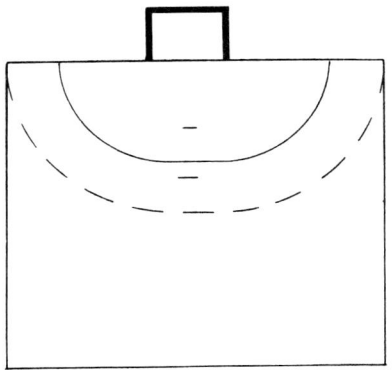

Ü 000

Kontrolle		
Dauer	min	**Wiederholung**
verkürzt	min	nein ja
verläng.	min	wann?
Pausen		**Trainingsziel**
nach	min	erreicht
Dauer	min	zum Teil
		nicht erreicht

Übungen

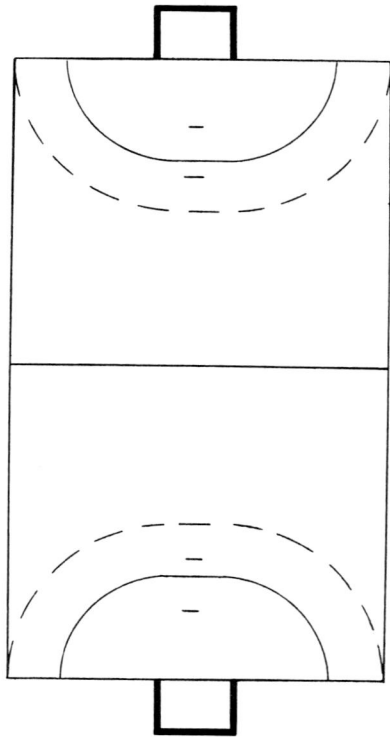

Ü 000

Kontrolle			
Dauer	min	**Wiederholung**	
verkürzt	min	nein	ja
verläng.	min	wann?	
Pausen		**Trainingsziel**	
nach	min	erreicht	
Dauer	min	zum Teil	
		nicht erreicht	

7. Wie war die Durchführung?
Kontrolle und Nachkontrolle

Folgende Schwerpunkte sollten am Saisonende überprüft werden:

- Training in der Übergangsperiode
- Training in den Sommerferien
- Training in der Vorbereitungsperiode
- Training in der Wettkampfperiode
- Physisches Leistungsbild
- Leistungsbild in der Technik
- Leistungsbild in der Taktik
- Geschlossenheit der Mannschaft
- Verhalten in kritischen Situationen
- Reaktion auf äußere Einflüsse
- Leistungs- und Siegeswille
- Abhängigkeit von Leistungsträgern
- Zusammenarbeit mit der Bank
- Spiel in der Überzahl
- Spiel in der Unterzahl
- Verhalten bei knapper Führung vor Spielende
- Verhalten bei Rückstand
- Spieldisziplin
- Verhalten zwischen Ranggleichen
- Verhalten zwischen Stamm- und Auswechselspielern
- Verhältnis Spieler/Trainer
- Allgemeine Disziplin
- Saisonverlauf im Rückblick

Zur Kontrolle der allgemeinen Zielsetzungen ist auch die Übersicht unter dem Punkt 4 „Was soll erreicht werden?" zu verwenden.

Punktspiele

Spiel-Nr.	Gegner	A = Ausw. H = Heim.	Halbzeit:	Endstand:	Punkte:
1.			:	:	:
2.			:	:	:
3.			:	:	:
4.			:	:	:
5.			:	:	:
6.			:	:	:
7.			:	:	:
8.			:	:	:
9.			:	:	:
10.			:	:	:
11.			:	:	:
12.			:	:	:
13.			:	:	:
14.			:	:	:
15.			:	:	:
16.			:	:	:
17.			:	:	:
18.			:	:	:
19.			:	:	:
20.			:	:	:
21.			:	:	:
22.			:	:	:

Spiele und Ergebnisse

Turniere

Datum:	Ort:	Halbzeit	Endstand
1.		:	:
2.		:	:
3.		:	:
4.		:	:
5.		:	:
6.		:	:
7.		:	:
Staffel:	Platz:	Endplazierung:	

Turniere und Vorbereitungsspiele

Datum:	Ort:	Halbzeit	Endstand
1.		:	:
2.		:	:
3.		:	:
4.		:	:
5.		:	:
6.		:	:
7.		:	:
8.		:	:
9.		:	:

Pokalspiele

Datum:	Ort:	Halbzeit	Endstand
1.		:	:
2.		:	:
3.		:	:
4.		:	:

Spielbeobachtungsbogen Torwart und Werfer

1. Halbzeit

Eigene Mannschaft	Gegner
Torwart: ab min	Torwart: ab min
Torwart: ab min	Torwart: ab min

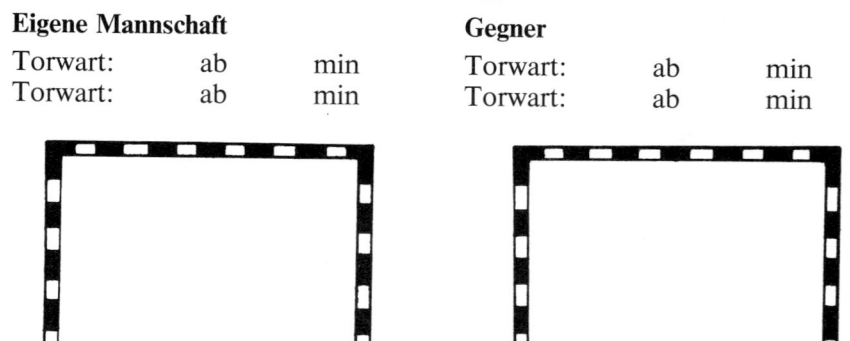

Auswertung

2. Halbzeit

Torwart: ab min   Torwart: ab min

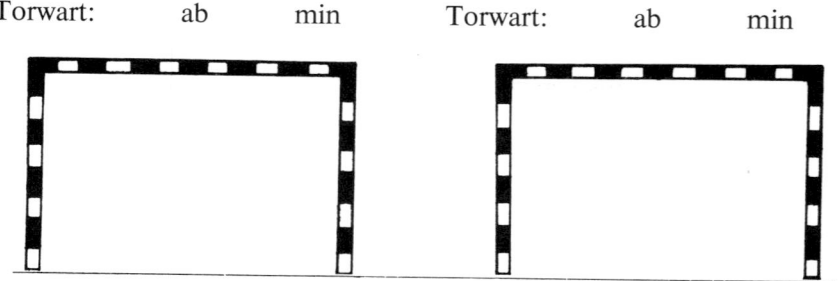

Auswertung

Gesamtauswertung des Spiels

Würfe aus den Positionen

LA	KM
RA	RL
KML	RR
KMR	RM

7-m-Würfe (Spieler-Nr.):
Erfolgreicher Torwurf: Spieler-Nr. im Tor
Erfolgreiche TW-Abwehr: Spieler-Nr. im Tor durchgestrichen
Erfolgreicher Aufsetzer: unter Spieler-Nr. einen Winkel setzen

Spielbeobachtungsbogen Torwarte und Werfer

Eigene Mannschaft

Torwart:
Torwart:

ab   min
ab   min

Gegner

Torwart:
Torwart:

ab   min
ab   min

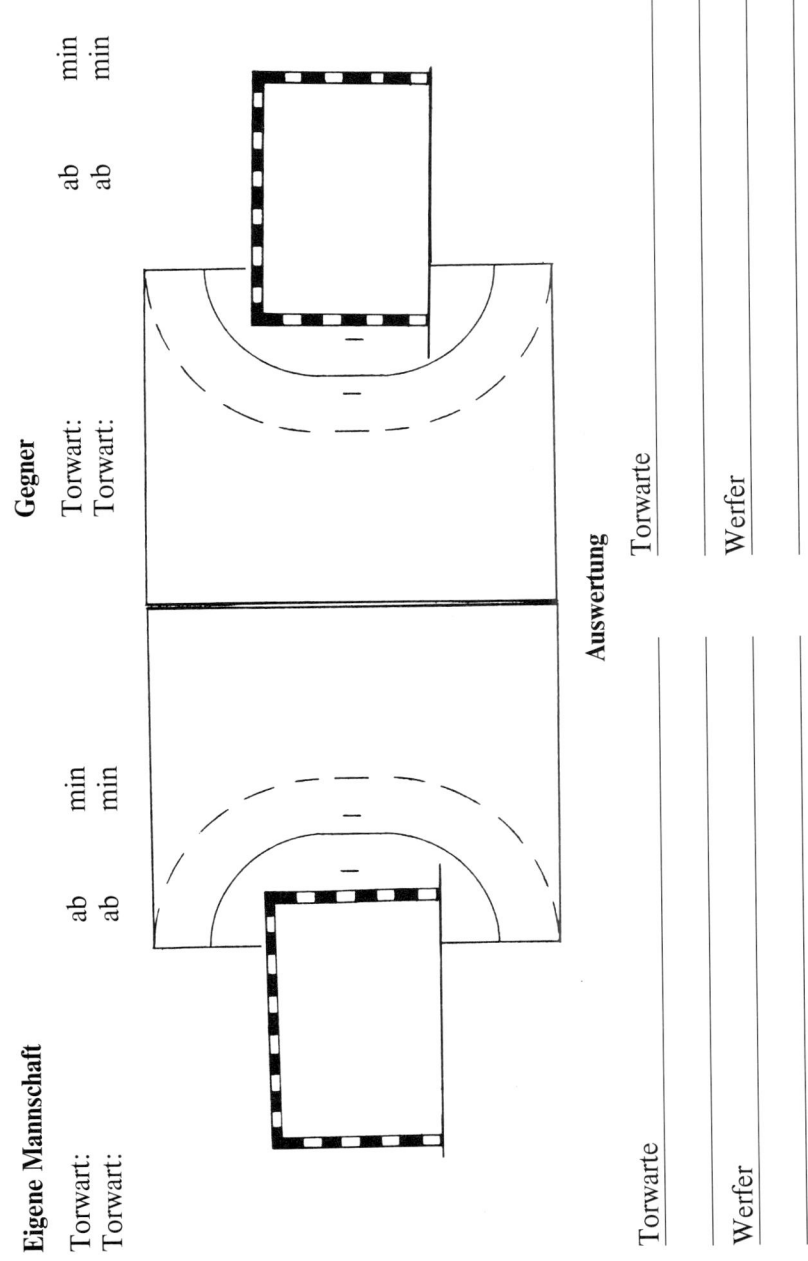

Auswertung

Torwarte
_____
_____

Werfer
_____
_____

Torwarte
_____
_____

Werfer
_____
_____

Literatur

Grage, Werner	Handballtraining Praxis mit System. Teil I-III. Eigenverlag, Lübeck 1986/87
Grage, Werner	Referate, Manuskripte, Videoaufzeichnungen, Trainingskonspekte
Grage, Werner	Super-Handball-Training. 5000 Übungen aus der Praxis, Bartels & Wernitz Sportverlag, Berlin 1990
Harre, Dietrich	Trainingslehre. Sportverlag (ehem. DDR), Berlin, 10. Auflage 1986
Haug, Armin	Trainerhilfen DHB/DHW
Jans, Woijcech	Spiele für das Handballtraining. Sportverlag, Berlin 1988
Käsler, Horst	Trainerhilfen DHB/DHW
Mück, Reinhard	Trainerhilfen DHB/DHW
Trosse, H.-D.	Trainingsplanung und Trainingsperiodisierung in mittleren und unteren Leistungsbereichen. In: Leistungssport, 9. Jahrgang (1979) Heft 1, S. 20-29
Vick, W./Busch, H./	Schulung des Hallenhandballs. Teil 1
Fischer, G./ Koch, R.	Spiel-, Wettkampf- und Übungsformen für den Anfängerunterricht. Teil 2: Unterricht mit Fortgeschrittenen

SPORT SAGER

Ostseebad Grömitz
– Zentrum –
Kirchenstraße 14
Tel.: 0 45 62 / 67 86

Freizeit- und Tennis-Moden
Sportbekleidung
Tennisplätze · Kurpromenade

Sporttitel von Meyer & Meyer

zu den Themen:

Laufsport

Van Aaken – Das van Aaken Lauflehrbuch
Van Aaken – Das Laufbuch der Frau
Lydiard – Jogging mit Lydiard
Diem – Tips für Laufanfänger
von Schablowsky – Hilfe-mein Mann läuft
von Schablowsky – Zur Strecke gebracht

Langlauf

Sonntag – Mehr als Marathon Bd. 1
Sonntag – Mehr als Marathon Bd. 2
Vellage – Läuferin-Langstrecklerin-Marathonläuferin
Kleine/Lennartz – Pulsschlag 130
Thiemer/Thiemer – Langlauf ist unser Leben
Kleine – Langlauf in der Kritik
Jung – Schweizer Waffenläufe

Edition Leichtathletik

Joch (Hrsg.) –
Bd. 1 Rahmentrainingsplan Grundlagentraining
Bd. 2 Aufbautraining-Sprint
Bd. 3 Aufbautraining-Lauf
Bd. 4 Aufbautraining-Sprung
Bd. 5 Aufbautraining-Wurf
Bd. 6 Aufbautraining-Mehrkampf
Bd. 7 Aufbautraining-Grundprinzipien

Gymnastik/Körperarbeit

Schwabowski – Rhythmische Sportgymnastik
Rosenberg – Handbuch Gymnastik und Tanz
Schmidt – Dehn- und Kräftigungsgymnastik
Blume – Akrobatik
Moegling – Handbuch Tai Chi Chuan
Polet-Kittler – Yoga-Das seelische Gleichgewicht
Polet-Kittler – Tips für Yoga
Jung – Gymnastik als Therapie
Unger – Handbuch Kraftsport und Bodybuilding

Basketball

Neumann – Basketballtraining
Mikes – Handbuch Basketball

Fußball

Kollath – Fußballtechnik in der Praxis
Sneyers – Fußballtraining-Das Jahresprogramm
Bischops/Gerards – Handbuch Kinder- u. Jugendfußball
Bischops/Gerards – Tips für Spiele mit dem Fußball

Handball

Grage – Handballtraining

Volleyball

Fraser – Volleyball
Papageorgiou – Handbuch Volleyball

Tennis

Steinhöfel – Trainingsformen im Leistungstennis

Tischtennis

Fellke/Östh – Nr. 1 im Tischtennis
Groß – Tips fürs Tischtennis
Hotz/Muster – Tischtennis

Badminton

Lemke/Meseck – Handbuch Badminton

Golf

Flanagan – Golf-Spiel mit Kopf

**MEYER & MEYER
DER SPORTVERLAG**

Am Bayerhaus 23, D-5100 Aachen
Telefon 0241/556033-34, Fax 0241/558281

Sporttitel von Meyer & Meyer

zu den Themen:

Radsport

Brüggenj./Kürschner – Handbuch Mountain-Biking
Heßler – Radsport in Schule und Verein

Rudern

Fritsch – Handbuch Rudersport
Fritsch – Handbuch Rennrudern

Triathlon/Schwimmen

Aschwer – Handbuch Triathlon
Aschwer – Mein Abenteuer-Hawaii-Triathlon
Gambril/Bay – Handbuch Schwimmsport

Skisport

Kuchler – Handbuch Ski alpin

Athleten und Trainer der Welt

Coe – Running Free
Castella – Laufen-mein Leben
Galloway – Richtig laufen mit Galloway
Lydiard – Laufen mit Lydiard
Waitz – Grete Waitz-Worldclass
Hinault – Eine Radsportkarriere
Sleamaker – Systematisches Leistungstraining
Martin/Coe – Mittel- und Langstreckentraining

Leistungstraining

Radcliffe/Farentinos – Sprungkrafttraining

Bewegungserziehung

Zimmer – Bewegung, Sport und Spiel mit Kindern
Zimmer – Kinder brauchen Bewegung
Zimmer – Sport und Spiel im Kindergarten
Diem – Auf die ersten Lebensjahre kommt es an
Buschmann – Ausdauertraining für Kinder
Bischops/Gerards – Tips für Sportspiele
Bischops/Gerards – Tips für neue Wettkampfspiele
Bischops/Gerards – Tips für Sport i.d. Lebensmitte

Kapustin – Familie und Sport
Kapustin – Sport f. Erwachsene mit geistiger Behinderung

Ernährung/Gesundheit

Breuer-Schüder – Mehr wissen, mehr leisten
Breuer-Schüder – Leistungssteigerung durch gezielte Ernährung
Jung – Sport und Ernährung
Meyer – Schlank
Shangold – Sportmedizin für Frauen
Williams – Rekorde durch Doping?
Rausch – Fit bis zum Umfallen

Sport und Umwelt

Schemel – Handbuch Sport und Umwelt
Umwelterziehung im Schulskikurs

ADH-Schriftenreihe

Bd. 13 Körpererfahrung im Sport

In Vorbereitung

Handbuch Bergsport
Handbuch Segelsport
Handbuch Tauchsport
Handbuch Baseball
Bungee-Springen
Schule und Sportverein
Senioren und Sport
Psychologie im Sport
Das Lauflesebuch

MEYER & MEYER
DER SPORTVERLAG

Am Bayerhaus 23, D-5100 Aachen
Telefon 0241/556033-34, Fax 0241/558281